李长之 作品系列

【增订本】

鲁迅批判

李长之 著

人民文学出版社

图书在版编目(CIP)数据

鲁迅批判 / 李长之著. —增订本. —北京：人民文学出版社，2021
(李长之作品系列)
ISBN 978-7-02-017012-8

Ⅰ.①鲁… Ⅱ.①李… Ⅲ.①鲁迅研究②鲁迅著作研究 Ⅳ.①K825.6②I210.97

中国版本图书馆 CIP 数据核字（2021）第 038643 号

责任编辑　刘　伟
装帧设计　李思安
责任印制　宋佳月

出版发行　人民文学出版社
社　　址　北京市朝内大街 166 号
邮政编码　100705

印　　刷　三河市宏盛印务有限公司
经　　销　全国新华书店等

字　　数　235 千字
开　　本　880 毫米×1230 毫米　1/32
印　　张　10.125　插页 3
版　　次　2021 年 9 月北京第 1 版
印　　次　2021 年 9 月第 1 次印刷

书　　号　978-7-02-017012-8
定　　价　42.00 元

如有印装质量问题，请与本社图书销售中心调换。电话：010-65233595

目 录

三版题记 / 001
序 / 001

一　导言：鲁迅之思想性格与环境 / 001
二　鲁迅之生活及其精神进展上的几个阶段 / 006
三　鲁迅作品之艺术的考察 / 036
　　Ⅰ 鲁迅创作之一般的考察及鲁迅创作中之最完整的艺术 / 036
　　Ⅱ《阿Q正传》之艺术价值的新估 / 046
　　Ⅲ 鲁迅作品中的抒情成分 / 055
　　Ⅳ 鲁迅在文艺创作上的失败之作 / 067
四　鲁迅之杂感文 / 073
五　总结：诗人和战士的鲁迅，鲁迅之本质及其批评 / 098
后记 / 117

附录

鲁迅 / 135
《阿Q正传》之新评价 / 143
《三闲集》
　　——鲁迅最近的杂感散文集 / 159

鲁迅和景宋的通信集
　　——两地书 / 162

鲁迅《伪自由书》/ 165

鲁迅创作中表现之人生观
　　——鲁迅批判之五 / 167

《热风》以前之鲁迅
　　——鲁迅批判之七 / 172

鲁迅著译工作的总检讨
　　——鲁迅批判之十 / 182

哀鲁迅先生 / 211

鲁迅和我们
　　——在北平师大鲁迅纪念会上讲 / 214

鲁迅在文艺批评工作上的启示
　　——十月二十日在中法大学讲演稿 / 218

鲁迅先生和杂文
　　——纪念鲁迅先生逝世二十周年 / 229

鲁迅对文艺批评的期待 / 236

鲁迅美学思想初探 / 241

文学史家的鲁迅 / 254

鲁迅和嵇康 / 298

关于李长之的《鲁迅批判》　于天池　李　书 / 306

三版题记

本书的写成是在二十四年，初版是在二十五年。初版后不到一年，鲁迅先生就逝世了。

鲁迅先生是看见过付印之前的稿样的，他很帮忙，曾经订正过其中的著作时日，并曾寄赠过一张近照。那张照片的大小是像明信片样的，从背面看，见出是自一张硬纸上揭下的，我曾让书局照了原来的大小，印在书面上。

现在计算完稿之时，已经七八年了，照理讲，应该有一些修订。而且，照"世故"的看法，在人的生前，是不容易作定论的，因为在人的生前，怕有所得罪，不免做一些违心之论的恭维，在人死后，就比较地可以坦率了。然而在成都没有感觉这种必要。我在本书初版时的序上就说过："我的用意是简单的，只在尽力之所能，写出我一点自信的负责的观察，像科学上的研究似的，报告一个求真的结果而已，我信这是批评者的唯一的态度。"这态度，我一直没有变。因为求真，我在任何时都没有顾忌，说好是真说好，说坏是真说坏，所以事后既不会反悔，人死也不会让我的论断变更。我向来是最讨厌橡皮的，错就是错了，何必再擦掉？因此，这回的重印《鲁迅批判》，也仍然一字不改。我觉得唯一遗憾的，只是我在书中提到了鲁迅生命之将近结束，不幸成了谶语。

原先倒是打算找一部《鲁迅全集》来，好把引用的页数一律改注为全集本，可是现在那书价是太可观，有一家书店竟索价七千元，实在让我不敢问津；我也知道有的人收藏着这样的书，可是大都自己不看，也不出借，恪遵藏书是为的束之高阁而不是为用的那遗法，我也只好再不敢妄想了。

另外是，我颇想把原书扩大，后来却终于想到这将失掉了原来的面目，不如将来另写一部《鲁迅再批判》吧。我打算一有兴致时就动笔。

本书出版后，在国内没有什么大反响，这是料到的。因为我对于鲁迅的好坏都提到，这便使只觉得好（好成一个偶像）或者只觉得坏（坏到死后还有余辜）的人所失望的。注意这部书的倒是我们的敌人，在出版不久，日本的《中国文学研究》上，有大半本的篇幅是介绍这部书，每一章节都有提要，连后记中所说根据宏保耳特的方法论处也没遗漏，——或者是因为敌人太笨之故了吧。北平沦陷后，有一个杂志上曾发表过敌人所查禁的书单，这书却也即是其中之一。

本书原由北新出版，但一出世，我就发觉了书店老板所加给的戕害了。第一是我原先说定书皮上的鲁迅像片在书内也印一张的，可是他没有印，书的目次上却只留有一个"鲁迅先生近影"的空头支票。我本说像片制版后就寄还的，但后来也并无下落。第二是我曾把鲁迅给我的信的一张寄给书局，也想制版，所以目次上也有一条是"鲁迅先生手迹"。结果手迹也不见，又留下一个空头支票，——原信也一并不见踪影了。至于书出版后，所给的版税就更苛了，只给了五十几元，只算过一次，以后再没算过。但是我也有一点满意的，就是书的封面是依了我的设计，书中的页数，是依我的提议，注在下方，这像德国书，我是爱德国书的。

这书出版的次年，我经过香港，书店里摆着的已经是二版。这就是我现在所谓三版的根据。到了内地来，起初还在昆明和成都偶尔看见几本，后来也转眼不见了，现在我根据了作为三版付印的，乃是我小弟弟在旧书摊上费了超过原书双倍的价钱（那时书籍还无所谓加价）给买下的，书脊已经破烂了。我自己又保存了好几年，我几次看见有的杂志（如《七月》）上征求此书，我便装没听见，因为我自己止此一本，确有点吝惜了。

虽然经过了七八年的时光，但我对于系统的批评鲁迅的书的期待，却终于让我很失望。有些册子，都是纂辑别人的，有些册子，就似乎只像炒陈饭一样，只是一种排比鲁迅原文的工作，因此，我便更鼓了勇气，把这小书重排付印出来了。但愿这次出版不久，就有更好的批评可以代替它。

三十二年三月三日长之记于成都旅次

序

这篇文章之要写,已是去年春天的事了。当时中国的作家论还不盛行,书局或杂志的编辑也还没以这为轰动读者耳目的号召,我忽然打算就中国几个在青年的印象上顶深的作家,一一加以批评起来,其中当然有鲁迅。我的用意是简单的,只在尽力之所能,写出我一点自信的负责的观察,像科学上的研究似的,报告一个求真的结果而已,我信这是批评者的唯一的态度。可是并没能如愿。这,一则是,我首先写出的,乃是一篇关于茅盾的文章,而关于茅盾的那篇文章,却颇使我扫兴,原先是在我对于《文学季刊》还有兴致时动笔的,可是草就的时候,就逢巧巴金先生自发表了批评文字可以包花生米的论调以后,便妄测我在报上有文字攻击他了,终日疑神疑鬼,并唆使他的一群神经过敏而又热诚的朋友们来以明枪暗箭相压迫了,间接的则有那批仰承八刊物编辑的鼻息的稿匠,以为骂我的稿子是容易登的,于是也以我作了开心的目标。可是那举动总是嗡嗡的,像蚊虫,并不大。而且只志在给人以不舒服,所以我没大理会。可是这余波继续地扩张下去,到现在还没有完,——虽然力量是更小了。话要说回去,在当时那种空气中,我是不愿意在人所不欢迎的刊物上发表东西的,我虽然写出东西愿意给人看,然而我不能因此觍然地委屈我的人格,所以我就把稿件追回来了,对于《文学季刊》也索性躲开。后来因为《现代》杂志索稿,便寄往《现代》了,刚要登,杂志是倒了,又据说我的稿子被扣,真假不知道,总之,是三问两问,越发渺茫了,四万多字的篇幅,三五夜的心血,只因为没钱雇人重抄,便自己再也见不到只字了。因为这,我懒得写类似的文章。同时,作家论的调子已经太滥,而且大抵是有作用的,照了我对热闹往往是远开的原则,就把兴趣移往别处了。现在再要写,却极其偶然,只是我借来的许多鲁迅的以及关于鲁迅的书,朋友要索回了,于是赶紧完成这件工作。说不定因此,又会把其余的作家,也陆续论一论呢。这无非是闲话。以闲话为序,序完。

二十四年三月十一日　长之记

一 导言：鲁迅之思想性格与环境

一

环境没有影响，这句话我不信；正如环境有绝对的决定的力量我也不信然。可是环境以外还有什么力量是决定着的呢？这是我不容易马上叫出名目来的，虽然我仿佛依稀觉得。

反正事情是够奇异了的，我们看康德和歌德吧，还有高尔基。康德在他固陋的库恩希勃哥（Königsberg）小城里，脚步没出过家门，经济是不充裕的，身体是被肺病和胃病侵蚀着，从作学生起到作教授止的所依靠的不过是藏书不满五万册的大学，在这里，哪一件是便利于产生一个大学者的？可是竟没限制了康德的产生。仿佛偏要产生康德。歌德吧，死于一八三二，活了八十三岁的高龄，在他死的前一年，他完成了《浮士德》。他之到这个世界上来，就像专负了这个使命似的，使命完了，他才去了。至于高尔基，他一生里不知道有多少机会，都使他可以不走上文学的道路，他很可以作鞋匠，作看护，作工人，然而他不，仿佛终有他真正的归宿，所有前此的曲折纡回，不过是他的准备，却使他到了真正自己的工作时更方便些而已。

不错，他们反映着社会的要求；不错，他们的口和笔，是各时代里几千万人的心迹和呼声。然而，这使命为什么独独让他们担承了去？而且，为什么在他们之完成其使命上，环境就予以方便，不顺利也顺利起来？这秘密仿佛只隔一层纸。可是我不容易马上叫出名目。

在这种似乎神秘的意味之下，我们又见到鲁迅。他学过医，可是终于弄到文学上来了；他身从小康之家而堕入困顿，他生长于代表着中国一般的执拗的农民性的鲁镇，这似乎都是偶然的，然而这却在在影响了、形成了他的思想、性格，和文艺作品。

他的思想是一种进化论的生物学的思想，这是毫无疑问的。这点思想的萌生，却以医学给他的帮助为最大。

他咒恨中国的医药，这是在他作品里时常见到的，显著的，更有以《药》作为题目的一篇小说，在《呐喊》的自序里也有着颇为详尽的自剖。人们是惯好把一点感触扩充下去的吧，因为咒恨中国的医药，他就咒恨中国的医药所盘踞的整个传统的封建文化的壁垒了，他于是学西医，然而同时他却是接受了整个的那代表着在西洋发达了的资本主义制度下的文明和思想了，他彻头彻尾是近代西洋科学精神下的一个信徒和传播者。

在这里是多末明显的对照呵：都市和农村，启蒙和蛮昧，资本主义文化和封建文化的对垒！在这种意义下，是代表了大部分的鲁迅的奋战的生活。他负荷着的是时代使命，他表现着的是时代精神！不过中国的社会是因为受外力而变动着的，这变动异常急遽而迅速，所以到现在为止，鲁迅已代表了另一种的意义的搏斗生活了，然而以他所占的时间的长短论，以他显示出来的成绩的大小论，以他前后的反抗的使命，在一种更深刻一些的社会演化的意义上，或者不是背驰而是连系论，我们却不妨采取举一而概其余的办法的，于是以他前期的奋斗作为整个的奋斗的总括。

从西洋医药而取得的科学思想的中心——进化论，如何而作用着鲁迅的一切讽刺、告诫和观感，这是随地可见的。人得要生存,这是他的基本观念。因为这,他才不能忘怀于人们的死。他见到的,感到的,甚或受到的,关于生命的压迫和伤害是太多了,他在血痕的悲伤之中,有时竟不能不装作麻痹起来,然而这仍是为生物所采取的一种适应的方策,也就是为生存。生存这观念,使他的精神永远反抗着,使他对于青年永远同情着,又过分的原宥着,这也就是他换得青年的爱戴的根由。在生活上,我们有时麻木,或者妥协,拯救了我们的,就是鲁迅的那枝笔。

鲁迅,不错,没作医生,在一九一〇年当的化学、生理学教员,照了鲁迅自己的说法,不久也"出走",然而在我看,这点科学的精神,却永远没离开他过,而且那辐射着的光芒,也无时不从他的小说,尤其是他的杂感里,而到达读他的作品的为他所鼓舞着的青年人的心。

二

从小康之家而堕入困顿的,当然要受不少的奚落和讽嘲,这也是使鲁迅所受的印象特别深的。在他的作品里,几乎常常是这样的字了:奚落,嘲讽,或者是一片哄笑。我们一方面看出他自身的一种过分的神经质的惊恐,也就是在《狂人日记》里所谓的"迫害狂",另一方面,我们却见他是如何同情于在奚落与讽嘲下受了伤害的人物的创痍;悲哀同愤恨,寂寞同倔强,冷观和热情,织就了他所有的艺术品的特色。

三

执拗的农民性,是鲁迅所特别了解深刻的所在。模糊,惮于改革,悬揣,和奴性,是鲁迅所刻划得最入骨的所在。他的故事,惯于以农村为背景,而且在他的故事中,也往往以农村为背景的为最出色,在《孔乙己》,《明天》,《风波》,《社戏》,《祝福》,几篇里,都明明标出地点是鲁镇,那咸亨酒店的盛况,似乎我们一闭眼就可以呈现出来。其他像《药》,《阿Q正传》,《白光》,《长明灯》,《离婚》,虽然没明白标出是鲁镇,然而依然在隐约之中,却还是同一地点的光景。这样成了一个使读者极其容易熟悉的氛围了,这氛围也就是鲁迅知之最深,攻击最烈,同情最大的氛围。

执拗的农民性,不但惮于改革,还给改革者以无穷的迫害。着实说,这却又不只鲁镇一个小地方的风光了,这乃是中国传统下来的一个整个局面的缩影。鲁迅的攻击,也仍是以资本主义下的思想和文明施向封建的农村社会的传统和习俗的攻击。

然而,那点执拗性,或者又可以叫韧性吧,在另一机会,是鲁迅所劝告于人的:"世间有一种无赖精神,那要义就是韧性。听说拳匪乱后,天津的青皮,就是所谓无赖者很跋扈,譬如给人搬一件行李,他就要两元,对他说这行李小,他说要两元,对他说道路近,他说要两元,对他说不要搬了,他说也仍然要两元。青皮固然不足为法的,而那拗性却大可以佩服。要求经济权也一样,有了这件事说太陈腐了,就答道要经济权;说是太卑鄙了,就答道要经济权;说是经济制度就要改变了,用不着再操心,也仍然答道要经济权。"(《坟》,页一六八)这话是对妇女讲的,在鲁迅自己却的的确确采取着,也就是在这一方面他有了战士的资格。对于白话文的拥护,对于国故国粹的掊击,对于人必得要生存的人生观的坚持,对于"西滢(即陈源教授)"的笔战,件件是不放松的,只要入了他的笔尖,他不会忘却,也不会后悔,他惯于作持久战。

这种紧握而不轻易弃置的持久性是根深蒂固的一种来自农民的精神的赐予。

四

进化论的,生物学的,人得要生存的人生观,在奚落和讽嘲的刺戟下的感情,加上坚持的简直有些执拗的反抗性,这是鲁迅之所以为鲁迅的地方,环境把他的性格和思想的轮廓给绘就了,然而他自己,在环境里却找到他的出路了,负荷起了使命。无疑地他是中国文学史上划时代的期间的人物中最煊赫的一个代表者,他呼吸着时代的气息,他大踏着步向前走。他像高尔基一样,他的遭遇是完成了他的,前此的经历,几乎对他后来都留下一种颇可咀嚼的意义,这是多末奇异呢,然而我不能马上叫出名目。

二十四年四月二日

二 鲁迅之生活及其精神
进展上的几个阶段

一

在高尔基六十岁生辰的时候,曾有一位德国的文人,纪念他说:高尔基是由生活到作品,又由作品到生活的。这话是对的,但我想这倒不限于高尔基,恐怕任何作家都不曾例外;并且,打算了解一个作家的话,也只有顺了这条路子走。我们现在,即以鲁迅的生活,和他的作品,取作一个例证。

鲁迅,谁都知道是周树人先生的笔名,据他的《自叙传略》,是一八八一年(光绪七年辛巳)生,到现在(一九三五),恰恰是五十四岁了。依了他的精神进展(Geistesentwicklung),我认为可以划分六个时期,每一时期,外在的环境都有一种非常的变更。他自己的生活上也都有一种特殊的意义和显然的影响。这是:

自一八八一至一九一七,就是他从一岁到三十六岁的时间,这是一个成长和准备的时期。这一个时期包括的大事件是不少的,有甲午之战(一八九四),有戊戌变法(一八九八),有庚子事件(一九〇〇),终至于还有似乎总结这一切事情的辛亥革命(一九一二),国外则有日俄的战争(一九〇三)。鲁迅在这期间,熟悉了农村的生活,受到了科学的洗礼,拿定了以文艺改造国民性的志愿。

这时期是他精神进展上的第一个阶段。

自一九一八至一九二四,他从三十七岁到四十三岁,是他实践了作"精神界战士",开始向封建文化攻击的时期。这时期的开始,是他在《新青年》上发表了《狂人日记》,以及《热风》里头一部分杂感的时候。他的攻击,在这时还比较空洞,敌对的东西也多半不在身旁。但他已经抓住了国民性,不过终于比较后来是笼统的,不大具体。这时的大事件,国外是欧战,国内就是"五四"运动。这时期是他精神进展上的第二个阶段。

自一九二五至一九二六的八月底,到他四十五岁,时代背景是"五卅","三一八",北方的军阀段祺瑞在北京还支持着残局,广州国民政府已经成立,鲁迅于一九二六年八月二十六日离开北京,把攻击"现代评论派"的工作,告一段落。这时期的开始,是女师大的校长事件。人情世故,作了鲁迅斗争的目标。所以这回是较为具体了,而且更切身些了。这是他精神进展上的第三个阶段。

自一九二六的九月至一九二七的九月,是他生活上感受了异常不安定与压迫的时期,他赴厦门,又赴广东,这种变动使他对人生的体验更深刻了;虽然使他沉默,然而在他是一个次一阶段的潜伏期,酝酿期。时代背景就是宁汉分裂,国民党党内实行一种清党运动。鲁迅在感情上当然异常激动,可是这时他的"爱的问题"也得到解决,所以他已是在有人抚爱之中,而慢慢度入他的次一个阶段的进展了。而这短短的一年乃是他精神进展上的第四个阶段。

自一九二七的九月至一九三一,他从四十六岁到五十岁,这是他精神进展上达于顶点的一个时期。他在一九二七年的九月回到上海,在"革命文学家"的笑骂和奚落中,他先以同样的态度回敬,终于慢慢地吸收了那种新的方向的理论,从理解和同情,他作了最忠实的一员。这一个时期,是表现他最健康,最有生气的时代。这时的大事,就是一九三〇年三月二日左翼作家联盟的成立。这是鲁迅精神进展上的第五个阶段。

自一九三一年到现在,鲁迅的精神进展,入了第六个阶段。他重又攻击国民性了,但是比前此所了解的更深刻些了,这是他从新的理论里而加以应用的时期,同时,他的反封建文化的使命,已更明显地表现为反帝国主义的抗争了,不过,他在有些地方已显出了困乏,现在却不知道这是一个衰歇的结束呢,还是一个更新的酝酿。这时的大事件,不用说,就是"九一八"和"一·二八"。国家之感激他,这时时见于他这期的作品中。

在下面,我们将对于他每一个阶段,再试作一个详细的考察。

二

在鲁迅的早年,是中国外患甚深,而维新的空气颇浓的时代。他的家是在绍兴城里。据他的《自叙传略》,母亲姓鲁,是乡下人。在他小说中屡屡提及的鲁镇,恐怕就是他外祖家的地方,这是《社戏》一篇散文里已经告诉我们的。这个地方一定给鲁迅印象十分深,他说他每年跟了他的母亲住在外祖母的家里。看他自己的叙述:

> 那地方叫平桥村,是一个离海边不远,极偏僻的,临河的小村庄;住户不满三十家,是种田,打鱼,只有一家很小的杂货店。……他们合村都同姓,是本家。
>
> ——《呐喊》,页二四〇

他既然常去,所以他从小对于农村就很熟悉了。他母亲虽是乡下人,却"以自修得到能够看书的能力"(《自叙传略》)。父亲,不用说,更是读书的。

到了一八九四,是甲午之战的那一年。也是兴中会起来的那一年。他家中起了一个很大的变故,这时他十三岁。他一无所有了,寄居在一个亲戚家,有时被人称为一个乞食者。他在《呐喊》序里所谓:"有谁从小康人家而坠入困顿的么,我以为在这路途中,大概可以看见世人的真面目",就是指的这个。我以为他后来在文字中时时流露的常像被冷落和排斥之感,就是这早年在情感上受了损伤的结果。

他决意不要寄居了,而回家,同时,他的父亲也患了重病。病了三年多(据《自叙传略》),就死了,这时他应该是十六七岁。这期间,照了《呐喊》的序文:

> 曾经常常,——几乎是每天,出入于质铺和药店里,年纪可是忘却了,总之是药店的柜台正和我一样高,质铺的是比我高一倍,我从一倍高的柜台外送上衣服或首饰去,在侮蔑里接了钱,再到一样高的柜台上给我久病的父亲去买药。

这里所谓"年纪可是忘却了",并不是真的忘却,这由他的《自叙传略》可证,只是太伤心了,不愿意去回忆吧。他之痛恨中国旧的医药自比始。因为:

> 回家之后,又须忙别的事了,因为开方的医生是最有名的,以此所用的药引也奇特:冬天的芦根,经霜三年的甘蔗,蟋蟀要原对的,结子的平地木,……多不是容易办到的东西。然而我的父亲终于日重一日的亡故了。

所以,他此后"渐渐悟得中医不过是一种有意的或无意的骗子"。这是他后来学西医的一个根由。此际正是康梁活动的时代。鲁迅十四岁的时候(一八九五),康有为上书,次年梁启超创《时务报》,又次年,康有为请变法。一八九八年,鲁迅十七岁,就是有名的戊戌政变的那一年,同时,京师学堂也成立了,并且我们知道,在一八八七,是鲁迅六岁的那一年,国家已经加算学一科取士了,所以这时是科学与维新的空气正在鼓荡的时代。

鲁迅十八岁,即一八九九,到了南京。这时他没有入学的钱,只好入无需学费的学校去。幕友或商人,他又不肯做,虽然这倒是他们地方"衰落了的读书人家子弟所常走的两条路"。他的母亲没有法,为他筹了八元的川资,说是由他的自便吧,然而她就哭了。鲁迅到南京,先入的水师学堂,分在机关科。在《朝花夕拾》里,他有一篇《琐记》,说到第一个进去的学校,在光复后,似乎有一时称为雷电学堂,他说"可爱的是桅杆",却又说把名字忘掉了,但从后文看来,他说"爬了几次桅,不消说不配作半个水兵",可见就是在《自叙传略》里的水师学堂的。之后是考入路矿学堂,在水师学堂不过半年。路矿学堂的功课不同一点,不复是英文了,而是德文,中文则除了《左传》,还加上《小学集注》。在这校里,他接触了科学。即当时所谓"格致",这时他的学校已经有了新党,《时务报》和《译学汇编》也已经在流行。鲁迅这时,还买了一本《天演论》。精神上有了新的粮食了,庚子这一年(一九〇〇),他十九岁,大概正在路矿学堂读书。

路矿学堂毕业后,鲁迅是校中被派留日的五人之一。先在东京的预备学校,因为同情于被中医所骗的病人,又知道新的医学是日本维新的一个助力,于是入了乡间的仙台医学专门。在这里学了两年,给他印象甚深的,有解剖学教授藤野严九郎先生,是非常认真教学而不修边幅的人物,他后来在《朝花夕拾》里还有专文纪念他。一九〇三年,日俄战起,鲁迅这时二十二岁,我们有他这时寄往《浙江潮》发表的文字两篇,一是《斯巴达之魂》,一是《说钼》,分别载于《浙江潮》第五,八,九期上。现在收入《集外集》中。这是我们见的鲁迅最早的文字,看光景是翻译,他自认受了严又陵的影响。他之决意从事文艺运动,却是因为这期间用电影来说明微生物学时夹了些日俄战争的画片,其中竟"忽然会见我久违的

许多中国人了",那是:

> 一个绑在中间,许多站在左右,一样是强壮的体格,而显出麻木的精神。据解说,则绑的是替俄国做了军事上的侦探,正要被日本军砍下头颅来示众,而围着的便是来鉴赏这示众的盛举的人们。
>
> ——《呐喊》,序

这一年,他就弃了学籍,跑回东京了,觉得医药并不急切,要着还在改变国民的精神,因此他要提倡文艺运动。纠合了三五个同志,要出杂志,定名为《新生》,但也竟没有成功。想往德国去,也失败了。

他说是二十九岁回的国,那么,是在一九一〇年。在此前,于一九〇七年作的文言论文,现在收到《坟》里的,还有四篇,便是:《人之历史》,《科学史教篇》,《文化偏至论》,和《摩罗诗力说》,这时他二十六岁。一九〇九年印行的《域外小说集》,其中有鲁迅的译文,是三篇,这时他二十八岁。他在国外,对于文学的涉猎,是注意被压迫的民族中的作者,兴趣在短篇。他在《我怎么做起小说来》一文里说:

> 因为所求的作品是叫喊和反抗,势必至于倾向于东欧,因此所看以俄国、波兰,以及巴尔干诸小国作家的东西就特别多。也曾热心的搜求印度、埃及的作品,但是得不到。记得当时最爱看的作者,是俄国的果戈理(N. Gogol)和波兰的显克微支(H. Sienkiewitz)。日本的,是夏目漱石和森鸥外。
>
> ——《南腔北调集》,页一一〇

回国以后,办学校,先是在浙江杭州的两级师范学堂做化学和生理学教员。在孙福熙作的《我所见于"示众"者》文中,说:"鲁迅先生是一个人道主义者,他想尽量的爱人,然而他受人欺侮,而且因为爱人而受人欺侮。倘若他爱人,不给人以轻气瓶中混入空气燃烧时就要爆烈的知识,他不至于炸破手。"随后有一个注,说这是在两级师范学堂时的故事:

> 他在教室试验轻气的烧燃,因为忘记携带火柴了,故于出去时告学生勿动收好了的轻气瓶,以免混入空气,在燃烧时炸烈。但是取火柴回来一点火,居然爆发了;等到手里的血溅满了白的西装硬袖和点名簿时,他发见前两行只留着空位;这里的学生,想来是趁他出去时放进空气之后移下去的,都避在后面了。
>
> ——一九二五年五月,《京报》副刊

这真是一个好对照。鲁迅的忠厚,却往往换来了人们的卑劣。

次年,他改就绍兴中学堂的教务长。一年又离开,没地方可去,便想在一家书店做编译员,但也被拒绝了。这时革命就起了,绍兴光复后,他做了师范学堂的校长,南京革命政府成立,他被教育部长招呼了去,作了部员。这时他三十一岁了。在《两地书》里,他说:

> 说起民元的事来,那时确是光明得多,当时我在南京教育部,觉得中国将来很有希望。(页一九)

可以代表他那时的观感。

政府移入北京,他也还在教育部。此后就是他在会馆里住着,抄古碑的时期。他这时恐怕在异常的寂寞和无聊,他的古碑,抄是抄,但却明知道是"没有什么用",也"没有什么意思"。这便是林语堂所谓的他的第一回蛰伏的时期,一直到他的老朋友钱玄同来催促他开手写小说。这就到了一九一八年的事了,他已经三十七岁。

在他这精神进展的第一个阶段里,因为他熟悉农村,所以后来才有那许多以鲁镇、咸亨酒店为背景的小说；因为他恨中国的医药，所以后来才扩大了而向那以旧医药为代表的封建文化猛烈攻击；他接受了科学，所以他确定了人得求生存的人生观；他被刺戟于国家之感，所以他愿意献身文艺以改造中国的国民性；他早年所受的冷落、侮蔑，是使他永远锐感着，而同情于被迫害的弱者了；他在日本电影里看到的被示众和鉴赏示众的同胞，是使他永远不能忘却那些模糊而残忍的群愚了，这里已经有了阿Q及其周围的人物的影子；他在会馆的寂寞和无聊，就又使他有一种似乎驱除不净的哀感，表现为类似《伤逝》之类的创作。所有这一切，在这时却只是感受、储蓄，并没有表现出来，所以我认为这是一个成长和准备期。

三

一九一八年的四月，鲁迅创作了《狂人日记》，发表在一九一八年五月十五号出版的四卷五期的《新青年》上，是鲁迅生活上极为重要的一个关键。他之作白话文字，自此始，他之用"鲁迅"作笔名，也自此始。仿佛源泉开了闸，此后乃是他一发而不可遏的创作时代了。从此，新文化运动便有了最猛勇的战士，最妥实的保护人，中国国民也有了最严厉的监督，青年则有了不妥协，不退缩的榜样，而新文艺上开了初期的最光彩的花。这重要不止在鲁迅，而且在中国！

开始怂恿他写文章的是钱玄同，这在他的《自叙传略》里已经提明。但在《呐喊》的序上，却标为金心异，据玉狼的《鲁迅的〈呐喊〉》一文（载一九二四年十月《时事新报》的《学灯》），则是袭用了林琴南的《蠡叟丛谈》的，大概这时他还不愿意以自己的真名和朋友的真名为世所知吧。

《新青年》的创办是在一九一五年,九月十五号出版了第一卷第一期。到鲁迅为他们写文章,已是四年了。《新青年》的编辑者是陈独秀,我们知道,是那时一位锐不可当的急进思想家,他之办《新青年》,表示着他最大的热诚和责任心。所以鲁迅说"他是催促我做小说最着力的一个"(《南腔北调集》,页一一一)。

如鲁迅自己所说,他之开始写小说,是抱着一种"启蒙主义",以为必需"为人生"。然而我们看他写出来的东西,却仍是抒情的成分很大,似乎是当时由于他的寂寞之感作用他吧,使他没堕入浅薄的说教的典型里。

他不只写小说,还写诗,在发表《狂人日记》的同期《新青年》里就有他的三首新诗,这是《梦》,《爱之神》,和《桃花》。以后又作了些,却终于不多。

也是一九一八年开始,他在《新青年》上发表了一些讽刺的短评,却就是我们现在予一个统一的名称的杂感。现在是十余册了,超过了他写的其他任何体裁的文章的数量。这开首写的那些杂感,就收入在大家所熟悉的《热风》里。

一九一八年的次一年,是伟大的"五四"运动的一年。那情景,在鲁迅一九二五所作的《热风》的题记里,还有一点小小的痕迹:

> 现在有谁经过西长安街一带的,总可看见几个衣履破碎的穷苦孩子叫卖报纸。记得三四年前,在他们身上偶而还剩有制服模样的残余;再早,就更体面,简直是童子军的拟态。
>
> 那是中华民国八年,即西历一九一九年,五月四日北京学生对于山东问题的示威运动以后,因为当时散传单的是童子军,不知怎的竟惹了投机家的注意,童子军式的卖报孩子就出现了。

由投机家的仿拟，可见当时的声势是很大的。从这小小的记载里，还可以令人想像当时示威运动的情况的仿佛。

鲁迅的杂感，一如这时其他学者的言论，是这个运动的助成者。

示威，不是什么大不了的事，而且实际上也并没因此制止了敌人。然而，在文化上的意义，却是重大的。一种对于旧制度旧文明的弃绝之念是成熟了，同时一种空洞的新文化的向往的热狂燃烧起来。鲁迅，就是这一时期里一个最煊赫的代表者。

他在杂感里，向旧的攻击；他在小说里，也向旧的攻击。《狂人日记》，可说是向封建文化声讨的一个最有力量的檄文。同时，他夹杂了自己的寂寞的情感，便专作一些旧社会的暴露的文章了，这就是他收在《呐喊》里的大部分的小说。《呐喊》包括自一九一八至一九二二的短篇小说，是印行于一九二三年，同年他印行了俄国爱罗先珂作的童话剧《桃色的云》的译本，以及《中国小说史略》的上卷，这一年的前一年，则印述日本武者小路实笃的剧曲《一个青年的梦》的翻译，和《爱罗先珂童话集》的译本。一九二一，他出版了翻译的俄国阿尔志跋绥夫的中篇小说《工人绥惠略夫》，据他自己订的译著书目看，似乎是他出版的第一部书（见《三闲集》，页一九五）。出版《呐喊》之后，一九二四年，他印行了日本厨川白村作的论文《苦闷的象征》的译本，以及《中国小说史略》下卷，包括一九一八至一九二四的杂感集《热风》，则出版于一九二五。这结束了他精神进展的第二个阶段。

四

他精神进展的第三个阶段，是始于一九二五年的春天女师大的风潮，而终于一九二六的八月二十六日他的离开北京。

这时南北的空气已经很不同,在一九二四年开的国民党第一次全国代表大会,已经议决容共了,思想是那么新,北方却入了段祺瑞的"临时执政"的手掌。一九二五,孙中山先生逝世,不久广东就立了国民政府。这一年的大事件,是上海的"五卅"惨案。不过我们很看得出来,似乎这些变动还没到能够使北方的民众特别兴奋的地步。反映在鲁迅的杂感中的,也就似乎淡淡的,远不如"三一八"给他的感印之大和深切。

这时触动他的,却是女师大的学潮,即由于校长杨荫榆而起的事件。据《两地书》里三月二十六日景宋给鲁迅的信,说:"到开学以后,目睹拥杨的和杨本身的行径,实在不得不教人怒发冲冠,施以总攻击"(页一六),在四月十日景宋再给鲁迅的信,又说:"风潮闹了数月"(页二八),可见这一年之开始,学潮就已经发生了。鲁迅之出来说话,就收在《华盖集》里的杂感看,最早的乃是五月二十一日写的《碰壁之后》。由女师大学潮而牵涉到陈西滢身上了,自此,他便费了不少的精力,用以攻击"现代评论派"的"正人君子"。

这时,他在教育部的佥事,为章士钊革了职。他便只剩下作北大、师大、女师大等校的国文系讲师的事情了。这一年的三月,他开始与景宋通信。景宋,名许广平,是女师大跟鲁迅上课的一个学生,从通信集看,是一个像男性的女子,她自己说是"刚率十二万分的人"(《两地书》,页四),"无日不被人斥为骄傲与玩世不恭"(页九),"生来倔强,难与人同"(页十二),并且,"加以先人禀性豪直",所以她"亦不免粗犷"(页十九),这样的女性与鲁迅来往,倒是再适合也没有的。他们同是反抗性很强的人,也同样关心社会的事物,柔弱和缠绵,是彼此所无的。他们也似乎都不醉心于纤巧的美。景宋是广东人,口才,笔力,和作事的本领,可说都有些。是鲁迅的一个好助手。

北京的出版界在此际也十分兴旺。刊物已有《猛进》,《现代

评论》,和《语丝》,但鲁迅当时对这些刊物的批评并不好:

> 北京的印刷品现在虽然比先前多,但好的却少。《猛进》很勇,而论一时的政象的文字太多。《现代评论》的作者固然多是名人,看去却很显得灰色,《语丝》虽然想有反抗精神,而时时有疲劳的颜色。
>
> ——《两地书》,页二一

所以,他不久,就主编《莽原》。为的是"希望中国的青年站出来,对于中国的社会,文明,都毫无忌惮地加以批评。"(《华盖集》题记)不过"来说话的竟很少"。在报纸方面,有《晨报》副刊,有《京报》副刊,都是大家发表言论之地。《京报》副刊第一号,出版于一九二四年十二月五日,第三号(十二月七日)便开始有了鲁迅的译文,即是《出了象牙之塔》的片断。《京报》副刊的编辑者是孙伏园,原先他是编《晨报》副刊的,后来被现代评论派的人挤掉了,《晨报》副刊的编者就换了徐志摩,《语丝》的创立即是对《晨报》副刊而起的。这时的对立越发明显了:一方面有《语丝》和《京报》副刊,一方面却是《晨报》副刊和《现代评论》。北新书局和未名社,也先后成立了。所以这时北京的出版界,不能不说是一个升腾活跃的时代。这都给鲁迅以方便,使鲁迅放送了他那些对于"人情世故"的攻击。

像在杂感方面,鲁迅此际的对象更具体些,更切近些,也就是《华盖集》题记里所谓"偏遇到"的"几件小事情"了,他在创作方面,也同样表现出更取材于现实的资料了,这是我们试一比较《呐喊》和《彷徨》的题目就可以十分了然的。在《呐喊》里,几乎只有《端午节》是写的都市的知识分子的生活,在《彷徨》里却就差不多除了《祝福》,《长明灯》,《离婚》之外,全都是都市生活的记录了。而且,实生活的压迫之苦,也特别出现于他的笔端了,《在酒楼上》

的吕纬甫,是被实生活打击得"敷敷衍衍,模模胡胡"(页四二)了,《幸福的家庭》里的主人公也为经济压迫而文章的构思被破坏了(页六五),《孤独者》里的魏连殳则是明显地被记着生计十分不堪,"窘相时时显露"(页一六〇),《伤逝》的涓生就直然说"忍受着这生活压迫的痛苦"(页一九六),这都不像《呐喊》里那些创作只是回忆之海里的渣滓,仿佛与现实可以无关的了。以艺术论,他这些写现实生活的作品大抵没有写回忆中的农村的成功,不过他的取材之由远及近的趋向,却是显然的。这乃是他精神进展上的第三个阶段里的特色。

一九二六年的"三一八"事件,警醒了鲁迅对于私人的攻击,他渐渐放弃了这种较小的目标,他的情感强烈地惹动起来,他觉得更可痛恨的是另有所在了。他已没有作从容,幽默的杂感的余地,却只是"血债必须用同物偿还。拖欠得愈久,就要付更大的利息"(《华盖集续编》,页八八)!寥寥的几个字,多末浓烈的标语!这样,他结束了第三个阶段的精神进展了,于八月二十六日离开了可咒诅的北京。在一九二六年,国民党开了第二次全国代表大会。"三一八"之后,张吴合作,段祺瑞下野,而蒋介石先生在广东誓师北伐。鲁迅此际所印行的书籍,是在《彷徨》,《华盖集》,《华盖集续编》之外,还有附录的《小说旧闻钞》,以及选译的日本厨川白村的《出了象牙之塔》。

五

离开了十五年来所未曾离开的北京,这不能不说是鲁迅生活上很大的一个变迁。从一九二六年的八月二十六日,到次年的九月底,鲁迅几乎处于一种莫明其妙的困难之境,自然,是使他颇为懊恼的,然而这回不像在写《狂人日记》以前的时候所感到的寂寞和无聊了,倘若说上回是使他悲哀,这回乃是使他愤怒,上回的环境是空虚和寂静的压迫,这回乃是动乱与驳杂的戟刺了。

他离开北京以前,政府要通缉那所谓五十位过激教授,其中当然有鲁迅,许多人都离开了,鲁迅答复林语堂问的应付办法时,却是"装死",因此林语堂认为这是鲁迅的第二回蛰伏的时期。不过并没有完全做到。他南下了,应了厦门大学的聘。

他大概和景宋一块从北京出发的吧,不过到上海后,鲁迅赴厦门,景宋便到了广东。鲁迅到厦门的日子是九月四号。到厦门以后,种种不随心的事都来了,首先是看到人物的不耐:

> 在国学院里的,朱小根是胡适之的信徒,另外还有两三个,好像都是朱荐的,和他大同小异而更浅薄,一到这里,孙伏园便要算可以谈谈的了。我真想不到天下何其浅薄者之多。他们面目倒漂亮的,而语言无味,夜间还要玩留声机,什么梅兰芳之类。
>
> ——《两地书》,页八九

> 我在这里不大高兴的原因,首先是在周围多是语言无味的人物,令我觉得无聊。他们倘肯让我独自躲在房里看书,倒也罢了,偏又常常寻上门来,给我以刺戟。
>
> ——《两地书》,页一一七

学校里则是一种挤轧的局面:

> 我看这是的确的,这学校,就如一部《三国志演义》,你枪我剑,好看煞人。北京的学界在都市中挤轧,这里是在小岛挤轧,地点虽异,挤轧则同。
>
> ——《两地书》,页一二九

加之,他讨厌的"现代"派,还在眼前活动:

> 你看"现代派"的小卒就这样阴鸷,无孔不入,真是可怕可厌。不过我想这实在难对付,譬如要我去和此辈周旋,就必须将别的事情放下,另用一番心机,本业抛荒,所得的成绩就很有限了。"现代派"学者之无不浅薄,即因为分心于此等下流事情之故也。
>
> ——《两地书》,页一四六

同时,又有高长虹的攻击,要推倒《莽原》,广销《狂飙》。这时他的感愤为何如!他开始对青年失望了,所以他说:

> 我想,我先前的种种不客气,大抵施之于同年辈或地位相同者,而对于青年则必推让,或默然甘受损失。不料他们竟以为可欺,或纠缠,或奴役,或责骂诬蔑,得步进步,闹个不完。我常叹中国无"好事之徒",所以什么事也没有人管,现在看来,做"好事之徒"实在也大不容易,我略管闲事,就弄得这么麻烦。现在是方针要改变了,地方也不寻,丛书也不编,文稿也不看,也不烧,回信也不写,关门大吉,自己看书、吸烟、睡觉。
>
> ——《两地书》,页一九八

后来他就对青年也攻击起来。这在他一定是十分痛心的事!他本来是想在厦门致力于学问的,可是学校只是省钱,并不能痛痛快快地为他印书,环境又那么不随心,在心情则这么不平静,所以他只有幻灭之感了。不错,在厦门也得到一部分青年的信仰,希望他办刊物,"和社会闹一通"(《两地书》,页一二〇)。而且,他之到厦门,就有为他而转学去的,他一走,便又有二十多个学生也走(《两地书》,页二一二),不过,他终于不耐了,他说:

> 我前回辞国学院研究教授而又中止者,因怕兼士与玉堂觉得为难也,现在看来,总非坚决辞去不可,人亦何苦因为别

人计,而自轻自贱致此哉!

——《两地书》,页一一四

无怪景宋也说:"我看你在那里实在勉强"了(《两地书》,页一三五)。然而也就在这种情况之下,他和景宋的爱情,有了长足的进展,这是自然的,因为两人不在一起了,所以彼此越发系念起来。我们从他们的通信集里看,第一部分包括以一九二五年七月为止的,比较平淡的多。第二部分即是鲁迅在厦门,与景宋在广东的通信,就完全露出一对爱侣的关怀来,景宋在第一部分里讨论学潮文章的热心是为鲁迅之饮食起居的挂念所代替了,鲁迅此际的激忿、怨尤、不安、与焦急,却就恰恰有景宋为之解慰。

……不要太认真。况且你敢说天下就没有一个人是你的永久的同道么?有了一个人,你就可以自慰了,可以由一个人而推及二三以至于无穷了,那你又何必悲哀呢?如果一个人也"出乎意表之外"……也许是真的么?总之,现在是还有一个人在劝你,希望你容纳这意思的。(页一六六)

所以我认为只有在这个阶段之中,是有人在抚爱着,而使他慢慢地度入次一个阶段的精神进展里去。

在厦门的时候,他十分向往于南方的国民革命。鲁迅在通讯集里,差不多每次报告着北伐的军事消息,而他一则说"此地北伐顺利的消息也甚多,极快人意"(页八八),再则说"今天本地报上的消息很好,……总而言之,即使要打折扣,情形很好总是真的"(页一一七),可以想见他那时的心情。

在一九二六年的十二月,国民政府已经都于武汉了,但是革命策源地的广东总在吸引他。不过他这时又有创作呢,教书呢,两歧的徘徊,因为他认为二者不能兼。

然而终于他应了广州中山大学的聘了,自然景宋也在劝诱。

于是他于一九二七年一月十五日离开了厦门,于十八日到了广东,前前后后在厦门的时光却不过四个月。在这一次教训中,他说:"虽或受着各方面的斫刺,似乎已经没有创伤,或者不再觉得痛楚;即使加我罪案,也并不觉着一点沉重了。"(《华盖集续编》,页二六二)可见他在几经打击之后,慢慢有一种脱卸之感,在这里,我们可以知道他转变的时机是已经不远了。

他到了广东以后,情景和自己起初所想的不十分相符起来。他本来还有"一个野心",就是"到广州后,对于绅士们仍然加以打击,至多无非不能回北京。第二是与创造社联合起来,造一条战线,再向旧社会进攻"(《两地书》,页一四九),可是他将要去的时候,情形已经是:

> 自郭沫若做官后,人皆说他左倾,有些且目之为共党,这在广州也是排斥人的一个口头禅,与在北京无异。创造社中的人的连翩而去,不知是否为了这原因。
> ——《两地书》,页二一九,景宋一月五日与鲁迅信

我们后来就可以知道,这便是有名的"清党"的序幕。一九二七这一年,正是宁汉分裂的一年。不用说,鲁迅联合战线的梦想,是落空了。而且,即被他攻击的绅士们,也不少在这时成了要人。

可是如他在厦门一样,广东的青年异常欢迎他,为他写文章,请他写文章,要他演讲,又要他编刊物,情形非常热闹。他一到,是住在中山大学最中央而最高的处所,所谓大钟楼;其中老鼠是成群的,夜间就驰骋起来,到清晨则有工友们唱那他所听不懂的歌。白天他便接见当地的青年。在楼上住的第二月,他当了中山大学的教务主任,这种生活对他是太不适合了,他记这时候的情形,有这样的话:

> 是忙碌的时期。学校大事,盖无过于补考与开课也,与别

的一切学校同。于是点头开会,排时间表,发通知书,秘藏题目,分配卷子,……于是又开会,讨论,计分,发榜。工友规矩,下午五点以后是不做工的,于是一个事务员请门房帮忙,连夜贴一丈多长的榜。但到第二天的早晨,就被撕掉了,于是又写榜。于是辩论:分数多寡的辩论;及格与否的辩论;教员有无私心的辩论;优待革命青年,优待的程度,我说已优,他说未优的辩论;补救落第,我说权不在我,他说在我,我说无法,他说有法的辩论;试题的难易,我说不难,他说太难的辩论;还有因为有族人在台湾,自己也可以算作台湾人,取得优待"被压迫民族"的特权与否的辩论;还有人本无名,所以无所谓冒名顶替的玄学底辩论……。这样地一天一天的过去,而每夜是十多匹,——或二十匹——老鼠的驰骋,早上是三位工友的响亮的歌声。

——《三闲集》,页三二

真有教人哭笑不得的光景。照了鲁迅自己的说法,初到广东时,也未始没有"一点小康",以为不至于像在北方所看见的压迫党人,扑杀青年,可是"后来才悟到这不过是奉旨革命的现象"(《三闲集》,页二一七),所以也就没有什么欢欣之感了。并且,局面也并不那么和平,他在《两地书》的序言里有一段回忆说:

五年前,国民党清党的时候我在广州,常听到因为捕甲,从甲这里见到乙的信,于是捕乙,又从乙家里搜得丙的信,于是连丙也捕去了,都不知下落。古时候有牵牵连连的"瓜蔓抄",我是知道的,但总以为这是古时候的事,直到事实给了我教训,我才分明省悟了做今人和做古人也一样难。

——并见《南腔北调集》,页四三

慢慢对他自己的迫害,也来了。我们知道,是专有一本小书叫《鲁迅在广东》的,可是据他所说,则看了后,并不足以知道那实况,除非书后加上几十页空白的纸。这时,要他作序的书,往往托故取回了,期刊上他的题签也经撤换了。报纸上故意不使有鲁迅二字出现,有的报上则称之为杂感家,并且主张他应该和"现代评论派"人合作。他的处境非常危险,所以他愤慨地说:逃掉了五色旗下的铁窗斧钺风味,而在青天白日之下,又有缧绁之忧了(《而已集》,页五五)。所以他退出了中山大学,在广州城里头,另找一个地方居住,这时空气为残杀所充满。他也隐不下,总有人来探问他的意见,也迫他讲演,以便拿他的错。但他却用支吾的办法,使人们不得要领,他的讲演也避免谈现实,现在收在《而已集》里的《魏晋风度及文章与药及酒之关系》就是一个例子,他的话,很曲折,而且很幽默,使听者能够把主旨模糊过去。他造成一个使人以为不过是又要钻在故纸堆的人物了,于是得到逃脱。林语堂便称这回是他的第三次蛰伏时期,也是以装死得生。

像结束了一场噩梦似的,他于一九二七年的九月底到了上海。

感情的起伏和不安;既愤慨,又自危,以往往久居一地的人,竟从北平到了厦门,到了广东,又到了上海,这末漂泊,流徙,然而这仿佛西洋历史上的中世纪似的,乃是酝酿一个较有意义的生活的到来。他在这一阶段里,也印行了几本著作,是:《坟》,《朝花夕拾》,和《唐宋传奇集》。《而已集》大都是这时期写的,不过印行却是在次一年。

六

作为鲁迅精神进展上达于顶点的第五个阶段,是始于一九二七年九月底鲁迅之赴上海。这时他四十六岁。因为他眼见过革命策源地的实况了,所以他对于革命已取一种讽笑的态度;因为他受的迫害太大,而见的别人的危难也太多了,所以他感到了"救救孩子"的口号终于不免空虚,攻击社会也太冒险,这时他深深地致恨于文字的无用;因为三经香港,知道压迫中国人更深的是帝国主义者了,所以他慢慢有了攻击的新对象:总之,他是在憎恶与愤慨之中,有所厌弃,有所倦怠,却又有所跃跃欲试的新目标了。他是以这样的心情到了上海。

一九二八这一年是中国国民革命戎功的一年,南北统一了,可是外人的欺辱也特别加甚起来,具体的事件便是"五卅"。在文化上,则为左倾的思想十分蓬勃,然而也十分草创的时代。照了鲁迅的叙述,当时的情形是:

> 我在"革命文学"的战场上,是落伍者,所以中心和前面的情状,不得而知。但向他们屁股那面望过去,则有成仿吾司令的《创造月刊》,《文化批判》,《流沙》,蒋光×(恕我现在还不知道已经改了那一字)拜帅的《太阳》,王独清领头的《我们》,青年革命艺术家叶灵凤独唱的《戈壁》;也是青年革命艺术家潘汉年编撰的《现代小说》和《战线》;再加上一个真是"跟在弟弟背后说漂亮话"的潘梓年的速成的《洪荒》。但前几天看见K君对日本人的谈话(见《战旗》七月号),才知道潘叶之流的"革命文学"是不算在内的。
>
> ——《三闲集》,页一三三

这可以想见那时的文化界的一斑。他那时是一个受攻击的时代,从一九二八至一九二九,是他极少写稿,也几乎写出没处投的时代。当时,有所谓"围剿":

> 我是在二七年被血吓得目瞪口呆,离开广东的,那些吞吞吐吐,没有胆子直说的话,都载在《而已集》里。但我到了上海,却遇见文豪们的笔尖的围剿了,创造社,太阳社,"正人君

子"们的新月社中人,都说我不好,连并不标榜文派的现在多升为作家或教授的先生们,那时的文字里,也得时常暗暗地奚落我几句,以表示他们的高明。

——《三闲集》,序言

向来反抗的鲁迅,他这时也没沉默,于是他也反攻起来。他先说:

> 然而各种刊物,无论措词怎样不同,都有个共通之点,就是:有些朦胧。

——《三闲集》,页六二

后来直接指出成仿吾、李初梨的论调来,给了一句"横竖缠不清"的结论,接着便说:

> 最好还是让李初梨去由"艺术的武器到武器的艺术",让成仿吾去坐在半租界里积蓄"十万两无烟火药",我自己是照旧讲"趣味"。

——《三闲集》,页六七

可见他是在偏颇不驯的神情里,抵挡了当时的幼稚的攻击的。对于当时"革命文学"的货色,他也没有客气:

> 但中国之所谓革命文学,似乎又作别论。招牌是挂了,却只在吹嘘同伙的文章,而对于目前的暴力和黑暗不敢正视。作品虽然也有些发表了,但往往是拙劣到连报章记事都不如;或则将剧本的动作词令都推到演员的"昨日的文学家"身上去。那么,剩下来的思想的内容一定是很革命底了罢?我给你两句冯乃超的剧本的结末的警句:
>
> "野雉:我再不怕黑暗了。
>
> 偷儿:我们反抗去!"

——《三闲集》,页九○

当时左翼文坛的幼稚，是不容讳言的，而且，空虚和不健全，也在所难免。所以，大家虽然围剿，和鲁迅的反抗比较起来，依然无疑显出单薄。然而，就当时幼稚的论调中，我以为钱杏邨的攻击，却有时颇中要害。尤其是他发表的第一篇论鲁迅的文章，名字是《死去了的阿Q时代》的，我以为有不少地方，颇能一针见血，例如他说：

> 除于他的创作的技巧，以及少数的几篇能代表"五四"时代的精神外，大部分是没有表现现代的。

这是说到鲁迅作品的内容的。又说：

> 这种人若不把领袖思想英雄思想从他们的脑中赶掉，总归是没有希望的！再进一步说，鲁迅所以陷于这样的状态之中，我们可以说完全是所谓自由思想害了他，自由思想的结果只有矛盾，自由思想在这个世界上只是一个骗人的名词，鲁迅便是被骗的一个。

这是说到鲁迅的思想的。他更说：

> 现在的时代不是阴险刻毒的文艺表现者所能抓住的时代，现在的时代不是纤巧俏皮的作家的笔所能表现的时代，现在的时代不是没有政治思想的作家所能表现的时代！
>
> ——载于一九二五年五月的《太阳》

我不信鲁迅不受这些话的影响，在文字上，以《二心集》和以往的杂感集比较，就果然是爽朗开拓的了，阴险刻毒和纤巧俏皮可说确收敛了许多。政治思想，在一向空洞而没有立场的鲁迅，不久也就形成了，这都是属于这一个阶段里的事。

鲁迅是认真而且聪明的，在他未熟悉的东西，他就直然认为不懂，决不强不知以为知。所以他在一九二八年八月十日给人的信，

还依然说:"我对于唯物史观是门外汉,不能说什么。"(《三闲集》,页一三八)在同年编辑的《奔流》的后记里,也说:

> 世间大约该还有从集团主义的观点,来批评 Ibsen 的论文罢,无奈我们现在手头没有这些,所以无从介绍。
>
> ——《三闲集》,页一三五

这都是他未转变以前的话。

以后却是觉得攻击他的人大都是空虚了,所以他感到译书的迫切:

> 有马克思学识的人来为唯物史观打伏,在此刻,我是不赞成的。我只希望有切实的人,肯译几部世界上已有定评的关于唯物史观的书——至少,是一部简单浅显的,两部精密的——还要一两本反对的著作。那么,论争起来,可以省许多话。
>
> ——《三闲集》,页一四〇

否则,"解剖刀既未中腠理,子弹所发之处,也不是致命伤"(《二心集》,页二九),在他是不满足的。所以译书的责任,他也就负担起来了。他承认是受了别人攻击的影响,所以他说:

> 我有一件事要感谢创造社的,是他们"挤"我看了几种科学底文艺论,明白了先前的文学史家们说了一大堆,还纠缠不清的疑问。并且因此译了一本蒲力汗诺夫的《艺术论》,以救正我——还因我及于别人——的只信进化论的偏颇。
>
> ——《三闲集》,序言

这是多大的转变!他一向信任的进化论,是认为不够了,必得有所补充,这是什么呢,却就是他所谓:

> 接着这自然科学所论的事实之后,更进一步地来加以解

决的,则有社会科学在。

——《二心集》,页七三

这种大转变,我认为都是在从他自己所译的书中而得到的正解的结果。

一九三〇年,他签名于自由运动大同盟。同年,三月二日左翼作家联盟成立,在成立大会上,他曾去讲演。我们知道,在一九二九年的二月七日,创造社是被封了(见郭沫若《创造十年》),所以此刻的左翼作家,已另换了阵线,而鲁迅乃是其中最为忠实的一员。在中国,自己敢于公开承认是左翼(《南腔北调集》,页四六),而又能坚持其立场的,恐怕很少很少。许多怕落伍,又怕遭殃,就作出一种依违两可的妾妇状了,即此一端,也可见鲁迅的人格。

鲁迅在这一个时期里,虽然有一度想歇歇(《三闲集》,页一一〇),这是一九二八时的事,也想"隐姓埋名,到什么小村里去,一声也不响,大家玩玩吧"(《两地书》,页二五八),这是一九二九时的事,可是到了一九三〇以后,他却不会松懈了,所以然者,他思想上有了归宿。

他这时批评了梁实秋,批评了成仿吾,批评了钱杏邨,对于左翼,他有了指示;对于右翼,他有了剖解,他从前只是为青年辩,现在他为大多数劳苦大众辩了,但他却也并不忘记攻击他们的短处。在理论上,他力忠实的翻译辩,他为阶级性的存在辩。在从前,他有所攻击,是因为"关己",现在是不触着自身,也来战斗了,从前他的战斗为个人,现在是为受压迫的大部分人了。

文章与内容相衬,他这时的作品也最是在浑浑厚厚之中,而有一种生气,所以我认为这是他最健康,而精神进展达于极点的时期。

他于一九二九,曾经短期到过北平,大部生活却是在上海。这几年来的著译工作是,童话《小约翰》的译文,日本鹤见祐辅作的《思想山水人物》的选译,《野草》,《而已集》,都是一九二八出版的,《壁下译丛》,日本坂垣鹰穗《近代美术思潮论》的译文,日本片上伸《无产阶级文学的理论与实际》的译文,卢那卡尔斯基《艺术论》的译文,皆出版于一九二九;蒲力汗诺夫的《艺术论》,卢那卡尔斯基的《文艺批评》,苏俄的《文艺政策》,这些翻译皆出版于一九三〇。雅各武莱夫作的长篇小说《十月》,为神州国光社收稿,但在一九三二年鲁迅自定的译著书目中却说尚未付印。

七

自一九三一以后,到现在,我认为是鲁迅精神进展上的又一个阶段了。这一个阶段里重要的事情便是国难的临头,于一九三一而有"九一八"。于一九三二而有"一·二八",这都不是小事件!再一件事,就是中国左翼作家的消沉。鲁迅在这一个阶段里,一方面是转变后的新理论的应用了,一方面却是似乎又入于蛰伏的状态的衰歇。在这一个时期,他的著作是不多的,他的文章,也又改了作风,并没能继续在上一个阶段里所获得的爽朗开拓的气度。

因为国难的关系,他写着许多关于时事的文章。首先,他有一篇《答文艺新闻社问》,题目是《日本占领东三省的意义》,他的答复是:

> 这在一面,是日本帝国主义在"膺惩"中国军阀,也就是"膺惩"中国民众,因为中国民众又是军阀的奴隶,在另一面,是进攻苏联的开头,是要使世界的劳苦群众,永受奴隶的苦处的方针的第一步。
>
> ——《二心集》,页一四七

这是他在国难后发话的第一声,在这时候的鲁迅,无疑对帝国主义的愤恨是格外加强了,对本国的当局也责难深起来,然而对于国民性的攻击并没有放松。他说一般人之惯于说谎和造谣：

> 笑里可以有刀，自称酷爱和平的民族，也会有杀人不见血的武器，那就是造谣言。但一面害人，一面也害己，弄得彼此懵懵懂懂。古时候无须提起了，即在近五十年来，甲午战败，就说是李鸿章害的，因为他儿子是日本的驸马，骂了他小半世；庚子拳变，又说洋鬼子是挖眼睛的，因为造药水，就乱杀了一大通。下毒学说起于辛亥光复之际的杭州，而复活于近来排日的时候。我还记得每有一回谣言，就总有谁被诬为下毒的奸细，给谁平白打死了。
>
> 谣言世家的子弟，是以谣言杀人，也以谣言被杀的。
>
> ——《南腔北调集》，页二〇七

因为他住在上海，所以也就特别攻击上海；他介绍上海的"吃白相饭"：

> 要将上海的所谓"白相"，改作普通话，只好是"玩耍"……
>
> "吃白相饭"在上海是这么一种光明正大的职业。
>
> 我们在上海的报纸上所看见的，几乎常是这些人物的功绩；没有他们，本埠新闻是决不会热闹的。但功绩虽多，归纳起来，也不过是三段……
>
> 第一段是欺骗。见贪人就用利诱，见孤愤的就装同情，见倒霉的则装慷慨，但见慷慨的却又会装悲苦，结果是席卷了对手的东西。
>
> 第二段是威压，如果欺骗无效，或者被人看穿了，就脸孔一翻，化为威吓，或者说人无礼，或者诬人不端，或者赖人欠钱，或者并不说什么缘故，而这也谓之"讲道理"，结果还是席卷了对手的东西。

> 第三段是溜走。用了上面的一段或兼用了两段而成功了,就一溜烟走掉,再也寻不出踪迹来。失败了,也是一溜烟走掉,再也寻不出踪迹来。事情闹得大一点,则离开本埠,避过了风头再出现。
>
> ——《准风月谈》,页一九

鲁迅总是反抗的,所以可敬。

在一九三一年的二月七日,是胡也频柔石等被害的日子。鲁迅因而悲愤,因而自危,因而沉默,大概也是自然的吧。

不过鲁迅自从接受新的理论后,他的观感多半更深入一层了,而且他处处忘不掉社会机构的背景,例如他对于"谚语":

> 粗略的一想,谚语固然好像一时代一国民的意思的结晶,但其实,却不过是一部分的人们的意思。现在就以"各人自扫门前雪,莫管他家瓦上霜"来做例子罢,这乃是被压迫者们的格言,教人要奉公,纳税,输捐,安分,不可急慢,不可不平,尤其是不要管闲事;而压迫者是不算在内的。
>
> ——《南腔北调集》,页一四二

所以我说这一时期是他运用他的理论的时期。

大体上看,鲁迅时时刻刻在前进着,然而,这第六个阶段的精神进展,总令人很容易认为是他的休歇期,并且他的使命的结束,也好像将不在远。到现在为止的成书的东西,充其量是包括一九三三年的作品;现在很少见他发表东西了,自然,没有合适的地方发表的原故也是有的。包括一九二七年至一九二九年的杂感集《三闲集》是出版于一九三二的,他在书后有一个后记。先是把从来的作品列了列,成为一个"译著书目",随后便有许多自责、自慰的话,令人很容易想到他是自己意识到可以告一段落的了。并且说:

> 当我被"进步的青年"们所口诛笔伐的时候,我"还不到五十岁",现在却真的过了五十岁了。(页二一〇)

因为他这时五十一。他又说:

> 世界决不和我同死,希望是在于将来的。但灯下独坐,春夜又倍觉凄清,便在百静中,信笔写了这番话。

这是一种什么滋味!读者大可以去想像的吧。鲁迅在一九三一年的译书有《药用植物》(日本刈米达夫作,分别发表于商务印书馆《自然界》中),有三闲书屋印苏联 A·法捷耶夫作长篇小说《毁灭》一册,一九三二年出版《三闲集》、《二心集》,一九三三年出版《南腔北调集》、《伪自由书》,一九三四年出版《准风月谈》。今年则有引人代但出版的《集外集》,以及生活书店出版的 L·班台莱耶夫作的童话《表》,和高尔基的《俄罗斯的童话》。到执笔时为止,现在还没有更新的成书出来。

八

这一章的文章到这里本可以完了,但我们从鲁迅的生活和他的精神进展上看出一件事情来,就是:一个人的环境限制一个人的事业,但一个人的性格却选择一个人的环境。这其间有一点神秘,这神秘我们可以鲁迅为代表。

我们可以这样说,倘若不是陈独秀在那里办《新青年》,鲁迅是否献身于新文化运动是很不一定的;倘若不是女师大有风潮,鲁迅是否加入和"正人君子"的"新月派"的敌斗,也很不一定的;一九二六年假若他不出走,老住在北平,恐怕他不会和周作人的思想以及倾向有什么相远,他和南方的革命势力既无接触,恐怕也永久站在远处,取一个旁观、冷嘲的态度,是不会太向往,也不会太愤恨的;一九二七年假若他不是逃到上海,而是到了武汉,那么,也许入于郭沫若一流,到政治的旋涡里去生活一下;一九二八年一直到一九三〇年,假若他久住于北平,则也敢说他必受不到左翼作家的围剿,那么,他也决不会吸取新的理论,他一定止于是一个个人主义的不驯的战士而已,也不会有什么进步;——然而,这一切都不是的,事实乃是陈独秀办了《新青年》,女师大有了风潮,一九二六年他离开了北平,一九二七年从广州到了上海,一九二八到一九三〇他没有打算再久住北平,所以,他成就了现在的鲁迅。环境的力量有多大。

然而,我们更必须清楚,就是倘若不是鲁迅的话,他不会把环境这样选择着!不是鲁迅,不会在会馆里寂寞地抄古碑,已经作金事了,他满可以心安理得地作官,然而他不,他感到寂寞,他偏驱除不净那些少年时受自农村社会的悲凉的回忆,他于是呐喊!不是鲁迅,他可以安稳地教书,学潮可以不理,然而因为是鲁迅,他又不耐了,绅士们的纸冠,他也必得戳一戳,结果被迫,结果得出走。随便逃走也就好了,但他还有新的梦想,要治两年的学,于是到了厦门,在厦门能耐的话,他可以像林语堂似的,在那儿停一停,然而他不,他终于是鲁迅,他痛恨于"天下何其浅薄者之多",他苦恼于一般人之"语言无味",他以"离开了那些无聊人","心就安静得多了",所以他就又被广州的情形所诱引,而到了广州。在广州,别人也许可以住得下去的吧,否则也不能受那样的迫害,然而又依然是鲁迅之故,他不妥协,他反抗,他以为他的话很巧,可以无所触犯,然而他说这地方是"奉旨革命",然而他说:"青天白日旗插远去,信徒一定加多。但有如大乘佛教一般,待到居士也算佛子的时候,往往戒律荡然,不知是佛教的弘通,还是佛教的败坏。……"(《三闲集》,页三一)。他能不遭到迫害吗?无怪乎他又得出走。到了上海,倘若在别人,当时的左翼作家一定不如此大举,又因为他是鲁迅,所以围剿特别加紧,然我们还敢说,倘若在别人,反攻也许是薄弱的吧,而且反攻之后,也许不必要看清敌人的理论的吧,然而仍因为是鲁迅,猛烈的反攻,却又慢慢很勤快地译出敌人的理论根据来了。他于是从中却又变革了自己。一九二九他到过北平,但他说:"为安闲计,在北平是不坏的,但因为和南方太不同了,所以几乎有'世外桃源'之感,我来此已十天,却毫不感到什么刺戟,略不小心,确有'落伍'之惧的。上海虽烦扰,但也别有生气。"(《两地书》,页二四〇)求刺戟,要生气,这也只有鲁迅那样的人才如此,所以他就终于久住于上海了,因此,他始终没脱离了作战士。一个人的性格,对于环境的选择又多末明显!

所以像其他天才一样,环境却终于完成了他自己了!

二十四年七月三十一日上午十时

三　鲁迅作品之艺术的考察

I　鲁迅创作之一般的考察及
　　鲁迅创作中之最完整的艺术

一

现在我想说一说鲁迅的艺术。也许这是不对的吧,我特别被吸引于审美的方面。中国有"信言不美,美言不信"这些老话,可是我不管这些了。即如我向来对于梵经吧,我觉得美,是因为文章;道理么,我却认为无足轻重,有时我还多半持着相反的见地。我知道,这样将是梵经的罪人的,同样,我恐怕也不能不是鲁迅的罪人了,可是说真的,鲁迅在思想上,不够一个思想家,他在思想上,只是一个战士,对旧制度旧文明施以猛烈的攻击的战士。然而在文艺上,却毫无问题的,他乃是一个诗人。

诗人是情绪的,而鲁迅是的;诗人是被动的,在不知不觉之中,反映了时代的呼声的,而鲁迅是的;诗人是感官的,印象的,把握具体事物的,而鲁迅更是的。

鲁迅常说忘却,这当然是一个适应生存的好方法,因为否则苦痛太多,将活不下去,可是其实鲁迅是不大会忘却的,他的记忆,反而是太多了,而且极清楚。在他记忆的范围里,又多半是活活泼泼的具体的形象。就看他的《呐喊》序:

> 我有四年多,曾经常常,——几乎是每天,出入于质铺和药店里,年纪可是忘却了,总之是药店的柜台正和我一样高,质铺的是比我高一倍,我从一倍高的柜台外送上衣服或首饰去,在侮蔑里接了钱,再到一样高的柜台上给我久病的父亲去买药。

这是一段。还有:

> S会馆里有三间屋,相传是往昔曾在院子里的槐树上缢死过一个女人的,现在槐树已经高不可攀了,而这屋还没有人住;许多年,我便寓在这屋里抄古碑,客中少有人来,古碑中也遇不到什么问题和主义,而我的生命却居然暗暗的消去了,这也就是我唯一的愿望。夏夜,蚊子多了,便摇着蒲扇坐在槐树下,从密叶缝里看那一点一点的青天,晚出的槐蚕又每每冰冷的落在头颈上。

这是又一段。可以看出鲁迅的记忆的特色是多末偏于具体印象的,这是创作家唯一的凭借,这是创作家唯一的才能。反之,只得有抽象概念的,乃是近于理论家的,而鲁迅不是的。

鲁迅的笔是抒情的,大凡他抒情的文章特别好。大家总可以记得的,不久以前,发表在《文学》上的一篇《忆韦素园君》,再以前,发表在《现代》上的一篇《为了忘却的记念》,关于柔石的,我们知道,这类的文章,在鲁迅是未必愿意写的,因为他对文学,另有别的信念,所以为数不多,可是在我们看,却够珍贵的了:含蓄、凝练、深长的意味,和丰盈充溢的感情。

这种抒情的文章之少,小半的原因是因为鲁迅碰到要攻击的对象是太多了,他那种激昂的对于社会的关怀遂使他迭不得。即是他的杂感,也每每不大从容,然而遇有从容的笔墨,却一定是优美的笔墨。这也是一切艺术的特质吧。必须和现实生活有一点距离,所以和爱人吻着的时候大抵是不会写情诗的,如周作人所说。艺术的创作究竟是有闲的,鉴赏亦然,这是事实。不过我以为这并不坏,一如有的人却以为不好。好坏就是价值问题了,价值是因观点不同而异的,不如事实那么没有变动。无论如何吧,鲁迅在生活上的余裕太少,至少是心理的感觉上,所以纯艺术的作品不很多。我所谓纯艺术,并不是说它毫没有别的作用,乃是说它的作用乃是放在创作欲之后的,并且它的形式,是完整的艺术的,与其说它纯艺术,或者不如说是"非纯作用"。可是虽然如此,鲁迅颇有少数的完整的艺术品,并且我们据这少数的完整的艺术品看,鲁迅的的确确有这方面的才能,没使他充分发展了的,只是机会。

以写下等社会人的生活为文艺的对象的,鲁迅纵或不是第一人,也是最早的人们之一。在他也许是因为寂寞了,偏有那些愁惨的可怜的动物的生活,浮现在心头,然而他这取材,却无疑地作为此后文学运动的一种先声,在他不意识地中间,他已反映了时代的要求了,他已呼吸着时代的气息了,倘若我们明白这一点,就知道他后来的所谓"转变",实在是一件毫不奇怪的事。而且唯独他最初对于取材上,是无所谓的,并没有革命文学的,或平民文学的、普洛文学的企图,他却只是真正有着一些偏不能忘怀的感印,他要写出来以驱散寂寞,他和这些题材乃是像生物似的有机的关连着,却不是硬凑,或者硬拉,因此他这里才是真的文艺,才是真正渗透了时代的意义的艺术。

明目张胆而提倡革命文学,为革命文学而造作那类的题材,这是革命家的事,这是宣传家的事。不是诗人的事。诗人是不知不觉,而作了时代的代表的。所以我说诗人像是被动的,就是在这种意义上。诗人对事情不是用理智推来的,他是感到的,他感到之大小,以及他是否能把感到的移在纸上,而令读者恰得到他所要绘就的印象,这是天才的问题。

天才是天生的,康德这样说。在天才之为时代的预言者,在天才之为社会的演进之纪程碑,在天才之与大自然、人类、森罗万象之息息相关,在天才之不能纯由学力,在天才之产生不能由人预期诸点上说,天才是天生的,这话没有错。这样的天才也就是诗人。

印象的,情感的,被动的,这是诗人的,也就是创作家的特色。鲁迅正是够资格的。

二

在一九一八年到一九二二年,鲁迅的第一部小说集《呐喊》完成了,在一九二四年与一九二五年,他出了第二部小说集《彷徨》,可是此后就不见类似的作品了,到现在已经是十年了。

他的创作所以停歇的缘故,想来是很多的。本来,一个作家在一生的精神进展上,是有起伏的,这无足怪,也不必怪。况且,一个作家在把他的思想情绪找到用另一种方式表达的时候,当然会对于某一种表达的方式有所弃置。在我们日常生活里,常见有人把日记或信写得很仔细的,可是他往往别的文章就少起来,同时一个惯爱长篇大套写文章的人,他的日记或通信就往往短短的,因为,他要说的话,已经另有所寄托了。鲁迅,从一九一八到一九三三,差不多整整出了十本杂感,单单这,也就可以明白他不必写小说形式的创作的根由了。不过最大的缘故似乎在他创作的认识,与革命的信念的冲突。我们知道,大凡两种力在冲突了的时候,是会停滞着。正如游艺场里门口的相挤,势必谁也过不去。鲁迅对于创作的认识,是很清楚的,他知道要自由,先是在《呐喊》的序上,他说:"既然是呐喊,则当然须听将令的了,所以我往往不恤用了曲笔",因而:"这样说来,我的小说和艺术的距离之远,也就可想而知了",他明明自认创作之受了限制以及因而和艺术的相远;后来在一九二七年的《而已集》上,依然说:

> 后来有一般人很不以他的见解为然,他说诗赋不必寓教训,反对当时那些寓训勉于诗赋的见解,用近代的文学眼光看来,曹丕的一个时代可说是"文学的自觉时代",或如近代所说是为艺术而艺术(Art for art's Sake)的一派。所以曹丕做的诗赋很好,更因他以"气"为主,故于华丽之外,加上壮大。(页一二三)

他简直作了艺术的保护人,这见之于他那有名的《魏晋风度及文章与药及酒之关系》演讲。对于文学和实用的关系,他也看得很清楚,不特在同一的《而已集》里说:

> 自然也有人以为文学于革命是有伟力的。但我个人总觉得怀疑,文学总是一种余裕的产物,可以表示一民族的文化,倒是真的。(页二二)

就在一九〇七年,他也说:

> 严冬永留,春气不至,生其躯壳,死其精魂,其人虽生,而人生之道失。文章不用之用,其在斯乎?
> ——《摩罗诗力说》,《坟》,页六八

他说是一种余裕,是一种不用之用,就是和实生活有一种距离的意思,这确乎是一切艺术的审美的性质和审美的价值的所在。然而,在社会的改革感到迫切的时候,能不能觉得这种余裕的东西还是有价值呢?从情感上当然觉得它的淡漠,从理论上就不能不有所动摇了。同时,艺术是不是也可以拿来作工具的呢,它是不是应当剖析现实,而有一种推动的力量的呢,换言之,它是不是武器呢?到了觉得文艺似乎是武器,又不能忘怀于创作必需得没有束缚的时候,冲突就来了,许多青年作家在这种机会搁下笔,因为冲突,所以停滞了。恐怕鲁迅也陷于这样的苦闷。恐怕这,是像一切青年作家的搁笔似的,也是鲁迅此后少有创作的最大的根由。明白创作和理论之根本分野的人,明白创作是如何的一种根源的人,明白创作之艺术的独立的价值,然而终于是很切于人生的关系的人。当然不会有这种苦闷。可是在中国,美学的知识还不能为一般人所认识,所以也就不能深责了。

无论如何,鲁迅在一九一八到一九二五,这七年间的创作收获,是值得重视的。尤其因为此前,和此后,都着重了另外的方式——杂感,这两本称为小说的结集,乃是越发可以珍贵了。

三

倘若让我只举最完整的创作的话,则我觉得在这一共二十五篇创作的两个结集里,有八篇东西是我愿意指出来的,这是:《孔乙己》,《风波》,《故乡》,《阿Q正传》,《社戏》,《祝福》,《伤逝》,和《离婚》。这八篇东西,都是完整的艺术,到了完整的艺术的,就是不能再分高下的了,所以这八篇东西可说有永久的价值,我敢说在任何国外的大作家之群里,也可以毫无愧色。这八篇东西里,透露了作者对于农村社会之深切的了解,对于愚昧、执拗、冷酷、奴性的农民之极大的憎恶和同情,并且那诗意的、情绪的笔,以及那求生存的信念和思想,统统活活泼泼地渲染到纸上了。

《孔乙己》作于一九一九年,故事是简单的,不过写农村社会中知识分子的没落。可是那刻画的清晰的印象,和对于在讽嘲和哄笑里的受了损伤的人物之同情,使这作品蒙上了不朽的色彩。

鲁镇和咸亨酒店,是在这篇作品里开始介绍给读者。就在简单的和从容的笔底下,已经写出令人觉得十分幽默,然而十分亲切,又十分悲哀荒凉的光景。

在他笔底下,是真的农民:

> 外面的短衣主顾,虽然容易说话,但劳劳叨叨缠夹不清的也很不少。他们往往要亲眼看着黄酒从坛子里舀出,看过壶子底里有水没有,又亲看将壶子放在热水里,然后放心。
>
> ——《呐喊》,页二一

因为是真的农民,所以我们倒觉得他对于农民有无穷的同情在,同时我们的同情也油然而生,所以然者,农民的灵魂仿佛是在呈现着了,无论如何,我们不能不感到亲切。反之,把农民理想化了的,因为不真实,我倒以为是恶毒的侮辱。鲁迅在这时,却的确在创作,在写他的诗,所以是可贵的。

哄笑和奚落,咀嚼着弱者的骨髓,这永远是鲁迅小说里要表现的,我已经说过,这是鲁迅自己的创痛故。因此同情充满了他的全作品,虽然有时他为他所同情的人物之堕落而愤慨或激昂。孔乙己一类人就正是人们取笑之资的:

> 孔乙己一到店,所有喝酒的人便都看着他笑,有的叫道,"孔乙己,你脸上又添上新伤疤了!"他不回答,对柜里说,"温两碗酒,要一碟茴香豆。"便排出九文大钱。他们又故意的高声嚷道,"你一定又偷了人家的东西了!"孔乙己睁大眼睛说,"你怎么这样凭空污人清白……""什么清白?我前天亲眼见你偷了何家的书,吊着打。"孔乙己便涨红了脸,额上的青筋条条绽出,争辩道,"窃书不能算偷……窃书!……读书人的事,能算偷么?"接连便是难懂的话,什么"君子固穷",什么"者乎"之类,引得众人都哄笑起来;店内

外充满了快活的空气。

——《呐喊》,页二三

奚落、排斥、哄笑,这终于是愚妄者的面目。可是孔乙己终于死了。悲凉而可哀的氛围,是充满了鲁迅的记忆了,以这而驱散寂寞,难道所留下的不仍是寂寞么?

四

《风波》作于一九二○,是《孔乙己》作了后的次一年,《阿Q正传》作于一九二一,《离婚》作于一九二五,这三篇东西都是为农民画肖像的,那肖像也都到了逼真的地步。

这三篇有一个共同点,就是纯粹客观的态度,仿佛冰冷冷地,把见到的,就写出来,一点也没动声色。《孔乙己》里,还是从侧面去写农民,他主要的是写一个没落的知识分子,这三篇不然了,都是正面的。然而,我却殊不觉其冰冷冷地,恰恰相反,却觉得有一种最大的同情,滚热地激荡于其中。最不可掩的,是《阿Q正传》。

《风波》以从容胜,《离婚》以凝练胜。我们看了《风波》觉得作者有千钧的力量似的,却只小试身手,看他能扛鼎吧,但却只踢一踢毽子。《离婚》却是一点"华而不实"的地方也没有的,就仿佛颜鲁公的正楷。在内容上,写的东西却是一致的,就是写农民的愚骏和奴性。《离婚》里,木三和爱姑在未见七大人、慰老爷的时候,理直气壮,以为施家的儿子姘上了寡妇,这回去离婚,准得"闹得他们家败人亡",可是地方快到了,情形就已经不同起来:

> 庄木三的烟早已吸到底,火逼得斗底里的烟油吱吱地叫了,还吸着。他知道一过汪家汇头,就到庞庄,而且那村口的魁星阁也确乎已经望得见。庞庄,他到过许多回,不足道的,

以及慰老爷。他还记得女儿的哭回来,他的亲家和女婿的可恶,后来给他们怎样地吃亏。想到这里,过去的情景便在眼前展开,一到惩治他亲家这一局,他向来是要冷冷地微笑的,但这回却不,不知怎的忽而横梗着一个胖胖的七大人,将他脑里的局面挤得摆不整齐了。

> ——《彷徨》,页二四三

见过慰老爷之后,没有几句话,他们的锐气便完全丧失,简直在威胁与软化之中屈服了:

爱姑觉得事情有些危急了,她很怪平时沿海的居民对他都有几分惧怕的自己的父亲,为什么在这里竟说不出话。她以为这是大可不必的;她自从听到七大人的一段议论之后,虽不很懂,但不知怎的总觉得他其实是和蔼近人,并不如先前自己所揣想那样的可怕。

> ——《彷徨》,页二四七

以后的结局,也就可想而知了。农民在经济上的被剥削,在精神上、意志上、人格上,也同样被剥削了,农民已经失掉了自己。不动声色,而去一笔一笔,为农民作最忠实,最逼真的画像者是鲁迅。

《风波》里,大家对于赵七爷的敬畏,就像方才爱姑和木叔对于慰老爷、七大人的敬畏;七斤听说要复辟,人得留辫子,他知道事情似乎非常危急,他未尝不想些方法,和计划,可是"非常模糊,贯穿不得",这正如木叔一意识到胖胖的七大人,脑子里的局面就摆不整齐了,也恰是一模一样。奴性,和愚蠢,造成了农民特有的精神上的伤疤。

在两篇作品里,技巧上都够上不苟。《离婚》里写:

船便在新的寂静中继续前进;水声又听得出了,潺潺的。

八三开始打瞌睡了,渐渐地向对面的钩刀式的脚张开了嘴。

——《彷徨》,页二四二

"这就是'屁塞',就是古人大殓的时候塞在屁股眼里的。"七大人正拿着一条烂石似的东西,说着,又在自己的鼻子旁擦了两擦,接着道,"可惜是'新坑'。倒也可以买得,至迟是汉。你看,这一点是'水银浸'……"。

"水银浸"周围即刻聚集了几个头,……

——《彷徨》,页二四五

多末刻画传神!用字是那么简洁、峭拔,所以我说凝练。连一个人的睡,也没忘了是在写一个农民,所以我说不苟。同样是在《风波》里,村人的让饭吧,是在开口之先,"拿筷子点着自己的饭碗的",这可以说是逼肖。普通作家,决没有这末大精神。也就在《风波》里,人物到了全出场的时候,作者对任何一个人物并不冷淡,却是使她或他,恰如其分地在那里表现各自的性格:

看客中间,八一嫂是心肠最好的人,抱着伊的两周岁的遗腹子,正在七斤嫂身边看热闹;这时过意不去,连忙解劝说,"七斤嫂,算了罢,人不是神仙,谁知道未来事呢?便是七斤嫂,那时不也说,没有辫子倒也没有什么丑么?况且衙门里的大老爷也还没有告示,……"

七斤嫂没有听完,两个耳朵早通红了;便将筷子转过向来,指着八一嫂的鼻子,说,"阿呀,这是什么话呵!八一嫂,我自己看来倒还是一个人,会说出这样昏诞胡涂话么?那时我是,整整哭了三天,谁都看见;连六斤这小鬼也都哭,……"六斤刚吃完一大碗饭,拿了空碗,伸手去嚷着要添,七斤嫂正没好气,便用筷子在伊的双丫角中间,直扎下去,大喝道,"谁要你来多嘴!你这偷汉的小寡妇"

> 扑的一声,六斤手里的空碗落在地上了,恰巧又碰着一块砖角,立刻破成一个很大的缺口。七斤直跳起来,检起破碗,合上了检查一回,也喝道,"入娘的!"一巴掌打倒了六斤。六斤躺着哭,九斤老太拉了伊的手,连说着"一代不如一代"一同走了。
>
> 八一嫂也发怒,大声说,"七斤嫂,你'恨棒打人'……"
>
> 赵七爷本来是笑着旁观的;但自从八一嫂说了"衙门里的大老爷没有告示"这话以后,却有些生气了。这时他已经绕出桌旁,接着说,"'恨棒打人',算什么呢,大兵是就要到的。你可知道,这回保驾的是张大帅,张大帅就是燕人张翼德的后代,他一支丈八蛇矛,就有万夫不当之勇,谁能抵挡他,"他两手同时捏起空拳,仿佛握着无形的蛇矛模样,向八一嫂抢进几步道,"你能抵挡他么!"
>
> ——《呐喊》,页八六—八八

这末绰有余裕的笔墨,在不苟之外,所以我又说"以从容胜"。

Ⅱ 《阿Q正传》之艺术价值的新估

一

像在时间上是作于《风波》之后,《离婚》之前的《阿Q正传》,在风格上也是居于二者之间的,也正像在时间上是离《风波》的创作时期近些,风格上也是宁近于《风波》,而不近于《离婚》。

许多人物的影子,在《风波》里都有过了。例如《阿Q正传》里,那位洋先生的装腔作势:

白着眼睛讲得正起劲：

"我是性急的,所以我们见面,我总是说:洪哥！我们动手吧！他却总是说No！——这是洋话,你们不懂的。否则早已成功了,然而正是他作事小心的地方,他再三再四的请我上湖北,我还没有肯。谁愿意在小县城里作事情……"

——《呐喊》,页一七三

这不正是《风波》里赵七爷的装腔作势么：

"皇恩大赦？——大赦是慢慢的总要大赦罢。"七爷说到这里,声色忽然严厉起来,"但是你家七斤的辫子呢,辫子？这倒是要紧的事。你们知道：长毛时候,留发不留头,留头不留发,……"

——《呐喊》,页八四

我们更比一比革命时代的阿Q吧：

"得得,……"

"老Q,"赵太爷怯怯的迎着低声的叫。

"锵锵,"阿Q料不到他的名字和"老"字联结起来,以为是一句别的,与己无干,只是唱,"得,锵,锵令锵,锵！"

"老Q。"

"悔不该……"

"阿Q！"秀才只得直呼其名了。

阿Q这才站住,歪着头问道,"什么？"

"老Q,……现在……"赵太爷却又没有话,"现在……发财么？"

"发财？ 自然,要什么就是什么……"

——《呐喊》,页一六三

这同是以别人的胜利,引为自己的胜利。以别人的威风,派作自己的威风的人物。过屠门而大嚼这点浅薄聊且快意的发泄,和一种渺茫的愿望的暂寄,在隐隐约约之中,正是尽人皆闻的。至于阿Q的"手执钢鞭将你打",要扬手,不过因为捆着,而扬不起来,是并不输于赵七爷的赞叹张翼德有丈八蛇矛之后,捏起空拳,向人跟前抢上两步,说"你能抵挡他么"的神情的。一种幸灾乐祸的氛围,在《风波》里也已显示着了,"村人们呆呆站着,心里计算,都觉得自己确乎抵不住张翼德,因此也决定七斤便要没有性命。七斤既然犯了皇法,想起他往常对人谈论城中的新闻的时候,就不该含着长烟管显出那般骄傲模样,所以对于七斤的犯法,也觉得有些畅快"(《呐喊》,页八八)。惶恐而且快意,这也正是在《阿Q正传》中为我们所熟悉的。

二

《阿Q正传》的风格之有似乎《风波》,简短了说,也就仍是"从容"。

因为"从容",所以那似乎潦草而漫无结构的缺点,是可以全然抵偿,一笔钩销了,疏疏落落,是不错,然而整个调和,就是一件完整的艺术品了。

在任何一章,《阿Q正传》都像是并没费事,不过随意点染了的,所以虽然那结局那么匆促,像开玩笑似的,就搁笔了,可是我们却决不感到有些失望,或者刺目,原由呢,就是因为作品整个的调和故。

他的文字的本身,也表现一种闲散、从容,而带有节奏的韵致:

> 有人说:有些胜利者,愿意敌手如虎、如鹰,他才感得胜利的欢喜;假设如羊、如小鸡,他便反觉得胜利的无聊。又有些胜利者,当克服一切之后,看见死的死了,降的降了,"臣诚惶

诚恐,死罪死罪",他于是没有了敌人,没有了对手,没有了朋友,只有自己在上,一个,孤另另,凄凉,寂寞,便反而感到了胜利的悲哀。

——《呐喊》,页一三四

这是多末美的散文!文字的本身从容,有种从容的美,不必是叙述的事情从容。作者有种绰绰然有余裕的能力驾驭他的笔:

> 阿 Q 没有说完话,拔步便跑;追来的是一匹很肥大的黑狗。这本来在前门的,不知怎的到后园来了。黑狗哼而且追,已经要咬着阿 Q 的腿,幸而从衣兜里落下一个萝卜来,那狗给一吓,略略一停,阿 Q 已经爬上桑树,跨到土墙,连人和萝卜都滚出墙外面了。只剩着黑狗还在对着桑树嗥,老尼姑念着佛。

——《呐喊》,页一五〇

三

艺术必须得和实生活有一点距离。因为,这点距离的所在,正是审美的领域的所在。像医生吧,他无论多末慈悲,动手的时候,却必须有似乎残忍,他的心可以是软的,然而手却还得是硬的。在这种比方上,我们可以了解《阿 Q 正传》。

鲁迅那和冷冷的,漠不关心的,从容的笔,却是传达了他那最热烈,最愤慨,最激昂,而同情心到了极点的感情。

阿 Q 已不是鲁迅所诅咒的人物了,阿 Q 反而是鲁迅最关切,最不放心,最为所焦灼,总之,是爱着的人物。别人给阿 Q 以奚落,别人给阿 Q 以荒凉,别人给阿 Q 以精神上的刺痛和创伤,可是鲁迅是抚爱着他的,虽然远远地。别人可以给阿 Q 以弃逐,可是鲁迅是要阿Q逃在自己的怀里的。阿Q自己也莫明其妙,荒凉而且悲哀,可是鲁迅是为他找着了安慰,找着了归宿,阿Q的聪明、才智、意志、情感、人格,……是被压迫得一无所有了,有为之过问、关怀、而可怜见的么?没有的,除了鲁迅。阿Q还不安分,也有他生活上糊涂的幻想,有人了解,而且垂听,又加以斟酌的么?也没有的,除了鲁迅。自然,鲁迅不是没有奚落阿Q之意的,鲁迅也不一定初意在抒写他的同情心,更不必意识到他这篇东西之隆重的艺术的与社会的意义,然而这是无碍的,而且恰恰因此,这篇东西的永久价值才确立了,因为:真。因为真,所以这篇东西,是一篇有生命的东西,一个活人所写的一个活人的东西。它是没夹杂任何动机,任何企图,任何顾忌。作者没受任何限制,却只是从从容容地在完成他的创作。因此,这篇东西是绝对有纯粹艺术价值的东西。

四

在《阿Q正传》里,我们看一切人对阿Q是没有同情的,可是这一般人之对阿Q没有同情,却正是显示作者鲁迅对阿Q之无限的同情。

别人自始至终,是只要阿Q帮忙,只拿阿Q开玩笑,并没人留心他的生活,可是阿Q是不懂得的,他在一切被剥夺之余,唯一的安慰,是所谓精神胜利法。这是多末大可哀悯的事,却并不是可笑。

阿Q很天真,鲁迅已把他写成颇可爱的人物了:

"穿堂一百——一百五十!"

阿Q的钱便在这样的歌吟之下,渐渐的输入别个汗流满面的人物的腰间。他终于只好挤出堆外,站在后面看,替别人着急,一直到散场,然后恋恋的回到土谷祠,第二天,肿着眼睛去工作。

——《呐喊》,页一二四

阿Q抓进衙门了,他还是那么可爱,而极其天真:

> 阿Q虽然有些忐忑,却并不很苦闷,因为他那土谷祠里的卧室,也并没有比这间屋子更高明。那两个也仿佛是乡下人,渐渐和他兜搭起来了,一个说是举人老爷追他祖父欠下来的陈租,一个不知道为了什么事。他们问阿Q,阿Q爽利的答道,"因为我想造反。"

——《呐喊》,页一七八

多末词意正大!

鲁迅对于阿Q,其同情的成分,远过于讽刺。不准革命以前,阿Q的精神已经坏下去:

> 他在街上走,人也看他,然而不说什么话,阿Q当初很不快,后来更很不平。他近来很容易闹脾气了;其实他的生活,倒也并不比造反之前反艰难,人见他也客气,店铺也不说要现钱。而阿Q总觉得自己太失意:既然革了命,不应该只是这样的。况且有一回看见小D,愈使他气破肚皮了。

——《呐喊》,页一七〇

他在钱府里被赶出的情形,更狼狈了:

> "滚出去!"洋先生扬起哭丧棒来了。
>
> 赵白眼和闲人便都吆喝道:"先生叫你滚出去,你还不听么?"
>
> 阿Q将手向头上一遮,不自觉的逃出门外;洋先生倒也没有追。他快跑了六十多步,这才慢慢的走,于是心里便涌起

了忧愁:洋先生不准他革命,他再没有别的路,从此决不能望有白盔白甲的人来叫,他所有的抱负、志向、希望、前程,全被一笔钩消了。至于闲人们传扬开去,给小 D 王胡等辈笑话,倒是还在其次的事。

他从来没经验过这样的无聊,他对于自己的盘辫子,仿佛也觉得无意味,要侮蔑,为报仇起见,很想立刻放下辫子来,但也没有竟放。他游到夜间,赊了两碗酒,喝下肚去,渐渐的高兴起来了,思想里才又出现白盔白甲的碎片。

——《呐喊》,页一七四

"很容易闹脾气了","没经验过这样的无聊",这都是多末了解的话!被损害与侮辱了的人物,常在俄国革命前期的小说里出现着的,现在又出现于鲁迅的笔底下了。

到了阿 Q 的故事快要结局的时候,鲁迅的笔却越发沉痛下去,那从容的技巧,一变而更加端庄,严肃起来:

"我……我……不认得字。"阿 Q 一把抓住了笔,惶恐而且惭愧的说。

"那么,便宜你,画一个圆圈!"

阿 Q 要画圆圈了,那手捏着笔却只是抖。于是那人替他将纸铺在地上。阿 Q 伏下去,使尽了平生的力画圆圈,他生怕被人笑话,立志要画得圆,但这可恶的笔不但很沉重,并且不听话,刚刚一抖一抖的几乎要合缝,却又向外一耸,画成瓜子模样了。

阿 Q 正羞惭自己画得不圆,那人却不计较,早已掣了纸笔去,许多人又将他第二次抓进栅栏门。

——《呐喊》,页一八一

一个人而立意要好,一个人而不愿意受人奚落,这是人性,无论他知识多么不够,无论他愚昧到什么程度,那是环境的事,人还是人。人们在灵魂的深处,终有相同而且相通的所在。阿Q一定要画圆,可是画不圆,别人又不许他有余裕可以画圆,甚而也没看见他有要画圆之心,这是大可哀的,在一切匆促的,机械的,灰色的人生里,人不知有多少愿望是这样摧残和抹杀了,因为有一种普遍感,所以人能够在其中仿佛吸取一点自己的安慰,而被感动着。阿Q就要杀,于是先示众:

> 他省悟了,这是绕到法场去的路,这一定是"嚓"的去杀头。他惘惘的向左右看,全跟着蚂蚁似的人,而在无意中,却在路旁的人丛中发现了一个吴妈。很久违,伊原来在城里做工了。阿Q忽然很羞愧自己没志气:竟没有唱几句戏。他的思想仿佛旋风似的在脑子里一回旋:《小孤孀上坟》欠堂皇,《龙虎斗》里的"悔不该……"也太乏,还是"手执钢鞭将你打"罢。他同时想将手一扬,才记得这两手原来都捆着,于是"手执钢鞭"也不唱了。
>
> ——《呐喊》,页一八四

这是多么沉痛的景况。以后:

> "过了二十年又是一个……"阿Q在百忙中,"无师自通"的说出半句从来不说的话。
>
> "好!!!"从人丛里,便发出豺狼的嗥叫一般的声音来。车子不住的前行,阿Q在喝采声中,轮转眼睛去看吴妈,似乎伊一向并没有见他,却只是出神的看着兵们背上的洋炮。
>
> 阿Q于是再看那些喝采的人们。
>
> 这刹那中,他的思想仿佛旋风似的在脑里一回旋了。四年之前,他曾在山脚下遇见一只饿狼,永是不近不远的跟定他,要吃他的肉。他那时吓得几乎要死,幸而手里有一柄斫柴

刀,才得仗这壮了胆,支持到未庄,可是永远记得那狼眼睛,又凶又怯,闪闪的像两颗鬼火,似乎远远的来穿透了他的皮肉,而这回他又看见从来没有见过的更可怕的眼睛了,又钝又锋利,不但已经咀嚼了他的话,并且还要咀嚼他皮肉以外的东西,永是不远不近的跟他走。

——《呐喊》,页一八五

这就凄然而且荒凉了!结束了阿Q一生的舆论却是:

在未庄是无异议,自然都说阿Q坏,被枪毙便是他坏的证据,不坏又何至于被枪毙呢?而城里的舆论却不佳,他们多半不满足,以为枪毙并无杀头这般好看;而且那是怎样的一个可笑的死囚呵,游了那么久的街,竟没有唱一句戏:他们白跟一趟了。

——《呐喊》,页一八七

社会对阿Q是那么惨酷,冰冷,丝毫同情没有,生时如彼,生后亦如此,可是鲁迅对他的无限同情,却就正在这判然若揭的对照中显示出来了。

五

在往常我读《阿Q正传》时,注意的是鲁迅对于一般的国民性的攻击,这里有奴性,例如让阿Q站着吧,却还是乘势改为跪下(《呐喊》,页一七九),有快意而且惶恐,这是在赵家被抢之后就表现着(页一七七),有模糊,有残忍,有卑怯,有一般的中国人的女性观,有一般执拗而愚骏的农民意识,……可是我现在注意的,却不是这些了,因为这不是作者所主要的要宣示的。

阿Q也不是一个可笑的人物,作者根本没那么想。

当时作者去写阿Q，也许是随便的，因为随便，所以才有那特有的从容不迫的优长。可是写出来的文章却并没有一点失却不苟的所在。

的的确确是在传阿Q，对阿Q也的的确确没有讽刺而是无限同情。其特色在从容，却并非散漫，因而是的的确确一篇最完整的艺术。这是我现在对于《阿Q正传》敢肯定的。

二十四年六月十日

Ⅲ 鲁迅作品中的抒情成分

一

广泛的讲，鲁迅的作品可说都是抒情的。别人尽管以为他的东西泼辣，刻毒，但我以为这正是浓重的人道主义的别一面目，和热泪的一涌而出，只不过隔一层纸。

现在要将我认为那八篇最成功的文艺创作中之其余的四篇来谈谈。这和《孔乙己》，《风波》，《阿Q正传》，和《离婚》一个显然不同的地方，就是他把他的情感在这里是更直接的，更畅快的，更毫无遮掩的，流露给读者了。

方便的说法，就是这四篇：《故乡》，《社戏》，《祝福》，和《伤逝》，乃是更清清楚楚地代表一种主观的、伤感的、浪漫气氛的东西。已经论过的那四篇，却是较为客观的，也就是写实的气氛大些的。再不惮烦了说，就是，已经论过的四篇东西，其情感的成分，是我们读了全文而后感到的，这四篇却是明明白白由作者告诉给我们了。

已经说过的一句话，我再重复一遍，凡是完整的艺术品，是不能再分高下的了，所以，这四篇的写法，与那四篇不同是不同，然而我并无所轩轾于其间。

二

像在《风波》、《阿Q正传》、《离婚》里，写农民态度似的，在《故乡》里并没有两样，就是：真。他写那"张着两脚，正像一个画图仪器里细脚伶仃的圆规"的杨二嫂，在作者略露忘却之意之后，那所谓"豆腐西施"的杨二嫂便冷笑了：

"忘了？这真是贵人眼高……"

"那有这事……我……"我惶恐着，站起来说。

"那么，我对你说，迅哥儿，你阔了，搬动又笨重，你还要什么这些破烂木器，让我拿去罢，我们小户人家，用得着。"

"我并没有阔哩，我须卖了这些，再去……"

"阿呀呀，你放了道台了，还说不阔？你现在有三房姨太太，出门便是八抬的大轿，还说不阔？吓，什么都瞒不过我。"

我知道无话可说了，便闭了口，默默的站着。

"阿呀阿呀，真是愈有钱，便愈是一毫不肯放松，愈是一毫不肯放松，便愈有钱……"圆规一面愤愤的回转身，一面絮絮的说，慢慢向外走，顺便将我母亲的一副手套塞在裤腰里，出去了。

——《呐喊》，页一〇二，一〇三

这是真的农民！农民最关心张家长、李家短，最好数算别人的兴衰出入，倘若在事实上并不知道时，便自己凭空捏造，却又信以为真，愤愤之心常是有的，顺便拿东西，更是常事，所有这些地方，都是农民的真正面目,因为是真正面目,所以我不以为是侮辱。老舍一句话最对,他说:"穷人的狡猾也是正义"(见《礼物》一诗),这真是知道穷人的苦楚的话,我认为对于所有在物质上失了保障的人类所犯的一切过失,皆应当作如是观。鲁迅却不虚伪造作,所以可赞称。

并且,鲁迅承认自己和农民有一层隔膜,他也如实的说出来:

> 我想:我竟与闰土隔绝到这地步了,但我们的后辈还是一气,宏儿不是正在想念水生么。我希望他们不再像我,又大家隔膜起来……然而我又不愿意他们因为要一气,都如我的辛苦展转而生活,也不愿意他们都如闰土的辛苦麻木而生活,也不愿意都如别人的辛苦恣睢而生活。他们应该有新的生活,为我们所未经生活过的。(页一一〇)

所以我说是态度真。同时,在鲁迅有一种不可掩的虚无的感觉,在文字的最后是流露出来了:

> 我想到希望,忽然害怕起来了。闰土要香炉和烛台的时候,我还暗地里笑他,以为他总是崇拜偶像,什么时候都不忘却。现在我所谓希望,不也是我自己手制的偶像么?只是他的愿望切近,我的愿望茫远罢了。
>
> 我在朦胧中,眼前展开一片海边碧绿的沙地来。上面深蓝的天空中挂着一轮金黄的圆月。我想:希望是本无所谓有,无所谓无的。这正如地上的路:其实地上本没有路,走的人多了,也便成了路。(页一一一)

这是诗人的抒情,整篇文字,是在情绪里,对农民,是在悯怜着,对自己,却在虚无,而且伤感着。全文字是止于如此的。止于如此,却并不坏,因为态度真,所以成其为艺术。

像鲁迅这样的创作,因为情绪的,是凭感觉的,所以反倒很灵

敏的写出此后更加普遍了的不景气的气息来,关于闰土吧:

> 我问问他的景况,他只是摇头。
> "非常难。第六个孩子也会帮忙了,却总是吃不够……又不太平……什么地方都要钱,没有定规……收成又坏。种出东西来,挑去卖,总要捐几回钱,折了本;不去卖,又只能烂掉,……"(页一〇六)

写这种生活之苦,是此后作家更惯常的题材了,可是别人总多少加入了点理智,社会的意义容或是有了,不过充其量,是一如一篇社会调查的新闻稿之有着社会的意义而已,艺术的价值却是被削夺了。艺术得任情感。又难得有鲁迅那样的笔力,把他的情感可以表达出来。他在记闰土的话之后,形容闰土:

> 他只是摇头,脸上虽然刻着许多皱纹,却全然不动,仿佛石像一般。他大约只是觉得苦,却又形容不出,沉默了片时,便拿起烟管来默默的吸烟了。

笔力很够很够的。他凭情感所摄到的印象,也都极其活泼,即如小小的地方:"我躺着,听船底潺潺的水声,知道我在走我的路",也那么亲切,令人读了有咀嚼不尽的余味在。

三

文字特别有一种舒畅之感的,就是讲祥林嫂的故事的《祝福》。主要的故事,只有两点,一是再嫁,一是丧子。在这冷酷的礼教的束缚下,再嫁(虽然是不得已的再嫁)已成了受侮辱的根由,同时因为一般人的冷漠和没有同情,丧子却并不能获得人们的悲悯,结果是祥林嫂在听了"也许有灵魂"的论调之后死了,究竟是去找她的被狼衔去了的儿子阿毛呢,还是觉得捐了门槛,任人踏跨,也仍不能赎罪,因而早去阴间自首,希图减判呢,这我们就不得而知了,反正大概是自杀。

祥林嫂的死,是死于礼教的压迫和人间的荒凉。她自从嫁了人以后,再到鲁四老爷的地方作工,祭祀的东西,是不准她摆动了,她捐了门槛,也还是不许。她无以自容了,所以不能不死。

她很难忘怀于自己儿子的丧亡,所以见了人,便以"我真傻"的话开头,以引起说明自己不知道春天也有狼的疏忽,可是人们是浅薄的,在起初还能听下去,大概当新闻,随后就不耐烦起来,她用种种新方法,想开始她的故事,然而都是枉然。自然,"她未必知道她的悲哀经大家咀嚼赏鉴了许多天,早已成为渣滓,只值得厌烦和唾弃了",可是,"从人们的笑影上,也仿佛觉得这又冷又尖",所以,"自己再没有开口的必要了",那深切而沉重的悲哀只有埋在心里了。此后,她却仍情不自禁,却仍要说:"唉唉,我真傻。"祥林嫂看了天空,叹息着,独语似的说。

可是那反应,却是兴趣宁在别一方面:

"祥林嫂,你又来了,"柳妈不耐烦的看着她的脸,说。"我问你,你额角上的伤疤,不就是那时撞坏的么?"

"唔唔。"她含糊的回答。

"我问你:你那时怎么后来竟依了呢?"

"我么?……"

"你呀。我想!这总是你自己愿意,不然,……"

"阿呀,你不知道他力气多么大呀。"

"我不信,我不信你这么大的力气,真会拗他不过。你后来一定是自己肯了,倒推说他力气大。"

"呵呵,你……你倒自己试试看。"她笑了。

——《彷徨》,页二七

这痛苦万分,又无可奈何的笑!人间的同情,是像纸样的薄,这故事给人的氛围,又是悲哀而且荒凉的。——祥林嫂不能不死了。

统一了所有鲁迅小说中的人物的吧,是被人奚落着,讽嘲着,咀嚼着灵魂的弱者,祥林嫂又不是例外。像祥林嫂这样的人物,只有痛苦是家产,别的么,是一无所有的。题目所谓《祝福》,却是祝福着祥林嫂以外,而给祥林嫂以迫害的人物。

在这篇文字中,愤恨是掩藏了,伤感也隐忍着,可是抒情的气息,却弥漫于每一个似乎不带情感的字面上。

四

比较更纯粹的抒情文字,却是《伤逝》。《伤逝》作于一九二五,是鲁迅最成功的一篇恋爱小说,其中有对于女性最深切的了解,有对于自己最明晰的自剖,有以那最擅长抒情的笔,所写了的最真实的"寂静和空虚"之感。像《阿Q正传》可以代表鲁迅写农民的故事似的,《伤逝》可以代表鲁迅的一切抒情的制作。

无疑地,这篇托名为涓生的手记,就是作者的自己,因为,那个性,是明确的鲁迅的个性故。他一种多疑、孤傲、倔强和深文周纳的本色,表现于字里行间。在书中,涓生和子君刚刚同居,子君是"和她的叔子,早经闹开,至于使他气愤到不再认她做侄女"了,而涓生,却也记道:"我也陆续和几个自以为忠告,其实是替我胆怯,或者竟是嫉妒的朋友绝了交"(《彷徨》,页一八五),看这末清楚,而至于刻画了的地步的吧,这是鲁迅!一种常感到奚落,讽嘲的压迫,也是鲁迅所特有的,在文中记叙常到通俗图书馆的情形道:"好在我到那里去也并非为看书,另外时常还有几个人,多则十余人,都是单薄衣裳,正如我,各人看各人的书,作为取暖的口实。这于我尤为合式。道路上容易遇见熟人,得到轻蔑的一瞥,但此地却决无那样的横祸,因为他们是永远围在别的铁炉旁,或者靠在自家的白炉边的"(页一九七)。特别不能忘怀于别人的轻蔑,这是鲁迅!后来涓生愿意和子君别去,因为子君在生活上并不奋斗了,只给涓生以失望和痛苦,这时涓生又记道:"我和她闲谈,故意地引起我们的往事,提到文艺,于是涉及外国的文人,文人的作品,《诺拉》,《海的女人》。称扬诺拉的果决……。也还是去年在会馆的破屋里讲过的那些话,但现在已经变成空虚,从我的嘴传入自己的耳中,时时疑心有一个隐形的坏孩子,在背后恶意地刻毒地学舌"(页二〇一),在失望的忧虑中,有一种倔强之态,这是鲁迅!多末真切的一篇记录。

鲁迅的中心思想,也在这篇记录里,流露得最清楚。我一再说过,他的中心思想,是生物学的人生观,涓生自责,"待到孤身枯坐,回忆从前,这才觉得大半年来,只为了爱,——盲目的爱,——而将别的人生的要义全盘疏忽了。第一,便是生活。人必生活着,爱才有所附丽"(页一九七),涓生责备子君,也是:"她早已什么书也不看,已不知道人的生活的第一着是求生,向着这求生的道路,是必须携手同行,或奋身孤往的事,倘使只知道捶着一个人的衣角,那便虽是战士也难于战斗,只得一同灭亡"(页二〇〇),人先得活着,这是鲁迅的思想的根本点。

不过,鲁迅在情绪和理智上意志上的冲突也还是有的。涓生记的:"新的生路还很多,我必须跨进去,因为我还活着。"这是他的意志,继而说:"但我还不知道怎样跨出那第一步",这就是他的理智并不足以解决他的出路了,随后终于说:"有时,仿佛看见生路就像一条灰白的长蛇,自己蜿蜒地向我奔来,我等着,等着,看看临近,但忽然便消失在黑暗里了"(页二一二),这乃是他的情感。他这时的情感,就是篇中屡屡提及的"寂静和空虚"。

他在这篇文章里写"寂静和空虚"是太好了,一如表现于他别的文章中的。子君决来了,涓生所有的是"寂静和空虚":

> 子君不在我这屋里时,我什么也看不见。在百无聊赖中,随手抓过一本书来,科学也好,文学也好,横竖什么都一样;看下去,看下去,忽而自己觉得,已经翻了十多页了,但是毫不记得书上所说的事。只是耳朵却分外地灵,仿佛听到大门外一切往来的履声。从中便有子君的,而且橐橐地逐渐临近;——但是,往往又逐渐渺茫。终于消失在别的步声的杂沓中了。我憎恶那不像子君鞋声的穿布底鞋的长班的儿子,我憎恶那太像子君鞋声的常常穿着新皮鞋的邻院的搽雪花膏的小东西!(页一七七)

在子君才走时,是子君的父亲接去的,涓生回来才知道,他起初听了,当然不信:

> 但是屋子里是异样的寂寞和空虚,我遍看各处,寻觅子君;只见几件破旧而黯淡的家具,都显得极其清疏,在证明着它们毫无隐匿一人一物的能力。我转念寻信或她留下的字迹,也没有;只是盐和干辣椒、面粉、半株白菜,却聚集在一处了,旁边还有几十枚铜元。这是我们两人生活材料的全副,现在她就郑重地将这留给我一个人,在不言中教我借此去维持较久的生活。
>
> 我似乎被周围所排挤,奔到院子中间,有昏黑在我周围;正屋的纸窗上映出明亮的灯光,他们正在逗着孩子玩笑。我的心也沉静下来,觉得在沉重的压迫中,渐渐隐约地现出脱走的路径:深山大泽,洋场,电灯下的盛筵,壕沟,最黑最黑的深夜,利刃的一击,毫无声响的脚步……。(页二〇六)

终归是,寂静和空虚,本来涓生和子君开始同居的时候,不过是在乐观的幻想中,他说:"知道中国女性,并不如厌世家所说的那样无法可施"(页一八〇),而且:"我是我自己的,他们谁也没有干涉我的权利。这彻底的思想,就在她的脑里,比我还透澈,坚强得多"(页一八一),然而,慢慢情景不同起来了,在理想中的女性,是慢慢移到现实上去了,家庭也终于是家庭:

> 做菜虽不是子君的特长,然而她于此却倾注着全力;对于她的日夜的操心。使我也不能不一同操心,来算作分甘共苦。况且她又这样地终日汗流满面,短发都粘在脑额上;两只手又只是这样地粗糙起来。
> 况且还要饲阿随,饲油鸡……都是非她不可的工作。
> 我曾经忠告她:我不吃,倒也罢了,却万不可这样地操劳。她只看了我一眼,不开口,神色似乎有点凄然,我也只好不开口。然而她还是这样地操劳。(页一八八)

是那么平凡,琐屑,细腻,以后更糟了:

> 加以每日的"川流不息"的吃饭,子君的功业,仿佛就完全建立在这吃饭中。吃了筹钱,筹来吃饭,还要喂阿随,饲油鸡,她似乎将先前所知道的全都忘掉了,也不想到我的构思就常常为了这催促吃饭而打断。(页一九三)

子君可说完全被证明是一个太平凡的女子了,注意的也那么小:

> 菜冷,是无妨的,然而竟不够,有时连饭也不够,虽然我因为终日坐在家里用脑,饭量已经比先前要减少得多。这是先去喂了阿随了,有时还并那近来连自己也轻易不吃的羊肉。她说,阿随实在瘦得太可怜,房东太太还因此嗤笑我们了,她受不住这样的奚落。(页一九四)

阿随是他们自庙会里买来的叭儿狗。再以后,涓生就不能不承认子君的浅薄了：

> 我终于从她言动上看出，她大概已经认定我是一个忍心的人。其实，我一个人，是容易生活的，虽然因为骄傲，向来不与世交来往，迁居以后，也疏远了所有旧识的人，然而只要能远走高飞，生路还宽广得很。现在忍受着这生活压迫的苦痛，大半倒是为她。便是放掉阿随，也何尝不如此。但子君的识见却似乎只是浅薄起来，竟至于连这一点也想不到了。
>
> 我拣了一个机会，将这些道理暗示她；她领会似的点头。然而看她后来的情形，她是没有懂，或者是并不相信的。（页一九六）

幻想完全破灭了，涓生得了结论：

> 我以为将真实说给子君，她便可以毫无顾虑，坚决地毅然前行，一如我们将要同居时那样。但这恐怕是我错误了。她当时的勇敢和无畏是因为爱。（页二○七）

女性在理智上，意志上的脆弱，恐怕如男性在情感上的单薄，不能专一一般，是一种永远的缺陷的吧，所以我说鲁迅这篇小说有对于女性最深切的了解。

这样一个理想而幻灭了的子君，不错，使涓生寂静和空虚是有的，但这悲哀却不会使涓生不能生活下去，因为涓生，也就是作者鲁迅自己，有的是高傲和倔强，用这他可以支持着一切奚落和嗤笑，并且任何寂寞之苦。况且他有根本的人生观，是生物学的，大前提在人得肯定生活，所以他有的是适应生活的方法：

> 我要向着新的生路跨进第一步去，我要将真实深深地藏在心的创伤中，默默地前行，用遗忘和说谎做我的前导……（页二一三）

然而，我愿意终于归结到文章上去了，鲁迅的笔根本是长于抒情的，虽然他不专在这方面运用它；在他的抒情的文字中，尤其是长于写寂寞的哀感，所以《伤逝》这题材是再适合没有了，因而也就无怪乎是他的完整的艺术品之一了。

五

《社戏》的抒情是另一种，乃是写的有趣的童心。他讲的那么亲切，例如他说起初不能去看戏的光景吧，他说：

> 总之，是完了。到下午，我的朋友都去了，戏已经开场了，我似乎听到锣鼓的声音，而且知道他们在戏台下买豆浆喝。
>
> ——《呐喊》，页二四三

这一天他不钓虾，也很少吃东西，结果使"母亲很为难"，这活活是小孩子使气的光景。后来允许他去了，写得依然那么栩栩欲生，就使我们如生活于其中的一般：

> 我的很重的心忽而轻松了，身体也似乎舒展到说不出的大。一出门，便望见月下的平桥内泊着一只白篷的航船，大家跳下船，双喜拔前篙，阿发拔后篙，年幼的都陪我坐在舱中，较大的聚在船尾。母亲送出来吩咐"要小心"的时候，我们已经点开船，在桥石上一磕，退后几尺，即又上前出了桥。于是架起两支橹，一枝两人，一里一换，有说笑的，有嚷的，夹着潺潺的船头激水的声音，在左右都是碧绿的豆麦田地的河流中，飞一般径向赵庄前进了。（页二四四）

我们真也不禁轻松起来。他真会形容：

> 两岸的豆麦和河底的水草所发散出来的清香，夹杂在水

气中扑面的吹来,月色便朦胧在这水气里。淡黑的起伏的连山,仿佛是踊跃的铁的兽脊似的,都远远地向船尾跑去了,但我却还以为船慢。(页二四五)

全文的长处,就是亲切。他和那些小朋友们看戏,最怕老旦出来,尤其怕老旦坐下唱,可是老旦终于出来了,并且也真的坐下了,后来一抬手,以为要起来走掉,然而又慢慢的坐下,还是在唱,他写这时那些孩子们不耐烦的光景,令我们都可以回忆起童年,唤起我们在依稀的童年中的同感。《社戏》不是小说,乃是纯粹的美妙的散文。亲切、调和、真实,使人纵然勾起逝去的童心的怅惘,然而却是舒服的。

文字的最后说,再没有看过那夜似的好戏,再没有吃过那夜似的好豆,不过,我们却得下一转语了,就是我们却有了一篇永远耐读的好文章。像《孔乙己》,《风波》,《阿Q正传》,《离婚》之写农民一样,像《故乡》,《祝福》,《伤逝》之写伤感一样,《社戏》之写轻巧,松散的童心,同样是不朽的。

在这八篇东西里,我们找不出任何缺陷,与不调和、不满足来,而且每一篇都触到人生的深处的一面,文字又那么从容、简洁、一无瑕疵,所以我认为这是鲁迅文艺创作中之最完整的艺术。凡是一篇文章,有些好处,而又有坏处,或者纵无坏处,而通体上平凡,肤浅的,我都称之为失败之作。大凡失败之作,是可以加以褒贬,和高下的比较的,因为它不纯,它离完整的艺术有着不同的距离故。完整的艺术却是平等的。这八篇东西,就是一个适例了。所以我说,我无所轩轾于其间。

二十四年六月十三日

Ⅳ 鲁迅在文艺创作上的失败之作

一

我觉得鲁迅有几篇东西,却写得特别坏,坏到不可原谅的地步。

在《呐喊》里,是《头发的故事》,《一件小事》和《端午节》。在《彷徨》里,是《在酒楼上》,《肥皂》和《弟兄》。

这些作品之所以坏,是有缘故的,虽然不必是相同的缘故。

有的是因为故事太简单,称之为小说呢,当然看着空洞;散文吧,又并不美,也不亲切,即便派作是杂感,也觉得松弛不紧凑,结果就成了"吗也不是"的光景,《一件小事》和《头发的故事》都属之。

有的是因为利用一个人的独白,诉说一个人的经历,结果就往往落单调,典型的例是《在酒楼上》;而上面说的《头发的故事》也是的。我们看作者,是未尝不想时时去掉那种单调的,可是往往并不成功。在《头发的故事》里,在 N 的谈话中间,夹上"N 忽然现出笑容,伸手在自己头上一摸",才"高声说"如何如何(《呐喊》,页六九),在《在酒楼上》,作者更不惜用种种花样,形容他小说中的主人公吕纬甫的谈话,一则"他又喝干一杯酒,看着窗外,说"什么什么(《彷徨》,页四〇),再则"他又掏出一支烟卷来,衔在嘴里,点了火"(页四三),才又说什么什么,并且:

> 窗外沙沙的一阵声响,许多积雪从被他压弯了的一枝山茶树上滑下去了,树枝笔挺的伸直,更显出乌油油的肥叶和血红的花来。天空的铅色来得更浓;小鸟雀啾唧的叫着,大概黄

> 昏将近,地面又全罩了雪,寻不出什么食粮,都赶早回巢来休息了。
>
> "一直到了济南,"他向窗外看了一回,转身喝干一杯酒,又吸几口烟,接着说……(页四六)

说什么什么,怎么样呢,还是单调。

故事简单,是材料的问题,独白而落于单调,是手法的问题。这都不是根本,根本是,鲁迅更宜于写农村生活,他那性格上的坚韧,固执,多疑,文笔的凝炼,老辣,简峭都似乎不宜于写都市。农村,恰恰发挥了他那常觉得受奚落的哀感,寂寞和荒凉,不特会感染了他自己,也感染了所有的读者。同时,他自己的倔强、高傲,在愚蠢、卑怯的农民性之对照中,也无疑给人们以兴奋与鼓舞。都市生活却不同了,它是动乱的,脆弱的,方面极多,局面极大,然而松,匆促,不相连属,像使一个乡下人之眼花缭乱似的,使一个惯于写农民的灵魂的作家,也几乎不能措手。在鲁迅写农民时所有的文字的优长,是从容,幽默,带着抒情的笔调,转到写都市的小市民,却就只剩下沉闷,松弱,和驳杂了。《端午节》,《肥皂》和《弟兄》,都是的。

《端午节》,沉闷又平庸,文字先不起劲:

> 然而政府竟又付钱,学校也就开课了。但在前几天,却有学生总会上一个呈文给政府,说"教员倘若不上课,便不要付欠薪",这虽然并无效,而方玄绰却忽而记起前回政府所说的"上了课才给钱"的话来,"差不多"这一个影子在他眼前又一幌,而且并不消灭,于是他便在课堂上公表了。
>
> 准此,可见如果将"差不多说"锻炼罗织起来,自然也可以判作一种挟带私心的不平,但总不能说是专为自己做官的辩解。只是每到这些时,他又常常喜欢拉上中国将来的命运

之类的问题,一不小心,便连自己也以为是一个忧国的志士!人们是无苦于没有"自知之明"的。

——《呐喊》,页一九四

让人懒得看下去。《肥皂》的毛病则在故意陈列复古派的罪过,条款固然不差,却不能活泼起来。《弟兄》就写得毫无意思。

二

失败的作品不一定是很坏的作品。正相反,它有些坏处,却又有些好处,艺术得要求完整,这类作品却是必不能完整的,所以称之为失败之作。

《示众》是一例。我们在这末个短的片段里,很看出作者的才能,文字先是可读的,也确乎是在意识着写文章:

> 远处隐隐有两个铜盏相击的声音,使人忆起酸梅汤,依稀感到凉意,可是那懒懒的单调的金属音的间作,却使那寂静更其深远了。

——《彷徨》,页一〇九

写人们的模糊,仍似乎是写的阿Q,却比写阿Q似乎更细致许多,表现了不少更生动的写生本领;然而,这终于是一个片段,单谱而缺乏一个重心,倘若在写一篇更大的作品时用上,当然是很精彩的一个片段的,单单摘出了,却不免显着拔根去叶的可怜状。

《高老夫子》又是一个例,他形容高老夫子第一次登台讲书,确乎好,纵然被人抄了许多次,作为例证,我也仍然情不自禁,再抄一回:

> 他不禁向讲台下一看,情形和原先已经很不同:半屋子都

是眼睛,还有许多小巧的等边三角形,三角形中都生着两个鼻孔,这些连成一气,宛然是流动而深邃的海,闪烁地汪洋地正冲着他的眼光。但当他瞥见时,却又骤然一闪,变了半屋子蓬蓬松松的头发了。

——《彷徨》,页一三一

这确乎好。可是他有时讽刺太过,太露骨,变成了浅薄,像瑶圃之介绍高老夫子:

这位就是高老师,高尔础高老师,是有名的学者,那一篇有名的《论中华国民皆有整理国史之义务》,是谁都知道的。《大中日报》上还说过,高老师是:骤慕俄国文豪高君尔基之为人,因改字尔础,以示景仰之意。斯人之出,诚吾中华文坛之幸也!(页一二九)

以惯于和女仙赠答的瑶翁,是不会这么说的,这无疑是作者的讽刺,而托之于瑶翁,多么不相称,多么失却了文艺的真实感,多么浅薄!所以这篇是不完整的。以内容论,这篇只是在暴露那维持风化者和整理国故者的真面目,充其量,是一幅卡通,并没有更深刻的意义,原不是像《阿Q正传》那样道出了农民的灵魂,人类的缺陷,或《伤逝》那样描写了寂寞和奋斗的心情,以及现代女性之根本的弱点的完整的艺术可比。

再一个例是《孤独者》。《孤独者》在末尾几句抒情的笔调是颇好的,通体上却沉闷,而无生气,在第三段,记叙和连殳的对话,又落了如在《在酒楼上》的对话的那样单调,作者依然用方法来补救,于是在话的中间,插入:

灯火销沉下去了,煤油已经将涸,他便站起,从书架下摸出一个小小的洋铁壶来添煤油。

"只这一月里,煤油已经涨价两次了……"他旋好了灯头,慢慢地说。……

——《彷徨》,页一五八

于是,才长篇大套的续说下去。不过让人们一意识到是故意要借以去掉那冗长的谈话之单调时,却越发显出单调来了。

单有坏处,而没有好处,固然是失败之作,有些好处,又有坏处,而不完整,也是失败之作。

三

又有的作品,坏处似乎很少了,然而通体上平凡,当然不是好作品,在《彷徨》里的《幸福的家庭》即是一个例。

《呐喊》里,《白光》,《兔和猫》,纵然比《幸福的家庭》文字简洁了,但是总很少有出色的地方,也得算是落了平凡的。

好的作品是不能比较的。好的作品是彼此平等的。《兔和猫》与《鸭的喜剧》,就同是写生命的伤亡。而前者不及后者的松散,含蓄,而有诗趣,其中有一种等级之差,所以《兔和猫》不是最好的艺术品。

《白光》不十分从容,在叙说陈士成后来决心要到山里去的时候,文字又有点太简了,几乎陷入晦涩。——至少我以为是可以不必如此地。

《药》是一篇没有毛病的好作品,假如结束不那么潦草。总之,我认为这些都失败了。

四

仅次于我所谓那八篇最完整的艺术品的,却是《狂人日记》,《明天》,《鸭的喜剧》和《长明灯》。它们为什么比那八篇次一点,这分别是很微细的,倘若让我说一句似乎没有道理的话,则是凭我们审美的感觉上,就觉得它们不如。我知道这样说话,是不能被普通的读者邀准的,我于是只得加以解释:

大抵在《狂人日记》,是因为内容太好了,技巧上似乎缺少的是结构;《长明灯》就仿佛浅露一些,虽然相当的巧;《明天》和《鸭的喜剧》,则技巧极到,反而惹起我们对于内容的贪婪来,于是感觉这两篇的单薄。

在这四篇之中,又有三篇是写农村的,那么,鲁迅的长处的所在,聪明的读者是可以相信的了。

二十四年七月五日

四　鲁迅之杂感文

一

我常这样想,一个人的作品,在某一方面最多的,就往往证明是一个人的天才的所在。往古的例子多极了,李白,杜甫,便是在诗的方面特别多的,所以他们是诗家;反之,韩愈,柳宗元,乃是在散文的方面特别多的,所以他们是散文家。这原故很简单,天才的所在,乃是他最容易表现的所在,当然这方面就会表现的多起来。

倘若我们试一检讨鲁迅的著述的话,则在四十册上下的数目中,有一半是翻译,下剩的除了三四册纂辑的古书,一本小说史,两本仅有的创作小说,就是杂感集了。鲁迅的杂感集,自一九一八写的《热风》为始,没有一年停过笔,到现在止,是在十余册以上了,就中正式的杂感集便有九个,这是:《热风》,《华盖集》,《华盖集续编》,《而已集》,《三闲集》,《二心集》,《南腔北调集》,《伪自由书》,《准风月谈》;包括了杂感论文,合而为一,但大部仍是杂感的,是:《坟》;名为诗,其实不过是凝炼的杂感的,是:《野草》;名为散文,其实依然不过是在回忆之中杂了抒情成分的杂感的,是:《朝花夕拾》;为鲁迅自己所有意或无意删却,又经别人集起来,称为《集外集》的,其中有几首诗,有几则编辑后记,但大部分,也还是杂感。

鲁迅在有的机会很不乐意人称他为杂感家(《而已集》,页五四),后来还特地把这件事记忆着(《三闲集》,序言页一),但我看他所以厌憎这个称号,完全是因为这样称他的人是在一种鄙夷态度之下的,倘若心平气和地讲,鲁迅确乎很长于作"杂感",也无妨称之为"家"。

就鲁迅自己而论,杂感是他在文字技巧上最显本领的所在,同时是他在思想情绪上最表现着那真实的面目的所在。就中国十七年来的新文学论,写这样好的杂感的人,真也还没有第二个。现作家之中,写杂感多的,没有超过鲁迅的,鲁迅自己的作品之中,为量之多,也没有超过他的杂感的。因此,我觉得有专把他的杂感论一论的必要了。

二

鲁迅的第一部杂感集《热风》(一九一八——一九二四),不用说,技巧还没到十分纯熟的地步。有不少文字,是平铺直叙的,话常是太直接,而且很多虽然是讽刺,却依然夹杂一些正面主张,这便往往成为减却力量的根源。

话虽如此,但很利害的文章却也已经出现了,一篇是《来了》(页五四),一篇是《即小见大》(页一一五)。前者他说明中国人并无主义,中国人也接受不到什么主义,至于统治者则只有残暴,也无所谓主义,于是昭示于人的,便只有那种糊里糊涂地对于某一种主义的"来了"之感而已;后者他乃是从北京大学因为反对讲义收费风潮而开除了一个学生,却并没有为这一个牺牲者说什么话的事说起,而指出了在祭坛上沥血的,所留给大家者,实在只有"散胙"。在那样短小精悍的文章里,便已包括了对于愚昧的人们的怜悯和咒诅。对于残暴者的燃烧着的反抗的火焰,同时,对改革者之寂寞,迫害的同情,都一泻而出,大抵只有深刻的内容才可望有深刻的技巧的话,是证实在这儿了。

收在《坟》里的《论"费厄泼赖"应该缓行》,是另一篇好的讽刺文章。即在鲁迅的《坟》的后记里,也认为只有那论几个诗人的文章是可以推荐给读者的。好的文章总得从容,无论哀或乐,爱和憎,都不能例外。鲁迅之论"费厄泼赖",生着气是无疑的,然而他从从容容地把落水狗分为三种,以为有自己落水者,有别人打落者,有亲自打落者,于是他说:"倘遇前二种,便即附和去打,自然过于无聊,或者竟近于卑怯;但若与狗奋战,亲手将其打落,则虽用竹竿又在水中从而痛打之,似乎也非己甚,不得与前二者同论"(页二八六),他从打落水狗,说到打落水的叭儿狗,说到蹋台人物之并非真是落水,在痛恨之中,他指示了改革者对于反改革者一种应有的警备,和彻底的战法,我想这一点恐怕永远是有用的吧,只要反改革者一日还存在的话:试看他把这贡献给读者了,意义是多么隆重,而当时和章士钊、陈西滢的笔战也正酣,情势又是多么危急,可是那笔下竟是那么从容,所以我们又有了一篇好文章了:是雍雅、清晰而深沉的文章。

三

在一九二五年的杂感集《华盖集》、在一九二六年的杂感集《华盖集续编》,作风是有些不同了。比较更能够曲折,细微而刻画了,他的风格也到了确立的时期。

《华盖集》里好的杂感文是《牺牲谟》(页二七),《战士和苍蝇》(页三四),《捧与挖》(页一四五)。

《牺牲谟》是非常幽默的一篇讽刺,它是一幅愚妄的人们的自画像之代笔。愚妄者要别人牺牲,自己收实利;愚妄者有所作,得有好理由;愚妄者讲面子,讲风化,自己对一切责难,不雅,得逃掉。他赞成别人清高,但以为还穿着一条裤,就是一点白璧微瑕,最好呢,便是送给他的丫头。他有丫头,却不是人身买卖,乃是大旱灾时候留下的,不过与她父母几文钱罢了,为的免得卖入妓院,所以他是十分人道的。他要人家的裤子,但自己不下手拿了去,怕人们说他贪,所以得那人穿着爬了去,又不许爬烂了,还得爬得快,到门口的时候也不许停留,因为这人饿了九天了,怕死在那儿。他对乞丐,是让听差的痛打,因为乞丐不读书,不作工;他对他所要裤子的人,说本想用人力车送去,然而他不了,又是因为人力车不人道。最后是催人家快爬。愚妄者的面目多末清晰,毫发也可以算不遗了吧。《战士和苍蝇》则是像尼采作的那种短文,很直接,然而很有力量,他说苍蝇以为战士有缺点和创伤,"的确的,谁也没有发见过苍蝇的缺点和创伤",然而,"有缺点的战士终竟是战士,完美的苍蝇也终竟不过是苍蝇"。所以,"去吧,苍蝇们! 虽然生着翅,还能营营,总不会超过战士的。你们这些虫豸们!"笔底下的情感是很浓烈的。《捧与挖》是说中国人的奴性和惰性的,对于上官,只知道捧,越捧而他们的欲求越增大起来,这好像治河,堤是越来越高的,倒不如起初就来一个挖底的办法,鲁迅总是在提示人,对敌人是放松不得的。

《华盖集续编》里,则我认为《杂论管闲事·做学问·灰色等》,《有趣的消息》,以及三篇日记:《马上日记》,《马上支日记》,《马上日记之二》,四篇通信:《上海通信》,《厦门通信(一至二)》,《厦门通信(三)》,《海上通信》最成为杂感中完整的艺术。此外,载着的那首诗颇不坏。这时期最令他痛心的,当然是"三一八"的事件,这时他激昂极了,感情极盛极盛的,他有的是沉痛的咒语:

> 现在,听说北京城中,已经施行了大杀戮了。当我写出上面这些无聊的文字的时候,正是许多青年受弹饮刃的时候。

> 乌乎！
>
> 　　如果中国还不至于灭亡,则已往的史实示教过我们,将来的事便要大出于屠杀者的意料之外——
> 　　这不是一件事的结束,是一件事的开头。
> 　　墨写的谎说,决掩不住血写的事实。
> 　　血债必须用同物偿还。拖欠得愈久,就要付更大的利息！
>
> 　　以上都是空话。笔写的,有什么相干？
> 　　实弹打出来的却是青年的血。血不但不掩于墨写的谎语,不醉于墨写的挽歌,威力也压它不住,因为它已经骗不过,打不死了。(页八六—八九)

力量不能不说没有,但统起来看,不是好的文章。同时,他写了不少好的文章,也依然因为情感太盛了,变为太质实,而失却了文字的巧。这时纪念"三一八"的牺牲刘和珍君的文章,是远不如后来那篇《为了忘却的记念》纪念柔石的文章的,这原故就在后者的执笔乃是距死者已经三年了,遂从容得多。只有从容,才能流利通畅,活泼跳动,这,也就是《杂论管闲事》和《有趣的消息》的好处。那些"日记",虽然是杂感,然而非常冲淡,闲着无事的光景,那些"通信",也因为是信笔所写,毫不矜持,反而有一种随时观照人生,颇为周详的趣味。鲁迅的诗,我不承认有好的,然而载在这《华盖集续编》里的一诗,我却认为是鲁迅唯一的好诗。

> 　　这半年我又看见了许多血和许多泪,
> 　　然而我只有"杂感"而已。
> 　　泪揩了,血消了,
> 　　屠伯们逍遥复逍遥,

> 用钢刀的,用软刀的,
> 然而我只有"杂感"而已。
>
> 连"杂感"也被"放进了应该去的地方"时,
> 我于是只有"而已"而已!

我不觉得这诗打油,我却觉得在内容上极其充实,在技巧上极其完整。

四

在鲁迅的作品里,形式略为奇怪,含义较为深邃,使一般人多少认为难懂的,是《野草》。在我觉得,本书的形式是很不纯粹的,有的固然写得很隐约了,有的却也很明显,《风筝》一篇,就是十分明显的例;大体上是深刻的,但也有的便颇肤浅,《好的故事》和《失掉的好地狱》,就是十分肤浅的例;甚而有的无聊,《我的失恋》可算一个例子。至于那种:"墙外有两株树,一株是枣树,还有一株,也是枣树"(页一)。我认为简直堕入恶趣。

我所以这样挑剔,实在因为爱好这本小书,实在因为拿出希望它是更完整些的心思而然的。在这包括二十三篇短文的小书中,有七篇东西特别出色,这是:《影的告别》,《复仇其二》,《希望》,《立论》,《死后》,《这样的战士》和《淡淡的血痕中》,就中《复仇其二》,《死后》,和《淡淡的血痕中》,我认为尤其占有艺术上最高的地位。

在《影的告别》里,是表现一篇向往和舍弃的,但却带上了一层甚深的悲哀的色彩,还有一种幽怨的光景,"影"在临了的话是:

> 我愿意这样,朋友——

> 我独自远行，不但没有你，并且再没有别的影在黑暗里。只有我被黑暗沉没，那世界全属于我自己。（页七）

孤寂，愁苦的气息是在扩散着。《希望》也是写寂寞和空虚的：

> 希望，希望，用这希望的盾，抗拒那空虚中的暗夜的袭来，虽然盾后面也依然是空虚中的暗夜。（页二二）

不过他并不是因为自己的衰老，却是因为身外的青春也都逝去，他空虚到没处了，他说："青年们很平安，而我的面前又竟至于并且没有真的暗夜"。因此他深深地体味到了：

> 绝望之为虚妄，正与希望相同？（页二四）

这恐怕是他最为伤感的文字。《立论》是在为言论争自由的，它将幽默与讽刺，合而为一。一个人生子了，有的说要作官，要发财，这是谎话，可是得到好报，有的说会死，这是实话，便遭了痛打。既不谎人，又不遭打的说法，就只有是：

> 啊呀！这孩子呵！您瞧！多么……。阿唷！哈哈！He-he! he,hehehehe。（页六八）

委曲求全的人的言论势必是如此的。《这样的战士》是描绘一个理想的奋斗人物，他有鲁迅所常谈到的韧性，什么好名目也不听，他却有"蛮人所用的，脱手一掷的投枪"，举起来就攻击。他的敌人是无物吧，他也不管，他得举起他的投枪；这无物之物的敌人逃脱称胜，说他是有了戕害慈善家等类的罪名了吧，他也不管，他得举起他的投枪；最后，他死在无物之物的阵里，他不足为战士，无物之物则永为胜者了，但他仍不管，他举起了投枪。技巧像内容一样，是毫无空隙的朴实渊茂的一首战歌。

这四篇已经好了，但我以为那其余的三篇却更好些。在那《复仇其二》里，是借耶稣的故事，说人们对于改革者的迫害的，因为悲悯和诅咒,那改革者对于自己的痛苦,却有一点快意。篇幅虽小,是一篇颇为伟大的作品。其庄严,沉痛,壮美,应当认为鲁迅有数的杰作之一。《死后》用了一种扫射式的攻击,讽刺的方面是多的,但却极其轻松,像流水一样,他写着那些愚妄者们对于他的迫害和高论,他并且很幽默地记述着勃古斋的小伙计,还跟着来请他留下嘉靖黑口本的《公羊传》的古书。在淡淡的苦笑里,写出一个精神界的战士在创伤了的心上所不能拂拭去的暗影。《淡淡的血痕中》,是一反他向来的虚无色彩,而礼赞一个强的叛逆的猛士的。他诅咒造物主,他说:

> 他暗暗地使天变地异,却不敢毁灭一个这地球;暗暗地使生物衰亡,却不敢长存一切尸体;暗暗地使人类流血,却不敢使血色永远鲜秾;暗暗地使人类受苦,却不敢使人类永远记得。(页八七)

同时,他诅咒怯弱者。就中国一般的作家论,是大抵没有甚深的哲学思索的,即以鲁迅论,也多是切近的表面的攻击,所以求一种略为深刻的意味长些的作品就很少,根源不深,这实在是中国一般的作品令人感到单薄的根由。鲁迅这篇文字之有一种特殊意义者,却就在它多少有一点哲学的思索的端绪故,事实上,这篇东西也确乎因此看着深厚得多了。

我附带要说的,我不承认《野草》是散文诗集,自然,散文是没有问题的,但乃是散文的杂感,而不是诗。因为诗的性质是重在主观的,情绪的,从自我出发的,纯粹的审美的,但是《野草》却并不如此,它还重在攻击愚妄者,重在礼赞战斗,讽刺的气息胜于抒情的气息,理智的色彩几等于情绪的色彩,它是不纯粹的,它不是审美的,所以这不是一部散文诗集。——要说有一部分是"诗的",我当然没有话说。

五

我很爱《朝花夕拾》,并不减于我之爱《野草》。作为斗争的礼赞的《野草》,和这美妙的回忆的《朝花夕拾》之不同是很显然的。

因为是回忆,因为是说个人的事情,所以我们感觉到亲切,像是当着春秋的佳日吧,在森林里被轻风吹拂着一般,我们所见的便是安详、平和。只是也常像在耳朵里送来了清泉的淙响似的,这就是鲁迅在文字中常不能忘怀的对于那些伪善、奴性、繁复和乖巧的攻击。

诚然如鲁迅自己说:"一个人做到只剩了回忆的时候,生涯大概总要算是无聊了罢,但有时竟会连回忆也没有"(《小引》,页一),这真是大可悲哀的事。然而究竟在写这些回忆的文章的时候,却还没到连回忆也没有的地步;不过,也够无聊赖的了,所以,我们虽然可以颇带了消闲的意味地来欣赏这些好的散文,但在当时的作者却是十分难过,这是可以想见的。

这也是常见的一种例子了,大凡在某一方面情感极盛,又不得宣泄时,那故作平静,也用以安定了自己的,就是回返到自己的世界里去逃躲,这便是:回忆。"目前是这末离奇,心里是这末芜杂"(《小引》,页一),只有这才是这些散文背后的一字一句的骨髓。

然而只就文章看,头一篇《狗·猫·鼠》就是一篇好文章。里面所包括的东西那么多,可是非常有力量,非常调和,文字极简短,又带感情,令人只觉得宁帖,而毫无窘迫之感,他的笔,真是活动极了,像在山峰上跳跃似的,我们看他把那些很不容易关连的印象,加以关连,时而说到已往,时而重归到现在,时而是对"正人君子"还击,时而又是童心的美梦,我们却决没有看出他那文字的驳杂。他从自己的仇猫说起,说到别人之拟之于狗,说到狗猫交恶的传说,说到自己仇猫的原故,说到猫在配合时的嗥叫,说到可爱的小鼠,最后是被长妈妈告诉,小鼠是猫给吃掉了,于是才正式仇猫,然而终于知道小鼠倒是因为缘着长妈妈的腿要上去,被长妈妈一脚踏死了。狗,猫,鼠,像作了三个驿站似的,中间是贯串着鲁迅的一路的杂感而没令人觉到"杂",这就是他的"巧"。

第二篇《阿长与山海经》,乃是一篇平淡一些的好的抒情文字,长妈妈的功罪,是常为更迭的,但到底那顽皮的"哥儿",是得到一部最心爱的四本小书了!带图的《山海经》。

在这许多亲切的回忆文字中,我尤其觉到亲切的是第六篇的《从百草园到三味书屋》,百草园是鲁迅小时候玩的一个荒园,三味书屋却是他以后不常到百草园后所入的一个书塾。他形容书塾最真切,印象是那么具体。

> 三味书屋后面也有一个园,虽然小,但在那里也可以爬上花坛去折蜡梅花,在地上或桂花树上寻蝉蜕。最好的工作是捉了苍蝇喂蚂蚁,静悄悄地没有声音。然而同窗们到园里的太多,太久,可就不行了,先生在书房里便大叫起来:——
>
> "人都到那里去了?!"
>
> 人们便一个一个陆续走回去。(页六九)

又如:

> 先生读书入神的时候,于我们是很相宜的。有几个便用纸糊的盔甲套在指甲上做戏。我是画画儿,用一种叫作"荆川纸"的蒙在小说的绣像上一个个描下来,象习字时候的影写一样。读的书多起来,画的画也多起来,书没有读成,画的成绩却不少了,最成片段的是《荡寇志》和《西游记》的绣像,都有一大本。后来,因为要钱用,卖给一个有钱的同窗了。他的父亲是开锡箔店的;听说现在自己已经做了店主,而且快要

升到绅士的地位了。这东西早已没有了罢。(页七一)

第七篇《父亲的病》,是如他其他的反中国的医药的文字一样,但形容那些骗人的医生却更活现。此外,则是说到中国旧的风俗习惯中,其不近人情的残酷。人死了,也不让平静:

"叫呀,你父亲要断气了。快叫呀!"衍太太说。

"父亲,父亲!"我就叫起来。

"大声!他听不见。还不快叫?!"

"父亲!!父亲!!"

他已经平静下去的脸,忽然紧张了,将眼微微一睁,仿佛有一些苦痛。

"叫呀!快叫呀!"她催促说。

"父亲!!"

"什么呢?……不要嚷。……不……"他低低地说,又较急地喘着气,好一会,这才能恢复了原状,平静下去了。

"父亲!!"我还叫他,一直到他咽了气。

我现在还听到那时的自己的这声音,每听到时,就觉得这却是我对于父亲的最大的错处。(页八二)

这文字里有一种深远的力量,那力量是沉痛,又沉痛的。

接着这篇,第八篇的《琐记》,是记述不入书塾以后,入了学校,到了南京,又转往日本的经历的。他那种特别清晰的记忆,是和处处迸发的讽刺,组而为一了:

……日本是同中国很两样的,我们应该如何准备呢?有一个前辈同学在,比我们早一年毕业,曾经游历过日本,应该知道些情形。跑去请教之后,他郑重地说——

"日本的袜是万不能穿的,要多带些中国袜。我看纸票也不好,你们带去的钱不如都换了他们的现银。"

> 四个人都说遵命。别人不知其详,我是将钱都在上海换了日本银元,还带了十双中国袜——白袜。
>
> 后来呢,后来,要穿制服和皮鞋,中国袜完全无用;一元的银元日本早已废置不用了,又赔钱换了半元的银圆和纸票。(页九五)

中国人向来是模糊的,通常是,总没有人会说准时刻,别的也就可想,你果然听了,就一定吃亏。从鲁迅那样记忆清晰的文章看来,真令别人也容易勾起往事来,便颇欲试为执笔了。十篇的回忆杂感中,单以技巧论,我便尤其爱上面所说的这五篇。

六

在一九二七年的杂感集是《而已集》。因为这时受过的迫害是更深些了,眼见的哭不得,笑不得的事情也太多些了,所以他的文章便又一变,虽然讽刺,但有时也情不自禁地流露些正面主张了,例如书的开首,是《黄花节的杂感》,他便说:

> ……黄花节很热闹,热闹一天自然也好;热闹得疲劳了,回去就好好地睡一觉。然而第二天,元气恢复了,就该加工做一天自己该做的工作。这当然是劳苦的,但总比枪弹从致命的地方穿过去要好得远;何况这也算是在培养幸福的花果,为着后来的人们呢。(页四)

这很有一种训话的意味在。此外,在《读书杂谈》里,先说到只看重自己所从事的一门的不当,次分别创作和研究的殊途,又介绍到实际读书的方法,从选本找到一人的爱好,再在文学史上看那作家的地位,并及于评传等,最后归结到得用活脑筋,和接触实生活,这便是老老实实的"常谈"了,几乎无所谓"杂感"。鲁迅是很少论文的,因为他的笔下,总是侧击的时候多,正面迎人的时候少,但是像这《读书杂谈》一类,我却认为确是论文,另一篇《革命时代的文学》,要义在"文学总是一种余裕的产物,可以表示一民族的文化,倒是真的",我觉得也的确是正解,再加上《魏晋风度及文章与药及酒之关系》,可称得是三篇论文,都已经不止于是杂感的了。

论文字,自然以《魏晋风度及文章与药及酒之关系》为最,我以为这是《而已集》里的第一篇文字,虽然本来却是讲演。这的的确确看出是发自一个有脑筋的人的。处处是人话,处处是从活人的观点,来介绍了古代文人的真面目,把种种不近人情的幕给揭穿了,却露出实际的赤裸的悲哀和苦闷来。他的文学观也已经是从大处看,他说曹操因为在政治上的尚刑名,影响到文章上就是"清峻";又因为反抗当时固执的清流,影响到文章上是"通脱",这都是从一个整个的时代精神上去了解文艺的,不能说不给初研究文学者以一个好的榜样。从鲁迅的眼光看,何晏之流的"服药",是为的想逃掉当时文人被杀的畏惧,阮籍嵇康的疏狂,是真正把礼教当作宝贝看待的表现,陶潜之故作达观,乃是并不能忘掉"死",自然,鲁迅所以选择这样题目,发这样论调,是抒写自己当时所受的压迫之苦的,当时既不能明说,单怕压迫者找到了口实,又势不能不说,一般人在要求着说,自己也气闷得要命,逼迫着说。他这样说法,却是多么巧!然而同时,他确指示了古代文坛的一部分的真相了,并不限于单单为自己出一口气算完。

在杂感之中,讽刺的意味更为纯粹,文字上又最有技巧的,则是《略论中国人的脸》,《通信》和《再谈香港》。《通信》是九月三日寄给李小峰的,可说再率真没有了,再亲切没有了,顽强与愤怒,也活跃在纸上:

> 以上算是牢骚。但我觉得正人君子这回是可以审问我了:"你知道苦了罢?你改悔不改悔?"大约也不但正人君子,

> 凡对我有些好意的人,也要问的。我的仁兄,你也许即是其一。我可以即刻答复:"一点不苦,一点不悔。而且倒很有趣的。"

隔了一段,又有:

> 但那广告上又举出一个曾经被称为"学棍"的鲁迅来,而这回偏尊之曰"先生",居然和这"文艺批评界的权威"并列,却确乎给了我一个不小的打击。我立刻自觉:呵呀,痛哉,又被钉在木板上替"文艺批评界权威"做广告了。两个"权威",一个假的和一个真的,一个被"权威"挖苦的"权威"和一个挖苦"权威"的"权威"。呵呵!(页五九)

造语自然,而含义不尽,尤其在收尾的那"呵呵!"上。《再谈香港》,是在冲淡中而描绘了那鬼鬼祟祟的"查关"的。到了文字的最后,却像乐曲的激越之音似的,把松散一变而为凝整:

> 香港虽只一岛,却活画着中国许多地方现在和将来的小照:中央几位洋主子,手下是若干颂德的"高等华人"和一伙作伥的奴气同胞。此外即全是默默吃苦的"土人",能耐的死在洋场上,耐不住的逃入深山中,苗瑶是我们的前辈。(页一六五)

而情感非常浓,态度非常真的,乃是《答有恒先生》。他在这篇通信中,说了他最大的转变,以及陷于十分悲观的原故,他又预感着极坏,为自己,则仍是麻痹与忘却。

《魏晋风度及文章与药及酒之关系》《略论中国人的脸》《通信》《再谈香港》和这《答有恒先生》,是我在《而已集》中认为最出色的杂感文字。

七

继续《而已集》之后,有《三闲集》(一九二七——一九二九),《二心集》(一九三〇——一九三一)。

像内容上之近于《而已集》一样,《三闲集》的文字也近于《而已集》。我常说,鲁迅是长于抒情的,尤其长的是写寂寞之感,在这《三闲集》,便又给我一个例证了,我不能不抄下去:

……记得还是去年躲在厦门岛上的时候,因为大讨人厌了,终于得到"敬鬼神而远之"式的待遇,被供在图书馆楼上的一间屋子里。白天还有馆员,钉书匠,阅书的学生,夜九时后,一切星散,一所很大的洋楼里,除我以外,没有别人。我沉静下去了。寂静浓到如酒,令人微醺。望后窗外骨立的乱山中许多白点,是丛冢;一粒深黄色火,是南普陀寺的琉璃灯。前面则海天微茫,黑絮一般的夜色简直似乎要扑到心坎里。我靠了石栏远眺,听得自己的心音,四远还仿佛有无量悲哀,苦恼,零落,死灭,都杂入这寂静中,使它变成药酒,加色,加味,加香。这时,我曾经想要写,但是不能写,无从写。……

莫非这就是一点"世界苦恼"么?我有时想。然而大约又不是的,这不过是淡淡的哀愁,中间还带些愉快。我想接近它,但我愈想,它却愈渺茫了,几乎要发见仅只我独自倚着石栏,此外一无所有。必须待到我忘了努力,才又感到淡淡的哀愁。

那结果却大抵不很高明。腿上钢针似的一刺,我便不假思索地用手掌向痛处直拍下去,同时只知道蚊子在咬我。什么哀愁,什么夜色,都飞到九霄云外去了,连靠过的石栏也不再放在心里。而且这还是现在的话,那时呢,回想起来,是连

> 不将石栏放在心里的事也没有想到的。仍是不假思索地走进房里去,坐在一把唯一的半躺椅——躺不直的藤椅子——上,抚摩着蚊喙的伤,直到它由痛转痒,渐渐肿成一个小疙瘩,我也就从抚摩转成搔,掐,直到它由痒转痛,比较地能够打熬。
>
> (页一一一三)

这是多末美,而近于诗的呢!不过鲁迅不常有这样的文字,这没有别的理由,只因为热情驱使他,对于社会的关怀逼迫他,使他常忘了自己的寂寞,而单是挺身而出、作战士去了。刚才所引的一段文字,就只是他的一篇《夜记之一》的《怎么写》的一小部分,通体上却是讲到别的事情,以一段论,这一段是极佳的抒情文字,以整篇论,却并不完整。

《三闲集》里一篇完整的文字是《我的态度气量和年纪》,但那不是写寂寞了,却是一篇应战的文章。应战就完全应战,一口气下来,其通畅流利,一无阻滞,这是《三闲集》里顶令人爱读的一篇东西。

我在论《鲁迅之生活及其精神进展上的几个阶段》里说过,《二心集》时候的思想,乃是鲁迅在精神进展上顶高的一个阶段,与这相当,文字上也是最有活力的一个时期。像在思想上,《三闲集》是《二心集》的一个序幕似的,在文字上,《三闲集》也似乎只是《二心集》的一个献辞。

《二心集》里的好文字实在多。《硬译与文学的阶级性》,是一篇又有生气,又有条理的文章。从来鲁迅不大写长篇的论文,杂感也很短,讲演是例外。转变后先有了这末一篇活而有力的长文,不能不说已是一个可喜的收获了。和这篇类似的,有《上海文艺之一瞥》和《民族主义文学的任务和运命》,后者在结末尤其爽朗,宏阔,极有力量。他说,只有在另一个时代的到来,"才能脱出这沉滞猥劣和腐烂的运命"(页一六六),似乎所有鲁迅这时的杂感,已不是匕首,而是大炮了,文字已脱却尖刻,变为倾注的光景,深厚多了。

短文章也够利害的,例如《好政府主义》和《丧家的资本家的乏走狗》。而在《中国无产阶级革命文学和前驱的血》一文里,尤其表现着极其健康的态度,即是短文,也一点不俏皮,不苛薄了。可以并观的是《黑暗中国的文艺界的现状》,对于中国受压迫的文艺和压迫人的文艺,分析得十分透到,不少地方很是一针见血,不能不令人称快。

鲁迅的文章向来在攻击上有一种"除恶务尽"的习惯,决不让什么东西漏落,凡他所写出的,只有使读者认为较自己丰盛、周详,却从不能使读者有不足之感。可是他现在便是在不漏之外,又加上含蓄了,这是他在杂感上的新技巧,就如《沉滓的泛起》吧:

> 那是连病夫也立刻可以当兵,警犬也将帮同爱国,在爱国文艺家的指导之下,真是大可乐观,要"灭此朝食"了。只可惜不必是文学青年,就是文学小匪因,也会觉得逐段看去,即使不称为"广告"的,也都不过是出卖旧货的新广告,要趁"国难声中"或"和平声中"将利益更多的榨到自己的手里的。
>
> 因为要这样,所以都得在这个时候,趁势在表面来泛一下,明星也有,文艺家也有,警犬也有,药也有……也因为趁势,泛起来就格外省力。但因为泛起来的是沉滓,沉滓又究竟不过是沉滓,所以因此一泛,他们的本相倒越加分明,而最后的运命,也不过是仍旧沉下去。(页一七一)

含蓄有余韵,我认为这是鲁迅的杂感文在技巧上,一个显著的进展。

在为国难而发的杂感中,《宣传与做戏》是说国人过于爱面子,而到了欺己的地步。称之为"简直是提着青龙偃月刀",进了后台,"一路唱回自己的家里来了"(页一八七)。《友邦惊诧论》是为学生请愿辩的,以明真正的国家责任之所归。前者很短悍有力,后者颇开拓、明朗。他的曲折渐少,而力量加增了。仿佛一棵树吧,先前是小枝非常之多,所扩张的是空间,现在一变而粗厚的大干了,所增强的,乃是生命力的浓度。与其说是加广,不如说是加深,这是鲁迅在此期杂感文的特色。末了,还可以举出一篇反对顺而不信的翻译的文字《风马牛》。

《三闲集》里,我取的文章是一篇,在《二心集》里,我取的文章,是十一篇。在上面都已提到了。

八

在《南腔北调集》(一九三二——一九三三)里的文字,风格是多端的。有的很简辣,有的很沉痛,有的很甘脆,有的很幽默,和《二心集》里的一味豁朗、爽利是不同了。

一个常常使用文字的人,他是如何满意于自己的工具之更有效能些呢,这不是不常使用文字的人所能想像的。所以,文字越写得好的人,越不能放松技巧的精益求精,和尽善尽美。从鲁迅的杂感集看,他的文字,可说无时不在进步着。

同是对于国事的感慨,在这集子中的《非所计也》,就更其简劲了,结末的句子,分量又是那么浓重。同是对于国民性的攻击,在这集子中的《捣鬼心传》、《家庭为中国之基本》,这方面更其多,而文字是更其凝整紧凑了。在《捣鬼心传》里,他说明捣鬼之须有含蓄,但又忌入模糊,不过二者是相邻的,所以"揭鬼有术,也有效,然而有限"(页二三二)。在《家庭为中国之基本》里,他指出中国人生活之退缩,即不满于现状,也是抽鸦片、叉麻雀了事,无非躲在家里。接着,便是:

……檐下放起爆竹,是在将月亮从天狗嘴里救出;剑仙坐在书斋里,哼的一声,一道白光,千万里外的敌人可被杀掉了;不过飞剑还是回家,钻进原先的鼻孔去,因为下次还要用。这叫做千变万化,不离其宗。所以学校是从家庭里拉出子弟来,教成社会人才的地方,而一闹到不可开交的时候,还是"交家长严加管束"云。

"骨肉归于土,命也;若夫魂气,则无不之也,无不之也!"一个人变了鬼,该可以随便一点了罢,而活人仍要烧一所纸房子,请他住进去,阔气的还有打牌桌,鸦片盘。成仙,这变化是很大的,但是刘太太偏舍不得老家,定要运动到"拔宅飞升",连鸡犬都带了上去而后已,好依然的管家务,饲狗,喂鸡。

我们的古今人,对于现状,实在也愿意有变化,承认其变化的。变鬼无法,成仙更佳,然而对于老家,却总是死也不肯放。我想,火药只做爆竹,指南针只看坟山,恐怕原因就在此。现在是火药蜕化为轰炸弹,烧夷弹,装在飞机上面了,我们却只能坐在家里等它落下来。自然,坐飞机的人是颇有了的,但他那里是远征呢,他为的是可以快点回到家里去。(页二三四)

这样的文字,是《华盖集》,《而已集》……里所不能有的文字。

同样的,是一篇《谁的矛盾》,从一般人之对待萧伯纳说起的,这篇文字,完全像诗的,总是说他怎么样,而别人偏要怎么样,果然怎么样了,而别人又不怎么样了,把伟大和渺小,给出了许多绝好的对比,真是"一唱三叹"的本领。这篇的凝炼紧凑,和同是谈萧伯纳的《论语一年》的疏落雍容,是颇可以一块看的。这也是《华盖集》、《而已集》……里所不能有的文字。

我常说的鲁迅那篇抒情最好的文字《为了忘却的记念》,也就是收在这集子里的。从鲁迅的文章看,他是时常压抑着自己的深厚的热情的,不错,他不喜欢风花雪月,不错,他不喜欢悱恻缠绵,然而他情感的浓烈与真挚,是远出于风花雪月,悱恻缠绵之类之上的。他要少写,然而意味是更深长些:

> 不是年青的为年老的写记念,而在这三十年中,却使我目睹许多青年的血,层层淤积起来,将我埋得不能吸呼,我只能用这样的笔墨,写几句文章,算是从泥土中挖一个小孔,自己延口残喘,这是怎样的世界呢。夜正长,路也正长,我不如忘却,不说的好罢。但我知道,即使不是我,将来总会有记起他们,再说他们的时候的。……(页八六)

至于那《祝中俄文字之交》,是在沉静中而有一种幽深的力量;那《由中国女人的脚推定中国人之非中庸,又由此推定孔夫子有胃病》,则在不失为幽默里犹透出锋利的讽刺;就是《谚语》一篇里,也极其甘脆而畅远。说过的这九篇东西,都是比先前更高一等的完整的杂感文。

和《南腔北调集》的后一半的作品,在年月上并行的,是《伪自由书》、和《准风月谈》。《南腔北调集》已经收着了一九三二年十二月的作品了,而《伪自由书》是这一年的上半年的,《准风月谈》却是这一年的下半年的。

不过以文字论,这两本书都不如《南腔北调集》好。《准风月谈》,犹不如《伪自由书》。

在《伪自由书》里,当以《大观园的人才》一文为最佳,讽刺性最大,其次是:《文章与题目》,和《王化》。在这一本书里的文字,长处就是一个干净利落,有时候含蓄,而隐约了,却往往似乎不十分充实。有的简直入了魔道,如《透底》一篇,并不如直接排斥虚无主义的好。

在《准风月谈》里,好的文章只有《看变戏法》。其余的不过通体上很轻易,结末有时利害而已。不知道是说话太难,顾忌太多呢,还是写同一类的文字太频繁了,而有些困乏。

《集外集》里,没有完整的文字。

九

总起来看,这里所论到的杂感集是十三册,随路指出的典范的文字,是五十八篇。

说到他的文字的进展,先是平铺直叙,虽然思想是早有些。此后便转入曲折,细微,和刻画,仿佛骨骼是有了,但不丰盈,再后则进而为通畅,有了活力。最后则这两种优长,兼而有之,就是含蓄了,凝整了,换言之,便是,不光有骨头,不光有血肉,而且有了精神。

和他的精神进展的阶段相当:在他第一个阶段里,一如他的启蒙思想还没形成,他也还没有什么新的白话文字;所谓平铺直叙的时期,就是《热风》(一九一八——一九二四)的时期,是他的精神进展的第二个阶段,他的思想空洞些,所以文字也单纯;曲折,细微,而刻画的时期,是《华盖集》(一九二五),《华盖集续编》(一九二六)的时期,他这时的思想是攻击到古文明国的人情世故了,事情是琐小,而有和待人扬发的意味,所以文字也便出之以尖酸;中间有一个次一阶段的酝酿期,文字上大体是沿上一时期的余绪的,便是《而已集》(一九二七),《三闲集》(一九二七——一九二九)的时期,在精神进展上乃是他的第四个阶段;新的思想的成熟,是在他的精神进展的第五个阶段,文字上就是《二心集》(一九三〇——一九三一)的时期,健康,深厚,而有活力,是那一期文字和思想的共同点;到了他精神进展的第六个阶段,便是《南腔北调集》(一九三二——一九三三)的时期,在思想上是由理论而入了应用的时期了,文字就含蓄,而凝整,但是同时他的精神生活似乎停滞在某一个地点了,文字就又有了《伪自由书》,《准风月谈》中所偶尔流露的困乏。也许有新进展的吧,文字上也一定会不同起来。

他的杂感文的长处,是在常有所激动,思想常快而有趣,比喻每随手即来,话往往比常人深一层,又多是因小见大,随路攻击,加之以清晰的记忆,寂寞的哀感,浓烈的热情,所以文章就越发可爱了。

有时他的杂感文却也失败,其原故之一,就是因为他执笔于情感太盛之际,遂一无含蓄,例如:

> 流言本是畜类的武器,鬼蜮的手段,实在应该不信它。……这些"流言"和"听说"当然都只配当作狗屁!
> ——《华盖集》,页七七

太生气了,便破坏了文字的美。不知道为什么,他有些文字在结尾时松下去,甚而模糊起来,例如《热风》里的《随感录第三十七》,《三闲集》里的《怎么写》,《醉眼中的朦胧》,《南腔北调集》里的《听说梦》,《伪自由书》里的《文学上的折扣》,《以夷制夷》,《言论自由的界限》,这些尤其显然。鲁迅的杂感文是不大有什么毛病的,有之,也就是这一点而已。

谁都知道鲁迅的杂感文有一种特殊的风格,他的文字,有他的一种特殊的方式。倘若说出来,就是他的笔常是扩张又收缩的,仿佛放风筝,线松开了,却又猛然一提,仿佛开水流,却又预先在下流来一个闸,一张一弛,使人的精神有一种快感。读者的思想,先是随着驰骋,却终于兜回原地,也即是鲁迅所指定之所。这是鲁迅的文章之引人的地方,却也是他占了胜利的地方。

他用什么扩张人的精神呢?就是那些:"虽然","自然","然而","但是","倘若","如果","却","究竟","竟","不过","譬如",……他惯于用这些转折字,这些转折字用一个,就引人到一个处所,多用几个,就不啻多绕了许多弯儿,这便是风筝的松线。这便是流水的放闸。可是在一度扩张之后,他收缩了,那时他所用的,就是:"总之"。举一个例看:

> "然而"那是盛世的事。现在是无论怎么索,早已一文也不给了,"如果"偶然发薪,那是意外的上头的嘉惠,和什么索丝毫无关。"不过"临时发布亲领命令的施主"却"还有,只是早已非善于索薪的骁将,而是天天画到,未曾另谋生活的不贰之臣了。所以,先前的亲领是对于没有同去索薪的人们的罚,现在的亲领是对于不能空着肚子,天天到部的人们的罚。
>
> "但"这"不过"是一个大意,此外的事,"倘"非身历其境,实在有些说不清。"譬如"一碗酸辣汤,耳闻口讲的,总不如亲自呷一口的明白。近来有几个心怀叵测的名人间接忠告我,说我云年作文,专和几个人闹意见,不再论及文学艺术,天下国家,是可惜的。殊不知我近来倒是明白了,身历其境的小事,尚且参不透,说不清,更何况那些高尚伟大,不甚了然的事业?我现在只能说说较为切己的私事,至于冠冕堂皇如所谓"公理"之类,就让公理专家去消遣吧。
>
> "总之",我以为现在的"亲领"主张家,已颇不如先前了,这就是"孤桐先生"之所谓"每况愈下"。而且便是空牢骚如方玄绰者,似乎也已经很寥寥了。

——《华盖集续编》,页一九五

这便是他常压的表现方式,已成为一种调子。只从表面看,学习和模仿是很容易的,但是我只点出一件事,学习和模仿的人就可以慎重了:这是,鲁迅之所以能够用那些转折的字者,是因为他思想过于多,非这样,就派遣不开的缘故。倘若你没有那些思路,单单转折,转折什么呢？只有空架子,便会招来了"枯涩",这是一般的学鲁迅的文章而不知道根本的人所吃的亏。

鲁迅的文章,在告一个段落的时候,总是紧缩一下的。用"总之",是一例了。但有时,便用一种补充的方式,例如：

> ……待到别人的围裙全数破旧,他却穿了绣花衫子站出来了。大家只好说："呵！"可怜的性急的野蛮人,竟连围裙也不知道换一换,怪不得锐气终于脱尽；脱尽犹可,还要看那"笑吟吟"的"讽刺"的"天才"脸哩,这实在是对于灵魂的鞭责,虽说还在辽远的将来。
>
> ——《华盖集续编》,页一九

"虽说还在辽远的将来"就是一种作紧缩用的补充。他这种补充,所凭借的是他的精神的贯注,思想的迅捷,文章不论跑多远,风筝放开去吧,线总可以牵回来。这便往往构成他的文章的一种美。其次是,利用记忆力的强,他每每用旧话来收场：

> ……这种拉扯牵连,若即若离的思想,自己也觉得近乎刻薄,——但是,由它去罢,好在"开审"时总会结帐的。
>
> ——《三闲集》,页四二

"开审",是用顾颉刚给他信上的"暂无离粤,以俟开审"的,如他记忆上的不放松一样,在文字上形成一种紧张的有力的结尾。用"总之",用补充,用旧话,是鲁迅把文章扩张了之后,又加以紧缩的法门。

读者之一张一弛的快感,有时就是我们在鲁迅的作品里所得到的幽默。他的幽默,有他的幽默的特色。他的幽默,往往是用现成的观念和名词,在人冷不防的时候忽然冒出来的,使人恢复一种在潜意识里的同感。"绍兴师爷","正人君子","跳在半天空","放冷箭",是常出没于他的笔端的,有时令我们见到而会心,而发笑了，就是如此。还有一种幽默，乃是他在十分生气的时候，而故意不露主观的字样，却在那里冷冷地刻画，这也往往令我们失笑，像他写在广东住在钟楼上，那些校务辩论，老鼠的驰骋，以及工友的歌声等，便是一例，我们失笑固然失笑了，同时却知道他是在压着一口气。不放松的"记忆"，和故作冷静的"憎恶"，是鲁迅幽默的根源。

从幽默上看，也可以看出一个人的特点来。老舍的幽默是理智的成分多些的，那幽默往往是出发自一个居高临下的知识分子的知识，他是把事情看松活。鲁迅却是彻头彻尾是情感的，"记忆"和"憎恶"，见出他的决不放过和并不释然。他紧抓着，他有他的韧性，这表现于他思想上的斗争了，却也表现于他的杂感文的艺术！

二十四年九月七日下午八时一刻

五　总结：诗人和战士的鲁迅，鲁迅之本质及其批评

一

鲁迅在许多机会是被称为一个思想家了，其实他不够一个思想家，因为他没有一个思想家所应有的清晰以及在理论上建设的能力；又有许多机会，鲁迅被称为一个杂感家，但这也仍不能算对的，因为对鲁迅并不能以杂感家来概括。

倘若诗人的意义，是指在从事于文艺者之性格上偏于主观的，情绪的，而离庸常人所应付的实生活相远的话，则无疑地，鲁迅在文艺上乃是一个诗人；至于在思想上，他却止于是一个战士。

二

我说鲁迅是一个诗人，却丝毫没有把他派作是吟风弄月的雅士的意思，因为，他在灵魂的深处，是没有那么消闲，没有那么优美，也没有那么从容；他所有的，乃是一种强烈的情感，和一种粗暴的力。

鲁迅彻头彻尾是在情绪里，R. M. Bartlett 在他的《新中国的思

想领袖》里说鲁迅的作品很像朵斯退益夫斯基和高尔基的文艺,"极富于同情人和热烈的情绪"(原文载美国的 Current History 一九二七年十号,由石民译出,见《当代》一卷一期),钱杏邨在一九三〇年二月《拓荒者》上作的《鲁迅》一文里,也说鲁迅于《阿Q正传》中,对旧势力之一一加以讽笑,是"含"了"泪",这两人的看法我认为都是对的。

鲁迅的情绪,是浓烈到如此的地步了,甚而使他不能宁帖起来,景宋有批评他的话,说他:

> 性情太特别,一有所憎,即刻不能耐,坐立不安。
> ——《两地书》,页一六四

又说他:

> 对于一些人过于深恶痛绝,简直不愿在一地呼吸,而对有些人又期望太殷。不惜赴汤蹈火,一旦觉得不副所望,便悲哀起来了。
> 同,页一六五

因为这样的缘故,他是不能够在心情上轻松的,所以他才有"目前是这么离奇,心里是这末芜杂"的自白(《朝花夕拾》,小引页一)。

从这里,我忽然想到鲁迅是一个颇不能鉴赏美的人。——虽然他自己却可创作出美的文艺,供别人鉴赏的。因为,审美的领域,是在一种绰有余裕,又不太迫切,贴近的心情下才能存在,然而这却正是鲁迅所缺少的。创作时不同一点,自然,鲁迅依然是持有丰盛强烈的情感的,可是因为太丰盛而强烈了,倒似乎在那时可以别着一口气,反而更有去冷冷地刻画一番的能力,这样,在似乎残忍而且快意的外衣下,那热烈的同情是含蕴于其中了,于是未始不可以成了审美的对象。逢到他自己去赏鉴,却是另一回事了。他自己说:"对于自然美,自恨苦无敏感,所以即使恭逢良辰美景,也不甚感动"(《华盖集续编》,页二二一),所以,我方才说的,我们不能派他作吟风弄月的雅士者,这意思自然一方面是他不屑,然而在另一方面却是他也有所不能。

他是枯燥的,他讨厌梅兰芳的戏片子(《两地书》,页八九),他不喜欢徐志摩那样的诗(《集外集》,序言页三),这都代表他的个性的一个共同点。

他曾说:"只要一叫而人们大抵震悚的怪异的真的恶声在那里"(《集外集》,页四六)。这是他要求的。他曾说:"生命的泥委弃在地面上,不生乔木,只生野草,……野草,根本不深,花叶不美"(《野草》,题辞页一),这是他自知的。

艺术之中,不错,他也有所称赞的,但却就只限于"力的表现"的木刻;鲁迅对于优美的,带有女性的意味的艺术却不太热心的。一如他在思想上之并不圆通一样,在美的鉴赏上并不能兼容。

强烈的情感,和粗暴的力,才是鲁迅所有的。

三

鲁迅在性格上是内倾的,他不善于如通常人之处理生活。他宁愿孤独,而不欢喜"群"。

景宋说他"是爱怕羞的",又告诉我们,"他自以为不会做事"(《鲁迅在广东》,页五二,五三),我想这是他的真面目。

在一般人所认为极容易的事,在他就不能,也不耐了:他在厦门时的听差和吃饭问题吧:

> 关于我所用的听差的事,说起来话长了。初来时确是好的,现在也许还不坏,但自从伏园要他的朋友给大家包饭之后,他就忙得很,不大见面。后来他的朋友因为有几个人不大肯付钱(这是据听差说的),一怒而去,几个人就算了,而还有

五 总结：诗人和战士的鲁迅，鲁迅之本质及其批评

几人却要他接办。此事由伏园开端，我也没法禁止，也无从一一去接洽，劝他们另寻别人。现在这听差是忙，钱不够，我的饭钱和他自己的工钱，都已豫支一月以上，又伏园临走宣言：自己不在时仍付饭钱。然而只是一句话，现在这一笔帐也在向我索取。

——《两地书》，页一四七

结果呢，他说："我本来不善于管这些琐事，所以常常弄得头昏眼花。"之后，菜又不好吃了，伏园自己还可以作一点汤，他却只会烧白开水，什么菜也不会做。（《两地书》，页一七九）

我们见不少为鲁迅作的访问记都说，他的衣饰是质朴的，并不讲究，这一方面当然是根于他的并不爱美的天性，另一方面却也表现他不善于注意生活上的小节了。在这种地方，我们不难想像倘若是一个精明强干，长于任事的人，是如何重视着，于此便也可以见一个好对照。

鲁迅自己说："我一生的失计，即在向来不为自己生活打算。"（《两地书》，页一七五）所谓不修边幅，不讲究衣饰，正是这一方面的小小的透露。

他常是对环境加以愤恨，他讨厌一般人的"语言无味"，他慨然于天下浅薄者之多（《两地书》，页八九），他甚而只愿意独自躲在房里看书（《两地书》，页一一七），他处处有对"群"的恶感。他形容厦门大学：

我新近想到了一句话，可以形容这学校的，是"硬将一排洋房，摆在荒岛的海边上"。然而虽是这样的地方，人物却各式俱有，正如一滴水，用显微镜看，也是一个大世界，其中有一般"妾妇"们，上面已经说过了。还有希望得爱，以九元一盒的糖果赤送女教员的老外国教授！有和著名的美人结婚，三

月复离的青年教授;有以异性为玩艺儿,每年一定和一个人往来,先引之而终拒之的密斯先生;有打听糖果所在,群往吃之的无耻之徒……。

——《两地书》,页一三一

他的结论是:"世事大概差不多,地的繁华和荒僻,人的多少,都没有多大关系。"他之极端憎恶态度,是溢于言表了。

他和群愚是立于一种不能相安的地步,所以他说,"我在群集里面,是向来坐不久的"(《两地书》,页一八),所以他说:"离开了那些无聊人,亦不必一同吃饭,听些无聊话了,这就很舒服"(《两地书》,页九六)。在应酬方面,他是宁使其少,而不使其多,甚而加以拒绝。关于这,景宋当然知道得最清楚(《两地书》,页一六三),林语堂却也有同样的记载,以为:"常常辞谢宴会的邀请",已是"他的习惯"(见其用英文写在《中国评论周报》上的《鲁迅》一文)。

这种不爱"群",而爱孤独,不喜事,而喜驰骋于思索情绪的生活,就是我们所谓"内倾"的。在这里,可说发现了鲁迅第一个不能写长篇小说的根由了,并且说明了为什么他只有农村的描写成功,而写到都市就失败的原故。这是因为,写小说得客观些,得各样的社会打进去,又非取一个冷然的观照的态度不行。长于写小说的人,往往在社会上是十分活动,十分适应,十分圆通的人,虽然他内心里须仍有一种倔强的哀感在。鲁迅不然,用我们用过的说法,他对于人生,是太迫切,太贴近了,他没有那么从容,他一不耐,就愤然而去了,或者躲起来,这都不便利于一个人写小说,宴会就加以拒绝,群集里就坐不久,这尤其不是小说家的风度。

然而他写农村是好的,这是因为那是他早年的印象了,他心情上还没至于这末厌憎环境。所以他可以有所体验,而渲染到纸上。此后他的性格,却慢慢定形了,所以虽生长在都市,却没有体会到都市,因而他没有写都市人生活的满意的作品。一旦他的农村的体验写完了,他就已经没有什么可写。所以他在一九二五年以后,便几乎没有创作了。

在当代的文人中,恐怕再没有鲁迅那样留心各种报纸的了吧,这是从他的杂感中可以看得出的,倘若我们想到这是不能在实生活里体验,因而不得不采取的一种的补偿时,就可见是多么自然的事了!

就在这种意味上,所以我愿意确定鲁迅是诗人,主观而抒情的诗人,却并不是客观的多方面的小说家。

四

许多人以为鲁迅世故,甚而称之为"世故的老人",叫我看,鲁迅却是最不世故了;不错,他是常谈世故的,然而这恰恰代表出他之不世故来。因为,世故惯了的人,就以为没有什么新奇可说了,而把世故运用巧的人,也就以为世故是不便于说了,所谓"善易者不言易",鲁迅之"言",却就证明他还没"善"。

然而鲁迅是常有新的世故的获得了,而且常常公布出来了,这就都在说明鲁迅和世故处于并不厮熟,也还没运用巧的地步。鲁迅之不世故,是随地可见的,由他自己的回忆:

> 那是十多年前,我在教育部里做"官僚",常听得同事说,某女学校的学生,是可以出来嫖的,连机关的地址门牌,也说得明明白白。有一回我偶然走过这条街,一个人对于坏事情,是记性好一点的,我记起来了,便留心着那门牌,但这一号,却是一块空地,有一口大井,一间很破烂的小屋,是几个山东人住着卖水的地方,决计做不了他用。待到他们又在谈着这事的时候,我便说出我的所见来,而不料大家竟笑容尽敛,不

欢而散了,此后不和我谈天者两三月。

——《南腔北调集》,页二〇一

他作这文章的时候是一九三三年,他五十二岁了,所谓十多年前,也已经四十岁左右,谈天而至于使人"笑容尽敛",鲁迅的世故在那里呢?

人们说鲁迅世故,就又以为鲁迅看事十分的确了,要不,就以为鲁迅一定单把事,把人的坏的方面看得过于清了,然而,在我看,倒又相反,鲁迅却是看不的确的,而且也往往忽略了坏的方面;例如在厦门时之对朱山根的观察:

> 此地所请的教授,我和兼士之外,还有朱山根。这人是陈源之流,我是早知道的,现在一调查,则他所安排的羽翼,竟有七人之多,先前所谓不问外事,专一看书的舆论,乃是全都为其所骗。

——《两地书》,页一〇二

他世故么?世故何至于为这人蒙蔽了这末多时候?

又如他在北京时与人们的来往,也大抵是并没利用别人,而是为人利用;所以他说:

> 我在静夜中,回忆先前的经历,觉得现在的社会,大抵是可利用时则竭力利用,可打击时则竭力打击,只要于他有利。我在北京这么忙,来客不绝,但一受段祺瑞章士钊们的压迫,有些人立刻来索还原稿,不要我选定、作序了。其甚者还要乘机下石,连我请他吃过饭也是罪状了,这是我在运动他;请他吃过好茶也是罪状了,这是我奢侈的证据。

——《两地书》,页一五六

他和这个战,他和那个战,结果这里迫害,那里迫害。他不知道有多少次,纠合了一些他以为有希望的青年,预备往前进,然而骗他的有,堕落的有,甚而反来攻击他的也有,结果还是剩下他自己。他那里有世故呢？他实在太不世故了。

我们一想，应该觉得很自然，鲁迅，我说过，是情绪的，内倾的，因此，他不会世故。

五

鲁迅在情感方面，是远胜理智的。他的过度发挥其情感的结果，令人不禁想到他的为人在某一方面颇有病态。

以一个创作家论，病态不能算坏。而且在一种更广泛、更深切的意义上，一切的创作家，都是病态的。你看，别人感不到的，他感到；别人不以为大事件的，他以为大事件；别人以为平常，他却以为不平常；别人以为不值一笑，他却以为大可痛哭；……这不是病态是什么？但正因为他病态，所以他才比普通人感到的锐利，爆发的也才浓烈，于是给通常人在实生活里以一种警醒、鼓舞、推动和鞭策。这是一般的诗人的真价值，而鲁迅正是的。

他因为锐感之故，他联想的特别快，例如他在说校印《苦闷的象征》时的事吧，他说到书的开首喜欢留一点空白，但是他想到外国学术文艺书中的闲谈或笑话了，他想到中国的译者往往删除，像折花者之不留枝叶，单取花朵，失却花的活气了，他又想到"器具之轻薄草率，建筑之偷工减料，办事之敷衍一时，不要好看，不想持久"(《华盖集》，页八)了，所以扫射式的讽刺，已成了他的杂感的风格，因小见大的本领，是成了他的深刻的讽刺之根源了。

他常常是到了"深文周纳"的地步，因为他想的太过了。他每每有这种话：

——但这也许是后来的回忆的感觉，那时其实是还没有如此分明的。

——《三闲集》，页三一

所以,他往往由于情感之故,而加添上些什么去了,这也就是通常人所以为的"刻毒"。

因为陷在情感里,他的生活的重心是内倾的,是偏向于自我的,于是他不能没有一种寂寞的哀愁。这种哀愁是太习见于他的作品中了;因为真切,所以这往往是他的作品在艺术上最成功的一点,也是在读者方面最获得同情的一点。

也因为陷在情感里吧,他容易把事情看得坏,这形成他一种似乎忧郁和迫害的心情:

> 这上面的夜的天空,奇怪而高,我生平没有见过这样的奇怪而高的天空。他仿佛要离开人间而去,使人们仰面不再看见。但现在却非常之蓝,闪闪地睐着几十个星星的眼,冷眼。
> ——《野草》,页一

我一再说过,这恐怕是他早年情感上受了损伤的结果,然而一个人因为常常独动他的情感,也更容易陷于一个圈子中,而不能自拔起来。

但在鲁迅动用理智的时候,却就很意识到自己这一层,他说:

> 我的作品,太黑暗了,因为我常觉得"黑暗与虚无"乃是"实有",却偏向这些作绝望的抗战,所以很多着偏激的声音。
> ——《两地书》,页一一

他又说:

> 我所说的话,常与所想的不同,至于何以如此,则我已在《呐喊》的序上说过:不愿将自己的思想,传染给别人。何以不愿,则因为我的思想太黑暗,而自己终不能确知是否正确之故。
> ——《两地书》,页五六

别人的反抗,在他认为那是对于未来的光明还有信赖之故。但他的反抗,"却不过是与黑暗捣乱"。在这种地方,我认为见出鲁迅的病态。

鲁迅像一般的小资产阶级一样,情感一方面极容易兴奋,然而一方面却又极容易沮丧。他非常脆弱,心情也常起伏:

> 我才知道在金钱下的人们是这样的,我决意要走了,……至于到那里去,一时也难定,总之无论如何,年假中我必到广州走一遭,即使无啖饭处,厦门也决不住下去的了。
>
> 又我近来忽然对于做教员发生厌恶,于学生也不愿意亲迁起来,接见这里的学生时,自己觉得很不热心,不诚恳。
>
> ——《两地书》,页一六一

这种忽喜忽厌的态度也不是健康的。

鲁迅又多疑。他在纪念柔石的文章里说:

> 他说的并不是空话,真也在从新学起了,其时他曾经带了一个朋友来访我,那就是冯铿女士。谈了一些天,我对于她终于很隔膜,我疑心她有点罗曼谛克,急于事功;我又疑心柔石的近来要做大部的小说,是发源于她的主张的。但我又疑心我自己,也许是柔石的先前的斩钉截铁的回答,正中了我那其实是偷懒的主张的伤疤,所以不自觉地迁怒到她身上去了。
>
> ——《南腔北调集》,页七八

太锐感就很容易变到多疑上去。这种多疑的性格,鲁迅也曾表现在诗里:

> 很多的梦,趁黄昏起哄。
> 前梦才挤却大前梦时,后梦又赶走了前梦。
> 去的前梦黑如墨,在的后梦墨一般黑;去的在的仿佛都

说,"看我真好颜色。"

而且不知道,说话的是谁?

——《集外集》,页一九

要知道"说话的是谁"么? 我是知道的,就是鲁迅内心。"颜色许好",是表面,真正如何,鲁迅便在怀疑着。这恰恰是《两地书》上鲁迅所说的:"我的习性不大好,每不肯相信表面上的事情"(页二五)的注脚。鲁迅自己也知道是"太易于猜疑"(《集外集》,页四二)了。

他的锐感,他的深文周纳,他的寂寞的悲哀,他的忧郁和把事情看得过于坏,以及他的脆弱,多疑,在在都见他情感上是有些过了,所以我认为这都是病态的。

六

鲁迅虽然多疑,然而他的心肠是好的,他是一个再良善也没有的人。于《集外集》里,收有他一篇《记杨树达君的袭来》,他起初以为来的学生是假装的,种种恶相和怪样,曾使他厌憎,他便刻薄地加以挖苦了。然而后来他知道那是真的了,他便说:"却又觉得这牺牲实在太大,还不如假装的好"(页四一)了,并且他说:"很觉得惨然",还有:"由我造出来的酸酒,当然应该由我自己来喝干"(页四二),就见他其实是多么慈祥的。

我以为孙福熙在《我所见于示众者》一文里说的鲁迅便最与我所认为的相符。他说:

> 大家看起来,或者连鲁迅他自己,都觉得他的文章中有凶狠的态度,然而,知道他的生平的人中,谁能举出他的凶狠的行为呢? 他实在极其和平的,想实行人道主义而不得,因此守

己愈严是有的,怎肯待人凶狠呢?虽然高声叫喊要也作一声不响的捉鼠的猫,而他自己终于是被捉而吱吱的叫的老鼠。

——载一九二五年五月,《京报》副刊

我觉得这话再对也没有了,和平,人道主义,这才是鲁迅更内在的一方面。

他的为人极真。在文字中表现的尤觉诚实无伪。他常说他不一定把真话告诉给读者,又说所想到的与所说出的也不能尽同,然而我敢说他并没隐藏了什么。容或就一时一地而论,他的话只是表露了一半,但就他整个的作品看,我认为他是赤裸裸地,与读者相见以诚的。鲁迅的虚伪,充其量不过如人们传说的"此地无银五百两"式的虚伪,在鲁迅的作品里,不唯他已暴露了血与肉,连灵魂,我也以为没有掩饰。

他是左翼,就承认是左翼,他说:"我现在是左翼作家联盟中之一人"(《南腔北调集》,页四六)。他以个人主义为出发点,他就不否认他的出发点是个人主义,他说他的译书是:"从别国里窃得火来,本意却在炙自己的肉的,以为倘能味道好,庶几在咬嚼者那一方面也得到较多的好处,我也不枉费了身躯:出发点全是个人主义,并且还夹杂着小市民性的奢华,以及慢慢地摸出解剖刀来,反而刺进解剖者的心脏里去的报复"(《二心集》,页三〇)。

他对于事情也极其负责,他在厦门,已经不愿做下去了,将要离去,他便缩小工作,而希望"在短时日中,可以有点小成绩",为的是"不算来骗别人的钱"(《两地书》,页九五)。

与人的相处,他更其不苟,他看见一个人"嘴里都是油滑话",又背后语人"谁怎样不好","就看不起他了"(《两地书》,页九五),他多么不容易放过,他有一颗多么单纯而质实的心。

他自己则是勤奋的,在厦门吧,他更说:"我其实是毫不懈怠,一面发牢骚,一面编好《华盖集续编》,做完《旧事重提》,编好《争自由的波浪》（董秋芳译的小说），看完《卷葹》，都分头寄出去了"（《两地书》，页一六八）。他在《三闲集》的后面说："在我自己的，是我确曾认真译著，并不如攻击我的人们所说的取巧，投机"（页二〇八），我认为这话是十分可以信赖的。

他在情感上病态是病态了，人格上是全然无缺的。

七

以抱有一颗荒凉而枯燥的灵魂的鲁迅，不善于实生活，又常陷在病态的情绪中，然而他毅然能够活下去者，不是件奇异的事么？

这就是在他有一种"人得要生活"的单纯的生物学的信念故。鲁迅是没有什么深邃的哲学思想的，倘若说他有一点根本信念的话，则正是在这里。

鲁迅像一个动物一样，他有一种维持其生命的本能。他的反抗，以不侵害生命的为限，到了这个限度，他就运用其本能的适应环境之方了：一是麻痹，二是忘却（《而已集》，页六八）。也就是林语堂所说的蛰伏或装死。这完全像一个动物。

鲁迅劝人的："须是有不平而不悲观，常抗战而自卫"（《两地书》，页一二）。可说鲁迅自己是首先实行着的。

他既然锐感，当然苦痛是多的，这样就有碍于生存之道了，但是他也有法子，便是："傲慢"和"玩世不恭"（《两地书》，页六），用以抵挡了眼前的刺戟。

八

鲁迅小资产阶级的根性很利害。大凡生活上内倾的，很容易走入个人主义。鲁迅在许多机会都标明他的个人主义的立场。他说:"还是切己的琐事,比世界的哀愁关心"(《三闲集》,页一七),又说:"老实说,这地方在革命,不相识的人们在革命,我是的确有点高兴的,然而——没有法子,索性老实说吧,——如果我的身边革起命来,或者我所熟识的人去革命,我就没有这么高兴听,有人说我应该革命,我自然不敢不以为然,但如叫我静静地坐下,调给我一杯罐头牛奶喝,我往往更感激。"(《三闲集》,页一九)

自然,鲁迅是诚实无伪的,他乃是一个诚实无伪的小资产阶级的知识分子。画室在《革命与知识阶级》(一九二八)一文里,分析知识阶级在革命中是两型,一是毅然投入新的,二是既承受新的,又反顾旧的,同时又在怀疑自己,——感受性比较锐敏,尊重自己的内心生活也比别人深些,而鲁迅乃是后一型。画室更形容这一型的人说:"他们多是极真实的,敏感的人,批评的工夫多于主张的,所以在这时候,他们是消极的,充满颓废的气氛。"至于对这种人的态度,则画室以为:"但革命是不会受其障害的,革命与其无益地苦死他们,实不如让他们尽量地在艺术上表现他们内心生活的冲突痛苦,在历史上留一个过渡时的两种思想的交接的艺术的痕迹。"大体上我觉得画室的话是对的。不过,在事实上,鲁迅后来颇变革了自己不少,而且我从来想不到颓废和鲁迅有什么关连;在评价上,我更不认为鲁迅那种小资产阶级性没有价值,倒是正因为他那样,才作了这一时代里的战士,完成了这一时代里的使命,——这二点算是我和画室的意见不同的所在。

鲁迅除了在个人主义的立场上,表现其为小资产阶级的根性外,再就是我说过的鲁迅的"脆弱",以及一种空洞的偏颇和不驯状了。倘若文字的表现方式,是在一种极其内在的关系上代表一个人的根性时,则鲁迅有两种惯常的句型,似乎正代表鲁迅精神上的姿态。一是:"但也没有竟"怎么样,二是:"由他去罢"。阿Q为报仇起见,很想立刻放下辫子来了,"但也没有竟放"(《呐喊》,

页一七四);鲁迅因为不赞成以生而失母为不幸,想写文章了,"但也没有竟写"(《伪自由书》前记,页三),这是前者的例。他从顾颉刚的"暂勿离粤,以俟开审",想到飞天虎寄亚妙信之"提防剑仔"了,然而马上觉得这拉扯牵连的近乎刻薄了,然而他下面又说:"——但是,由它去罢"(《三闲集》,页四一);他说自己颇有一种矛盾的心理,就是他常评人文章,劝人冒险,但遇到相识的人,则有所不能,他说终于无法改良,奈何不得,也就依然是"——姑且由他去罢"(《两地书》,页三一)了,这是后者的例。

因为他"脆弱",所以他自己常常想到如此,而竟没有如此,便"但也没有竟"如何如何了,又因为自己如此,也特别注意到别人如此,所以这样的句子就多起来。"由他去吧",是不管的意思,在里面有一种自纵自是的意味,偏颇和不驯,是显然的。这都代表小资产阶级的知识分子的一种型。

九

倘若哭和怒同是富有情感的表现的话,哭的情感是女性的,怒的情感却是男性的,鲁迅的情感则是属于后者的。

鲁迅善怒。为《语丝》的事情,伏园以为和《晨报》的敌对而得着胜利了,于是说:"他们竟不料踏在炸药上了",但鲁迅却就"耿耿了好几天",为的是炸药是指他而言,"意外的被利用了"(《三闲集》,页一八五)。《文学》上傅东华说他招待伯纳萧,说他和梅兰芳同座,说他却没去招待休士,他又怒了,于是说:

> 给我以诬蔑和侮辱,是平常的事;我也并不为奇:惯了。但那是小报,是敌人。……而《文学》是挂着冠冕堂皇的招牌的,……莫非缺一个势利卑劣的老人,也在文学戏台上跳舞一下,以给观众开心,且催呕吐么?……我看伍实先生其实是化

名,他一定也是名流,就是招待休士,非名流也未必能够入座。不过他如果和上海的所谓文坛上的那些狐鼠有别,则当施行人身攻击之际,似乎应该略负一点责任,宣布出和他的本身相关联的姓名,给我看看真实的嘴脸。这无关政局,决无危险,况且我们原曾相识,见面时倒是装作十分客气的也说不定的。

——《南腔北调集》,页一五三

后来终于由文学社把傅东华的真名供出来。我常觉得能够坚持与否,就是伟大和渺小的分野。一个敢怒,一个得赔不是,究竟鲁迅的怒是伟大些的。

鲁迅脾气之坏,也是无可讳言的,他自己也说因为节制吸烟,而给人大碰钉子,回想起来也觉得不安(《两地书》,页一八一)。

十

鲁迅在灵魂的深处,尽管粗疏、枯燥、荒凉、黑暗、脆弱、多疑、善怒,然而这一切无碍于他是一个永久的诗人,和一个时代的战士。

在文艺上,无疑他没有理论家那样丰富正确的学识,也没有理论家那样分析组织的习性,但他在创作上,却有惊人的超越的天才。他说:"怎样写的问题,我是一向未曾想到的"(《三闲集》,页一四),这也恰恰是创作家的态度。

单以文字的技巧论,在十七年来(一九一八——一九三五)的新文学的历史中,实在找不出第二个可以与之比肩的人。天才和常人的分别,是在天才为突进的。像歌德一创造《少年维特》就好似的,鲁迅之第一个短篇《狂人日记》已经蒙上了难以磨灭的颜色。在《阿Q正传》里那种热烈的同情,和从容、幽默的笔调,敢说它已保证了倘若十七年来的文学作品都次第被将来的时代所淘汰的话,则这部东西即非永存,也必是最后,最顽强,最能够抵抗淘汰的一个。美好的东西是要克服一切的,时间一长,自有一种真是非。

鲁迅文艺创作之出,意义是大而且多的,从此白话文的表现能力,得到一种信赖;从此反封建的奋战,得到一种号召;从此新文学史上开始了真正的创作,从此中国小说的变迁上开始有了真正的短篇:章回体,"聊斋"体的结构是过去了,才子佳人,黑幕大观,仙侠鬼怪的内容是结束了,那种写实的,以代表了近来农村崩溃,都市中生活之苦的写照,是有了端倪了;而且,那种真正的是中国地方色彩的忠实反映,真正的是中国语言文字的巧为运用,加之以人类所不容易推却的寂寞的哀感,以及对于弱者与被损伤者的热烈的抚慰和同情,还有对于伪善者愚妄者甚至人类共同缺陷的讽笑和攻击,这都在在显示着是中国新文学的作品加入世界的国际的作品之林里的第一步了。

十一

鲁迅在理智上,不像在情感上一样,却是健康的。所谓健康的,就是一种长大发扬的,开拓的,前进的意味。在这里,我不妨说明健康和道德的分别。健康是指个人,或整个的人类在生存上有利的而言,反之则为病态的。道德不然,是撇开这种现实的,功利的立场,而争一个永久的真理。因此病态不一定不道德,健康也不一定道德。屈原可说是道德的,然而同时是病态的,歌德在理智上,在情感上可说都是健康的,也都是道德的。鲁迅则在情感上为病态的,我已说过无碍于他的人格的全然无缺了,在理智上却是健康的,就道德的意义上说,我依然觉得道德。

鲁迅永远对受压迫者同情,永远与强暴者抗战。他为女人辩(《准风月谈》,页九四),他为弱者辩(《准风月谈》,页七,页一五

七,页一五六)。他反抗群愚,他反抗奴性。

他攻击国民性,只有一个目标,就是卑怯,这是从《热风》,页一一五;《呐喊》,页四,页八,页一一;《华盖集》,页二二,以至《准风月谈》,页四六,页七〇,所一贯的靠了他的韧性所奋战着的。为什么他反对卑怯呢,就因为卑怯是反生存的,这代表着他的健康的思想的中心。

在正面,他对前进者总是宽容的。他在自己,是不悔少作(《集外集》,序言页一;《坟》,页二九七;《而已集》,页五八);对别人,是劝人不怕幼稚(《热风》,页三三;《三闲集》,页九;《鲁迅在广东》,页八九)。战斗和前进,是他所永远礼赞着的。

他之反对'导师'之流,就是因为那般人"自以为有正路。有捷径,而其实却是劝人不走的人"(《集外集》,页六八),我觉得鲁迅在思想方面的真价值却即在劝人"走"。

他给人的是鼓励,是勇气,是不妥协的反抗的韧性,所以我认为他是健康的。

十二

然而鲁迅不是思想家。因为他是没有深邃的哲学脑筋,他所盘桓于心目中的,并没有幽远的问题。他似乎没有那样的趣味,以及那样的能力。

倘若以专门的学究气的思想论,他根底上,是一个虚无主义者,他常说不能确知道对不对,对于正路如何走,他也有些渺茫。

他的思想是一偏的,他往往只迸发他当前所要攻击的一方面,所以没有建设。即如对于国故的见解,便可算是一个例。

他缺少一种组织的能力,这是他不能写长篇小说的第二个原故,因为长篇小说得有结构,同时也是他在思想上没有建立的原故,因为大的思想得有体系。系统的论文,是为他所难能的,方便的是杂感。

我们所要求于鲁迅的好像不是知识,从来没有人那么想,在鲁迅自己,也似乎憎恶那把人弄柔弱了的知识,在一种粗暴剽悍之中,他似乎不耐烦那些知识分子,却往往开开玩笑。

然而所有这一切,在鲁迅作一个战士上,都是毫无窒碍,而且方便着的。因为他不深邃,恰恰可以触着目前切急的问题;因为他虚无,恰恰可以发挥他那反抗性,而一无顾忌;因为一偏,他往往给时代思想以补充或纠正;因为无组织,对于匆忙的人士,普遍的读者,倒有一种简而易晓的效能;至于他憎恶知识,则可以不致落了文绉绉的老套,又被牵入旧圈子里去。

这样,他在战士方面,是成了一个国民性的监督人,青年人的益友,新文化运动的保护者了,这是我们每一思念及我们的时代,所不能忘却的!

十三

因为鲁迅在情感上的病态,使青年人以为社会、文化、国家过于坏,这当然是坏的,然而使青年人锐敏,从而对社会、世事、人情,格外关切起来,这是他的贡献。

因为鲁迅在理智上的健康,使青年人能够反抗,能够前进,能够不妥协,这是好的。同时,一偏的,不深于思索的习惯之养成,却不能不说是坏的。

撇开功利不谈,诗人的鲁迅,是有他的永久价值的,战士的鲁迅,也有他的时代的价值!

二十四年八月十一日上午十二时

后　记

一

　　时光真过得飞快,从《呐喊》刚刚出版,我听得一般人都议论着这作者鲁迅生疏的名字,那时我还是师范附属小学的小学生,看怕还看不懂,就如在目前的事,已经是十几年了。

　　之后,我入了中学,记得借过同学的《呐喊》,印象顶深的,是书的红封面,觉得可爱极了。看是看了的,不过也有一个不很好的印象,便是感到其中有一篇太长,为憎恶其"长",便略而没看,因而对全书也冷淡起来,——这篇呢,自然就是后来百读不厌的《阿Q正传》了。

　　青年受鲁迅的影响实在深,我也是其中的一个。

　　我记得,有位姓郭的朋友,因为读鲁迅的文章,而感到社会的不满太多了,曾主张过要提倡"怒的文学",终至于在一个期间作了精神病患者。还有位姓沈的朋友,性子是和平些的,但对社会也仿佛感慨甚深,一遇见事情,每每有他锐利的冷然的观察,这结果就使各处对他也不满起来了,他赚下的,乃是"苦闷"和"牢骚"。根源呢,是因为他常读鲁迅的杂感。这都是中学卒业前后的事,大家不过是十六七岁的孩子。苦闷、牢骚甚而患精神病,委实不是好事情。但我总以为比无所用心,作木偶强。使只可以无所用心,作作木偶的中学生而苦闷,牢骚,患精神病,换一句话说,就是究竟有一点活气,这也便是鲁迅的好处。正因为这,那些不愿意中学生有一点活气的人,就憎恶鲁迅,而且觉得可怕了。说真的,真正卫护了新文化的命脉,时常对旧势力开一开火,青年还并不悉数作了驯羊者,正是鲁迅那泼辣、剽悍、战斗的笔所使然。

　　事情往往过后才知道,受一个人的影响越深,当时往往越发不觉得。我知道有许多意见,以为是自己观感所得的,但一往过去的生活上追溯下去,尤其是精神方面的教养,则其根源都历历可考。我受影响顶大的,古人是孟轲,我爱他浓烈的情感,高亢爽朗的精神;欧洲人是歌德,我羡慕他丰盛的生命力;现代人便是鲁迅了,我敬的,是他的对人对事之不妥协。不知不觉,就把他们的意见,变作了自己的意见了。例如我总感觉到中国的儿童,是被泡制成歪曲的小"大人",尤其是当"文库"、"丛书"盛行的时候;我总感觉到中国的女子,是始终没争到奴隶以上的地位;我总感觉到大学中的教授诸公,是有点装腔作势,大都荒谬;对古书,总以为其中不少毒质,所以一般人还是不涉足的好;对社会,总以为人们的精力是浪费于人情的周旋和运用,所以只有停滞、退步,而没有太大的改革;人的目的是生;现在的急需是科学;……这些一触即发的观感,其实便是鲁迅的观感,经过化装或者不经过化装,而呈现于我们日常的生活的。

　　不但思想,就是文字,有时也有意无意间有着鲁迅的影子。

　　恐怕不仅是我,凡是养育于"五四"以来新文化教育中的青年,大都如此的吧。——我们受到鲁迅的惠赐实在太多了。

二

　　因为这,我常冲动着提笔,要写对于他的批评。但是开头是零碎的,而且常常并不是纯粹的批评。这限制一则是机会,二则是能力。恐怕后者更其重要些。

在一九二九年一月二十五日,我写过一篇散文《猫》,其中有关于鲁迅的话,是:

> 近来多了一层毛病。晚上不喜欢早睡。
> 当时已经十二点钟了,无意地又抽过鲁迅的《热风》来。我底朋友向勉从前告诉我的,人要止住笑时,那妙法是用牙咬住舌头。这时我因为祖父及小弟弟都睡得浓了,单怕笑出声来,便采用了向勉的法子。
> 当我读到那些最热烈的最有趣的一针见血的句子时,笑虽然止住了,却赚得肚子好痛。
> "鲁迅"这两字,我一见了,我便觉得是滚圆的活跃的血似的长虫所盘拢的躯体,也就仿佛热沸的温泉所奔流着的路径。
> 中国的社会,不错,有了曙光了,但是积厚沉阴的暗霾,那是需要霍和闪的,——纵然是隐隐然的小雷,萤火似的微弱的电花。
> 我并不悲观,也不咒骂,我只觉得背上所负的重了起来,青年们,干吧,彻底吧!

这是我第一次写着关于鲁迅的文章。我住的地方是济南,文章是发表于迁在泰安的省政府所办的《山东民报》上。省政府为什么不在济南呢,因为那时济南是被日军占领了。这点亡国之痛的感觉,不想竟是早早尝到了的。济南自从张宗昌去后,人才有自由看白话文的书,写白话文的文章,但大家似乎肢体拘久了,刚放开,都不知如何伸展,从前接触过的白话文,都似乎不知如何着笔。这时帮助我恢复了表现的能力的,便是鲁迅的作品,而开头是这里提到的《热风》。我开始又写白话文字,也就是起自这篇散文《猫》。当时用的署名是尝之。

同年二月十四日,我写过一篇《读鲁迅在广东》,因为很短,也抄录在下方:

> 鲁迅之冲锋陷阵的战绩,对于宗法社会封建思想的肉搏,也可以说赫赫然大白于天下矣。
>
> 无论粗浅的,细微的,热烈的,和平的,对于鲁迅也算都有一番认识了。
>
> 幼稚的我,也有一番幼稚的景慕。
>
> 我很惭愧,从前不曾仔细读他底作品,现在我要决意努力一下。
>
> 他看到广东的社会与从前没有什么差异,这是多末令他不痛快的事。
>
> 同样地他又说广州青年的精神的表现太少了;不过我们正好因此知道文艺的价值。
>
> "有声的发声,有力的出力",这是我们底责任。"不怕幼稚,不怕挨骂",这是我们必须有的勇气。
>
> "四十年"长久的时间,那是相当的忍耐和毅力。
>
> 我们的责任很大,恐怕不是便宜的、敷衍的行动所可解决的。
>
> 旧社会的骨子,"还没有人向他们开火",粗黑的胡须的老头儿焦急了!

这是我第二篇写的关于鲁迅的文章,虽然全文是在谈鲁迅,却还不能算是批评,不过就我自己说,却在证明了那时对于鲁迅的向往和理解的。发表的地方,是北平的《华北日报》副刊。这回很老实,用了本来的名字长植。此后却差不多一律用长之了。

我运用白话文字的能力一恢复，颇写了不少东西。但没有多久，我决意从事自然科学了，文学方面的书渐渐读得少起来，有意见也很少发表。一九三〇年的前后，算是又搁笔。也写过东西，乃是《怎样研究数学》，《火山和地震》，《从陈桢普通生物学说到中国一般的科学课本》……完全不是文学的内容了。

一九三一年的夏天，用成语说，便是"技痒"，把自然科学又忽略了，重又归到文学的阵地来，于是又写着关于鲁迅的文章。于六月二十一日写了一篇《十年后刮目相看的阿Q》，其实是隔了两天又写了的一万五千字的《〈阿Q正传〉之新评价》的初稿而已。后者发表在第一卷六期的《再生》上，原先是投给《北平晨报》的，但被编辑移入了《再生》，因此倘有些人以为我和张君劢、张东荪诸公有些干系了。因此而急进的评论家就把我攻击迷信辩证法者食之而不化的罪过更加扩大起来，居然再进一步，我便成了"资产阶级的代言人"了，真是开头所意料不及的。但我也不去辩解，因为我相信不盲从的读者还是看作品的，神经过敏不过是发懒。

一九三二年九月二十九日，作《评〈三闲集〉》，《评〈二心集〉》，都投在《北平晨报》，但关于《二心集》的一篇没能发表，原稿也无下落。

一九三三年五月四日，作《评〈两地书〉》，发表于《图书评论》第一卷第十二期。十月二十六日，作《评〈伪自由书〉》，发表于《大公报》文艺副刊。

在去年，天津的《庸报》和北平的《觉今日报》上，在一月之内，几乎天天有攻击我。诬蔑我的翁翁声中，就宣传我要写《鲁迅批判》了，在那些"剪影"、"塑像"的天才们，意思不过是一方面派我一种罪过，说我好名，预备和大人物打笔战，好"登龙"；另一方面则似乎是一种告密和挑拨，仿佛说："鲁迅先生，这里有人要骂你了，你赶快骂他呵。"但我的《鲁迅批判》并没有着笔。这些天才，其实是只介绍了自己的嘴脸。

就我写过的这八篇文字论,在《读〈鲁迅在广东〉》中,我说明了鲁迅是青年的鞭策者,在《〈阿Q正传〉之新评价》中,我说明了鲁迅的贡献是抓住了中国国民性的本质,在《评〈三闲集〉》中,我说明了鲁迅的技巧是属于抒情,在《评〈两地书〉》中,我说明了鲁迅之铸造于传统和环境中的个性,在《评〈伪自由书〉》中,我说明了不只鲁迅,所有杂感文的作者的贡献和得失,隐约间我示出思想家和战士之别,……所有这一切,都是现在我写《鲁迅批判》的张本,但都不完全,每一点也没发挥尽致,所以就悉数弃之了。

三

照着我写文章的习惯,先写成序,在今年的三月十一日,我写了这《鲁迅批判》的序文。

我开始打算这文章如何写法了。在我最早的批评文字,是印象式的,杂感式的,即兴式的,我有点厌弃,此后的一期,是像政治、经济论文似的,也太枯燥,我总觉得批评的文章也得是文章,我的批评老舍的《离婚》(一九三三年十一月三日作,发表于《文学季刊》第一期),就是一个新的尝试。自从读了宏保耳特(Wilhelm Von Humboldt)的《论席勒及其精神进展之过程》(*über Schiller und den Gang seiner Geistesentwicklung*),提醒我对一个作家当抓住他的本质,并且须看出他的进展过程来了,于是写过一篇《茅盾创作之进展的考察及其批评》(一九三四年三月十五日草完),这就是现在这序里所谓的关于茅盾的文章,现在仍没有踪影,本文是四万五千字,但我却还有牺牲掉的二万字的初稿,为改正,我是不惜牺牲的,但改正好了的,别人再给牺牲,却有些不高兴。现在批评鲁迅,当然仍是承了批评茅盾的方法,注意本质和进展,力避政治、经济论文式的枯燥。

起了好几回愿,其中之一而不忍扔掉的,便是发表在《国闻周报》上的《鲁迅文艺中表现之人生观》,这标题是后来加上的,起初只是统笼的全文的总冒而已。另起的头,是现在采用了,加上题目的:《鲁迅之思想性格与环境》,这一篇写于本年的四月。

五月去旅行了,没有动笔。六月接着写《关于鲁迅作品之艺术方面的考察》,当时拟定了十二个题目,便是:

一　鲁迅之思想性格与环境

二　鲁迅作品之艺术的考察

三　《阿Q正传》之艺术价值的新估

四　鲁迅作品中的抒情成分

五　鲁迅在文艺创作中表现之人生观

六　鲁迅在文艺创作上的失败之作

七　《热风》以前之鲁迅

八　从《热风》到《准风月谈》:鲁迅在思想斗争上之进退观

九　鲁迅杂感文之技巧与杂感文中之抒情

一〇　鲁迅著译工作的总检讨

一一　鲁迅之生活及其精神进展上的几个阶段

一二　诗人和战士的鲁迅:鲁迅之本质及其批评

原先是不想定这些题目的,因为当时正主编天津《益世报》文学副刊,打算一次发表一段,有题目时,读者可以清晰些。分段也没有大道理,是看字数,总之凡五六千字上下就予之以题,算是一段,也有预料不过五六千字的,便也早定出题目。前者是行通了,后者却出了意外,往往五六千字不行了,得一万,得两万,占了副刊的全版,也还登不下,也渐渐失掉了起初拟题的作用。

在打算在这十二篇文章中的,有几篇已经写就,第五篇,我说过,是不想用而又留恋着的稿子,根本与全文不连贯,它的次第是勉强的。第六,第七,可以顺着写。

要写第八的时候,我忽然觉得应当先整理鲁迅的生活了,于是先写了第十一,这是七月的事情。因为写他的生活,就得统统看他的作品,于是第十二的结论也冲动着要写了,果然一涌而出的写就了,这是八月的事情。不过关于鲁迅的思想,似乎已在这两篇里流露了,于是第八篇反而为是否着笔而踌躇起来。在踌躇中,我参考了国外的对于一个人的论评的成书,把全文的阵容又整如下方:

导言

鲁迅之生活及其精神进展上的几个阶段

在思想斗争上之鲁迅

鲁迅文艺创作之内容与审美观

鲁迅杂感文之技巧

鲁迅著译工作的总检讨

总结:诗人和战士的鲁迅——鲁迅之本质及其批评

我觉得很合理想。《导言》就是上面的第一篇,《在思想斗争上之鲁迅》,是打算包括原来的七、八两篇,《鲁迅文艺创作之内容与审美观》乃是包括二、三、四、五、六、一共五篇,不过想把第五篇置在头里。反正我对于第五篇还在爱惜,对于第八篇总在踌躇。

《鲁迅杂感文之技巧》,是没有问题的,应当写,于是写成了,在九月。《鲁迅著译工作的总检讨》,也觉得必需,于是先写,而且又分了七个小题目,是:

鲁迅翻译的文艺论

鲁迅翻译的科学的社会主义的艺术观

鲁迅翻译的剧本与小说

鲁迅翻译的散文随笔

鲁迅翻译的童话

鲁迅对旧籍之整理著作

鲁迅之杂著与杂译

其中之一、二、五、七各部分皆定稿,第六部分也成了一半,已经在三万字以上了。这是十月的事。

原来打算的六万字可以全稿完全结束者,由六万而八万,而十二万,看光景是非十五万字不可了。

到现在为止,原拟定的十二标题是只有一个空着,一个还差一小半了。

但我要停笔。因为我惦记着许多别的文章和书,好在重要的已经写出了。为完整,我删掉《鲁迅在文艺创作中表现之人生观》,它与整个文章不衔接,我删掉《〈热风〉以前之鲁迅》,它是与次篇相连,单独没有什么意义,我删掉《鲁迅著译工作的总检讨》,它不全,而且究竟是鲁迅的"身外之物"。这样就又变成七八万的光景,也就是现在的面目。以后有机会,我也许在增订本时,恢复本来所要完成的规模的吧。

四

在删掉的那些文字中,为读者参考方便起见,我把比较重要的意见,略记于此。

我本来已经说过鲁迅在作品中常常关心到生命的死亡了,例证却是在《鲁迅创作中表现之人生观》里举得尤其完全:

> 鲁迅的小说的结局差不多有一个共同点,这个共同点就是往往关于死。阿 Q 不用说了,是在"耳朵里嗡的一声"里,"团圆"了;《孔乙己》是"我到现在终于没有见——大约孔乙己的确死了";《药》里瑜儿死了,虽然坟上凭空有了花圈;小栓吃了人血馒头,也终于死;《明天》里单四嫂子的宝儿"也的确不能再见了",结局竟是那么寂静而且凄厉,"只有那暗夜

为想变成明天,却仍在这静寂里奔波;另有几条狗,也躲在暗地里呜呜地叫";《白光》里县考失败的陈士诚,金子似乎没掘到,也终于在万流湖里成了浮尸,"十个指甲满嵌着河底泥",因为他曾在水底里挣命;《祝福》里祥林嫂先是阿毛被狼吃了,结局她在全鲁镇祝福的空气中,却也在冥落和辱笑里死掉了;《示众》当然是一个囚徒的被杀;《狐独者》里的魏连殳,也是"以送殓始,以送殓终";《伤逝》里子君,不用说,又是"你那,什么呢,你的朋友呢,子君,你可知道,她死了";就是在两篇只是散文的东西里,也依然是弱小生命的夭亡,《兔和猫》,死的是小兔;《鸭的喜剧》,死的是小蝌蚪,——所有这一切不是偶然的,乃是代表着鲁迅一个思想的中心,在他几经转变中一个不变的所在,或者更可以说,是他自我发展中的背后的唯一的动力,这是什么呢? 以我看就是他的生物学的人生观:人得要生存。

因为我觉得鲁迅的中心思想在此,所以本来打算从这里起头的。此外,在本文中我说《长明灯》所要表现的,就是《狂人日记》里所要表现的,时候虽然隔了七年。所以我的话有:

> 这里是改革者的迫害,和稚小者的可怜:七年前的狂人,现在还是被人称为疯子,受的待遇也还是幽囚,七年前所要救救的孩子,现在却还是没救得着。

我在那文的结论是:"鲁迅的中心思想是生存,所以他为大多数的就死而焦灼。他的心太切了,他又很锐敏的看到和事实相去之远,他能不感到寂寞吗? 在寂寞里一种不忘求生的呼唤和叹息,这就是他的文艺制作。"

《〈热风〉以前之鲁迅》的一篇,要义在阐明鲁迅思想之雏形,以及他早年思想上受的渊源的所自。生物学、尼采、拜伦,是这时候他精神上的粮食。我说他这时是带一种浓重的浪漫色彩,因为他抑物质而崇精神,排社会而崇个人,天才。我顺路发表了我对于浪漫主义的向往和理解:

> 浪漫主义的特色是重在人的,重在情志的(也就是精神的),并且重在个性的。现在鲁迅一则说"其根柢在人",再则说"非物质",三则说"重个人",所以我说他是带一种浓重的浪漫思想,推崇天才,不信任群愚,这也恰恰是浪漫思想下的见地。
>
> 在人们生活好的时候,思想、文艺是浪漫的,生活坏的时候,人们的思想、文艺,就表现为写实的。我们看,"五四"以后的文艺,无论创作或理论,大部分是写实的了。其中的鲁迅也没作了例外,原故很简单,就因为中国所受的压迫渐渐地大起来,一般人的生活,是愈益陷于艰苦了,生存还不一定保得住,那里有理想?那里有情志的、精神的活动?那里有个性的尊重?那里有人的价值的肯定和提高?所以不容有浪漫思想。在一九〇七年,情势没有这末显,鲁迅个人,也在青年时代,所以有浪漫的倾向,倒是当然的。
>
> 人总是在生活好了的时候,所有的态度是健康的,对的,所以不能以为重人,重精神,重个性是错的,换言之,浪漫主义是正当的。譬如吃饭,在有了饭吃的人,当然要吃好饭,没有饭吃的人,却只好急不暇择,自然,我们不能责难那急不暇择者之不道德。然而,恐怕只有要"吃好饭",这才是人类真正的味觉,人们的幸福,也只有在这点"求好"的理想上,才可以增进。因此,我是宁赞成浪漫主义的。即在我们以表现为实主义为必然现象的时代,对于浪漫主义的价值的认识,也是在所急需。
>
> 不过,养育于资本主义社会下的浪漫主义,并不是全然无

缺的,倘若因为重在人的缘故,而弃置了对于大自然的利用,这无疑是堕落;倘若重在人的情志、精神的缘故,而忽略了理智的发展,这无疑是颓废;倘若因为重在个性的缘故,而只允许了一部分的人的自由,同时却把多数人的自由给剥夺,这无疑是横暴;所有这些,统统可说是弊端。鲁迅这时的思想,却是很容易走入这一途的。

殊不知重在人的价值,并不一定放弃了大自然,反而更应该善利用之;重在情志、精神,也并不一定不顾理智,反倒是更应该以理智为导引,把情志、精神发挥到效能更大的目标上去;重个性,尤其不应当把人类划分了尊卑,却是当认定那些才智没得到健全的发育的人们为不幸,而思予以方便,予以机会,而解放之,培养之,世界一定可以因此更光明起来。这种浪漫主义没有毛病!话说到鲁迅,他自己那时是未必知道蒙了浪漫主义的色彩的,所以也更不会分辨到这地步。

在《鲁迅著译工作的总检讨》中,我并不是拿出原文来对字句的,自然也有那样的专门的批评家;我也并不是讨论硬译软译的问题,因为我觉得这里没有问题,硬译有时是技术还没有纯熟时不得不然的一种小心,软译是有时是偷懒的借口,恐怕没有人主张要译得不懂,正如没有人主张要译得错。所以我不管这些,我是看那翻译的原物,究竟有没有介绍的价值,以及那原物的缺陷和优长。这样,在鲁迅翻译的文艺论中,《苦闷的象征》究竟也还浮薄;在鲁迅翻译的科学的社会主义的艺术观中,以卢那卡尔斯基的《艺术论》为最有价值,散见于其他书中的卢氏的意见,也最精彩;在他译的小说中,内容技巧兼到的是《毁灭》;在他译的童话中,只有《表》是真正为了现代的儿童;在杂类书中,他译的《近代美术史潮论》,略有专家的见地,恐怕在同类书中,这是中文本最优胜的一种,自然,也还免不了肤浅和不周全。至于鲁迅对于旧籍的著作,则见出他仍不脱旧学者的方法，但像那《中国小说史略》到现在竟还没有再强的著述。

删掉的四万多字的内容已如上述，为自己，为读者，算是多少放心了一件事。就是将来无机会重新组织起来，也没有什么遗憾了吧。

五

我不能不感谢天津《益世报》，倘若不是纯文学副刊，感到稿件之少，这篇东西怕还得迟些时日才能动笔。在这里我证实了文章是逼出来的一事之可靠。但报馆给的压迫也不是没有，因为神经过敏，常把原稿加以删改，因为触犯宗教，常在稿上批上"刺目"。还有无妄的限制，苏俄的字样得避讳，因为苏俄反对宗教，当然也反对天主教了。当然也反对天主教所设的《益世报》了，为"刺目"，或者为报复，苏俄的字样便最好是少见。不许称"上帝"，得称"主"，这就是即便不反对天主教，而称谓也得受一受统制。好在原文快要发表完了，我对于副刊也就歇手，更幸运的是二百多页的可爱的原稿都在，这次付印，就又照原样给添补出来了。至于是否再受限制，这也仍不能乐观。

在朋友方面，我感激的很多，他们有的给收罗书籍，甚至一九〇九年鲁迅兄弟印的《域外小说集》的第一册第一版也找到了；有的则是在着笔之先，我把意见告诉他们，求一个纠正，或者写完了，我炫然自诩地向他们说我写作的经过，当他们开颜而且加以慰劳的时候，我便在精神上觉得我那因写文章而牺牲了的吃饭和睡眠得到补偿了。我写到高兴的时候，觉得我的朋友也应当感到幸福，但到了百思而一字不得的时候，则呆坐，沮丧，而至于一天的整个生活失了主宰。这些快乐和苦闷，我的几个朋友也都和我共之，尤其是羡林和文华。一般的朋友,则都对我这回的批评有着兴味和热心。

每到星期三,是文学副刊出版的日子,我一到阅报室,就看到有不少人在伸着脖子,挤着看那从首至尾,往往万字以上的排一整版的长文了,我很惭愧和不安。有时候,我没有兴味再写下去了,常有随时罢笔之感,但当我一重读我写过的片断,我就又勇气百倍,像爬一个山头,小峰既过,大峰也坦然了的光景。

我很感谢鲁迅先生,他寄赠给最近的像片,又给了好几封信,使我对于所列的著作时日等有所补正。他不像一般人所以为的猜忌刻薄,从他的文章就可以看出,他反而是并不世故,忠厚而近于呆子的地步。人与人的相处,也不见得像一般人所想的那么必须怀了戒心,然而或者这就是"剪影"、"塑像"者之流所失望的。

很奇怪,这篇批评的文章,是正在我常常失了理智的恋爱的旋涡中而动笔的,但我却只受了丽丽,我的朋友,的抚爱,而没影响了我的理智工作。现在看,爱仿佛要是一个幻影了,还得剩下我自个,去作那寂寞的思索,然而在爱潮的挣扎中的文字,却留下了,这也算是和本文不相干的一个纪念。

临了,十分谢谢赵景深先生,由他此书得以在北新出版。本来想自己印的,因为没有钱,曾想先征求预约,广告已经出去了,幸亏是登的地方人家不注意,而且只一天,却被文华劝止了,他常是救了我诗人气息的荒唐。但是也竟被一位热心的堵述初先生看见了,寄钱来要预约两册,当时我真感动得要哭了,因为我常是觉得我的文章不会有人看的,看的只是朋友,为是熟人而已,日常纵然自信,但也还觉得诬蔑和鄙责倒是应当的。我未尝不觉得自己所写的不是随便的人也能写出来的,但能怎样呢,文章发表也受限制,出本书也没有人肯收印,惯常的还是文绉绉的绅士们的讥讽,愚妄者的压迫和玩笑。我的朋友羡林看了《花开时节》(*The Blos-*

som Dates）的电影，便告诉我像舒伯尔特（Schubert）那不被社会承认的时候，音乐天好，动动这里的钢琴也遭禁止，动动那里的钢琴也遭诃责，要演奏，人也不许他演奏，朋友们要为他开一个演奏会了，但也竟不能成功，直到他一个成了名的朋友的演奏会临时不能出台了，他才有被邀了算是充数的资格。起初群众见他出来，都要退票，但慢慢却不让他走了，乃要求他演了再演。"只要被他们有机会承认就好了"，这是羡林安慰我的话。但是我能说什么呢，说不定我的书出来了，也还是大家要退票的时候吧。不过那位那么信赖我的读者（因为上回我要自印《长之文学论文集》时，他也来预约了，书到底出不来，钱也还没退回去，常想起来是歉疚的），我却太感激了，而且他是在定县平教会作事的，也常见有文章发表，可见并不是一个盲目者。现在北新既然要印这书了，那么我要等着看这次音乐会的揭晓。

二十四年十一月十七日长之记于北平清华园孤寂的小屋中

附　录

鲁　迅[①]

（一）

　　谁也不能忘了这一天，一九三六年十月二十日早晨五点多钟，中国的也是世界的一个伟大的作家——鲁迅逝世了。

　　人们都回忆起这是一个常穿着橡皮胶底、帆布鞋，不管冬夏，老是走着八字步，像打拳的所说马步似的，目不旁视，也不回头，稳稳当当，勇往前进的人；也回忆起这是一个身材不高，头发、眉毛、胡须都黑而硬，这表现着刚毅、坚强，而眼角又有些低沉，对人类一切不幸的人表现着温暖、同情的人；还回忆起这是一个什么架子也没有，爱青年，爱孩子，爱战友，爱一切正义者，常有天真的笑声，中肯的讥讽，把他的心坦然地公开给一切可以交往的人；更回忆起这是一个顽强地劳动着，不顾健康，常常在深夜写，写，写，打击着各式各样的敌人，保卫着新的美好的东西，指导或者说培养着千千万万见面和不见面的青年的人。

[①] 这是李长之为少年儿童写的通俗读物，写作时间估计是在一九五六年前后，这个残稿有头无尾，存八页，近五千字，署名长之。当时是否已写完，抑或"文革"中稿子散失，已不可知。它使我们知道李长之有写关于鲁迅的通俗读物的计划，而且，如果也像他创作的通俗读物《孔子的故事》能够完成并出版，对于少年儿童该有多么好！

鲁迅,将永远留在人的记忆中。

鲁迅,将永远被人敬爱着。

(二)

鲁迅是周树人的笔名(写文章时用的名字)。

鲁迅是浙江绍兴人。他的生日是九月二十五日(旧历是八月初三)。他生的那年是一八八一年,也就是清光绪七年。这时距太平天国的革命爆发只有三十年,距太平天国被反动势力镇压下去不到十五年。

绍兴是一个多水多山的城市,这里有水面如镜的鉴湖八百里,全城就像浮在水面上的许多小舟似的,这里富有历史文物,也常产生有骨气的人。像历史上著名的治水禹王、越王勾践、爱国诗人陆游、反抗奸臣的学者刘宗周、辛亥革命时的革命家徐锡麟等,在绍兴都有他们的遗迹。鲁迅爱他的故乡,尤其爱故乡的革命传统。

鲁迅诞生在绍兴城内东昌坊口。这是一条东西街,鲁迅的家在路北。那时他家是一个大家族。鲁迅生时,还有曾祖母,祖父,各房伯伯、叔叔、侄子等。房子后面,有一个二亩地的菜园,鲁迅小时常在里头玩耍。这个菜园叫百草园。

鲁迅的祖父叫周介孚,是一个翰林,性情硬直,爱打不平,喜欢骂人。鲁迅生时,他四十五岁。

鲁迅的父亲叫周伯宜,是一个秀才,对人很和气,也很开明,喜欢喝点酒。鲁迅生时,他二十二岁。

鲁迅的母亲姓鲁,名字叫瑞,是乡下安桥头人,族中大都是务农的。她靠自学,能够看一些书,尤其爱看一些旧小说。但这是后来的事,她生鲁迅时是二十五岁,那时怕还不认得字的。

鲁迅在七岁的时候,入塾读书。教他的是本家周玉田,是他祖父同辈的人。这是一个胖胖的和蔼老人,读书很多,但很懒散。他教给鲁迅读《鉴略》——这是一种类似历史纲要的书,从前专准备给小孩子念的。鲁迅的父亲也赞成先读这种书。这对于日后鲁迅留心历史,留心社会是有一些影响的。

但鲁迅这时却也另爱一些书,例如关于中国古代神话的书——《山海经》,他曾那样念念不忘要得到它,以至于他的保姆阿长也听熟了,终于给他弄到手,并且说:"哥儿,有画儿的'三哼经'我给你买来了。"

鲁迅也常跟着母亲到外祖家去,他在那里结交了一些农民和乡下孩子,使他知道黄牛和水牛都欺生,并学会怎样掘蚯蚓,趴在河岸上钓虾。他也饱看了一些社戏——为敬神而演出的戏。就是这样,他从小就对农村有一些熟悉,并且有一些感情了。这是他后来创作的源泉。

鲁迅在十二岁时,换了一个地方念书,是到寿镜吾老师的私塾去了。这是当时绍兴城最严格的,也是最贵的私塾。寿镜吾老师在当时也是比较开明的人物,在他的私塾里没有孔子的牌位,也没有"大成至圣先师孔子之位"的红纸条,但是学生行礼还是要行礼,只对着"三味书屋"的匾额就行了。寿镜吾老师对人对事可不马虎,他爱国,从不用外国货。

鲁迅这时已经表现了斗争性和对科学、美术的爱好。他曾和几个同学,约着去打一个不讲理的武秀才。他曾种过一些花草,并读过一些关于花草的书册。他曾用薄薄的荆川纸,蒙在带图的小说书上,描了一些人物像。

可是鲁迅没有在"三味书屋"读了好久,家中发生了变故。他的祖父因为帮助人参加考试,当时是要行贿的,可是送信的人很笨,把信中附去的钱说出来了,就下了监狱。鲁迅的父亲因此着急,就常喝酒,发脾气,病了。先是吐血,后来全身发肿。这时鲁迅十三岁了。鲁迅这期间曾经一度寄居在亲戚家,被人当作讨饭的一样看待。这是因为祖父下狱,也需要钱(不出钱,不但要受虐待,而且可以判为重罪,会杀头呢),父亲病,也需要钱,于是家道渐渐穷困了。鲁迅那时常常去当东西和买药,当铺的柜台比他高一倍,药铺的柜台和他一般高,他就奔走于这两种柜台之间,看够了市侩们的脸色。正在鲁迅困难的时候,这个大家族还有一次议定了一些条款,逼着鲁迅签字的事。鲁迅是更感到这些所谓上流士绅是远不如乡下农民的可爱了。

父亲的病终于为庸医所误,病了三年,死了。鲁迅眼看病人的痛苦,又痛恨中国的庸医,这是他后来决心学医的原因。祖父也没有立即释放,是过了七年,才回家的。

这些刺激,对鲁迅是痛苦的,但是却也加深了鲁迅对旧社会的憎恶,使他对旧社会有了入骨的观察。

因为家境的关系,鲁迅必须找一个不收学费的学校读书。于是想到了南京的江南水师学堂。鲁迅的母亲好容易凑上了八块钱的路费,让鲁迅到南京去。

(三)

鲁迅在一八九八年到了南京,那是戊戌变法的一年,他十八岁了。

江南水师学堂成立还没有好久,是所谓洋务派(在清政府中一些大官僚想借外国军事技术来维持他们的统治的一派)开办的。校长当然是官僚,对学生十分专制,还可以杀头。

鲁迅在第二年就转入了路矿学堂。这个学堂比较新一些,学生可以看到传播新思想的书报像《时务报》、《译学汇编》等。

鲁迅这时接触了进化论。进化论是生物学上的一种学说,认为生物是发展的,在发展中总是好的战胜坏的,所谓好的是特别指适合环境说的。这个学说的缺点,是应用到社会上,没有从阶级关系来看问题。但是对于一个受压迫民族来说,就是主张要生存,就要适合环境,要适合环境,就要改变旧的,采取新的,因而是和图谋改革联系着,且和爱国主义联系着。鲁迅接受了这种思想,曾长期间用作武器,唤醒国人,呼求改革,为中华民族的生存和发展而斗争。这就是他在南京一段期间的最大收获。

除了吸收新思想之外,鲁迅这时还学会了骑马。

鲁迅在南京有四年。这时是中国社会初步发生新旧两种思想斗争的时期,也是帝国主义疯狂压迫中国人民的时期,同时是中国人民英勇反抗帝国主义的时期,又是证明清政府不顾人民利益,对外实行极大屈辱的时期,这就包括戊戌政变,八国联军侵入北京,义和团勇敢杀敌,清政府和八国联军订立卖国的《辛丑条约》,几桩大事。

在《辛丑条约》订立的第二年,即一九〇二年,一月间鲁迅在路矿学堂毕业了。他在三月里,被派到日本留学。鲁迅二十二岁了。

(四)

鲁迅到了日本,首先是学习日本语文。他学习日本语文的地方是东京弘文学院。

他在这里学习了两年多。这时在日本的留学界,正充满着反对清政府,要求改革的热潮,各种鼓吹爱国思想和介绍新知识(主要是资产阶级的进步思想)的书报很多。鲁迅的眼界就更开阔了。

鲁迅在弘文学院有两年,为了实现学医的志愿,在一九〇四年入了日本仙台医学专门学校。这时他二十四岁了。

他在学校里的成绩是留学生中最好的。他的一位老师叫藤野严九郎,教课十分认真,对鲁迅听课的笔记更是细细改正,连语法的错误也不放过,鲁迅对他也就十分敬爱,后来回国后还常把他的像片挂在书桌旁边,说是一见到它,就不敢偷懒,而且坚持战斗了。

可是鲁迅终于终止了医学的学习。原来这时正是日本和俄国两个帝国主义国家在中国东北发生大战的时候,鲁迅的学校里放映大战的电影;鲁迅在影片里看到有为俄国服务的中国人,被日本人抓去杀头的镜头,而周围看的人也是中国人,好像没有什么感觉一样。这给鲁迅一个极大的刺激,他于是想,如果一个人麻木到这步田地,就是身体没有病,也还是任人欺辱的废料。他想,恐怕还是唤醒人的精神更要紧些,这唤醒人的精神的事业就是文艺,于是他就把那仅仅能够医治人身体上的毛病的医学抛弃了。这时是一九〇六年,他二十六岁了,这就是他文学事业的开始。他离开了仙台,又到了东京。

鲁迅在回到东京的第二年(一九〇七年),曾筹办了一个文艺杂志,名字也定好了,叫《新生》,可是没有成功。这是因为当时参加的人到出版时有的退出了,有的带走了钱。

可是鲁迅并没有因此不写文章。他在文章中介绍了世界各国的著名爱国诗人和富有革命精神的诗人,也动手翻译了一些被压迫民族的作家的作品。他那时采取的文体还是文言,因为白话文还没通行。

在鲁迅决心从事文学事业的前一年(一九〇五年),孙中山已经在日本东京把几个革命团体组织成中华革命同盟会(习惯上简称同盟会)。同盟会中的一个团体是光复会,这是当时著名学者章太炎主持的。鲁迅在一九〇八年同几个朋友跟着章太炎学习文字学,并在同年加入了光复会。

革命的热潮澎湃起来了,二十九岁的鲁迅怀着革命的热情,在革命的前夕回到了祖国。

(五)

鲁迅回国的那年是一九〇九年,是辛亥革命(一九一一年)的前两年。

鲁迅回了国,就在杭州浙江两级师范学堂当生理学、化学教员。这个学校的校长是沈钧儒,教务长是许寿裳,他们都是很开明的。所以鲁迅也就乐于在那里教书。同时家境也需要他这样做。鲁迅教书很认真,编的讲义简明扼要,还画上插图,常常在深夜工作。

可是到了年底,沈钧儒调走了,来的是一个守旧派。他要大家去拜孔庙,并且对教员十分摆架子,许寿裳首先辞了职,鲁迅和其他很多教员也陆续辞了职。

鲁迅在一九一〇年夏天从杭州回到了绍兴。他在绍兴中学堂当了学监,但也教课。教的是博物学和生理学。校长陈子美是革命烈士徐锡麟和秋瑾的友人,鲁迅更是早倾向革命,剪了辫子,所以学生都很敬重他们。不过那时也有些胆小的人,虽然为时髦剪了辫子,但又怕惹祸就往往拖一条假辫子。鲁迅就不是这样,他决不再拖假辫子,纵然绍兴知府(满洲人)常到学校里注意他的光头,也不管了。

辛亥革命爆发了。杭州旗营的兵被缴了械。杭州光复了。这消息立刻传到绍兴。绍兴的革命党人开了会,鲁迅被推为主席。鲁迅提议组织武装讲演团。这是示威,也是宣传。当时也印发了油印的传单。鲁迅是跟着出发的。

不久,由王金发率领的革命军开到了绍兴。人们举着写有

"欢迎"二字的白旗,抬着猪肉和老酒,迎接了革命军。

王金发请鲁迅当了绍兴师范学校的校长。鲁迅穿着灰色棉袍,戴着在日本求学时的陆军式的帽子,到了校。

王金发在绍兴组织了军政分府,自己当了都督。许多旧人物包围了他。这些旧人物活跃起来了。衙门里原来穿布袍来的,不上十天就换上了皮袄,可是天气也还不怎么冷。王金发自己的行为也和老官僚渐渐没有差别,他的老婆到乡下回趟娘家,就要敲鼓吹号,很多人骑马跟着。

有人发起办报,来揭发新政府的腐败。他们希望用鲁迅的名字,鲁迅答应了。王金发威胁着说,要派人打死鲁迅等。鲁迅没有怕。王金发又用金钱贿赂这个报纸,鲁迅说不应该收下,但是报馆终于收下。鲁迅知道这个报纸也没有什么希望了。

这就是辛亥革命在绍兴一地的情况。这情形也不限于绍兴。这暴露了辛亥革命的弱点——旧势力没有真的被推翻。鲁迅后来在他的创作中——特别在著名的《阿Q正传》中,也就深刻地指出了这一点。

中华民国在一九一二年成立,孙中山当了大总统……

《阿 Q 正传》之新评价[①]

《呐喊》刚出版时,我阅过各篇,而除掉了《阿 Q 正传》。理由极简单,因为它太长。耐心地看去,乃是以后的事。再后便常看。现在又看,因为读的环境不同,印象也不同起来。

现在是经过了从前尽管有些严重的局面,在那时不过令人有点预感似的,一变而为不客气地尖锐地正在排演,正在暴露之后,再来看阿 Q 的故事了。现在是真正看见过中国所谓的革命,与辛亥差不多的革命,而也接触过许多许多从事革命的青年,又慢慢地熟悉过,领教过一般民众对于革命的认识和观感,不像在辛亥革命时,我不过才到世界上来,"五四"运动时,我也还是个小学生,只记得大学生被捕时,商家都向监狱送点心,大学生吃不了时,便分到小学生手里来,也曾随着大学生游行过,但那是被父亲一手便抱回家里的,经过这样不同而再来读阿 Q 了;现在是自己也曾有过无数的感触,怒愤和痛恨,欲宣泄了来,借小说的形式表达而出,屡想尝试,屡曾尝试,而终不能满意以后再来读阿 Q 了;白话文的建设,起初如何,大家运用白话文如何,经种种的尝试和努力,白话文已经一般的被采用,那技巧已经一般的提高起来,现在我们却是回头看看,我们弯起码的地点,究竟跑了多远,一同起码的人,毕竟谁是最有跑得快的天才,抱了这样的态度,再来读阿 Q 了;阿 Q 的出

[①] 该文发表于《再生》第一卷第六期。

世,宛如哥伦布的到新大陆,这新到的文明种族比土著是非常之少的,我们也没法比较谁优谁劣,现在却是新文学的创作,已经稍有可观,我们可以"不怕不识货,就怕货比货"的再来估量估量阿Q而读它了;鲁迅在文坛的地位,更不用说,是有些两样,无论正面反面的批评,都不能不郑重一点,因而就较为仔细的,虚怀的再去读阿Q了。——读的环境这样不同了。

一 鲁迅与《阿Q正传》:动机和结果之相远。

鲁迅在起初写这篇文字时,他是随便的,无论从本文的结构上看,或鲁迅自己对《阿Q正传》的辩解上看,都可以知道,然而鲁迅在这篇文字的出世以后,却非常爱这篇东西。

他在刘半农标点的《何典》序上,他便引用阿Q不能画圆的话,来比喻自己的不善作序,在《而已集》上,也有许多"飘飘然"的《阿Q正传》里的用语,在这种地方,我们觉得鲁迅是已经为其作品的鉴赏者,把他作品——《阿Q正传》——中的材料,话头,都熟悉地织入生活,随时可以流露。那作品已经是我们和鲁迅自己共同的许多"典故"的来源了。

然而鲁迅在作这篇东西时的态度,却是不可以赞称的。鲁迅在那时,还没脱掉了旧文人的气息,他依然好名,依然一心一意要那作品的不朽。他说:

> ……这足见我不是一个"立言"的人,因为从来不朽之笔,须传不朽之人……(页一一三)

> ……然而要做一篇速朽的文章……(同页)

> ……将来或者能寻出许多新端绪来,但是我这《阿Q正传》到那时却又怕早经消灭了。(页一一八)

这种念念不忘的神情,正是鲁迅《呐喊》序里所谓的寂寞。在旧社会里看,出名不是件坏事情,希望不朽,也是种美德,但现在看,那是太个人主义的立场了,我们看了有些肉麻。恐怕现在的鲁迅先生,也有些今是昨非之感了吧。

方才我们也说过,鲁迅是随便的——也就是不很郑重的把它写出的,这同样是旧文人的习气。

不过,话虽这样讲,鲁迅在生活上,有他的丰富的深切的感印,虽然不经意,却也透露而出;鲁迅在艺术上,有他的技巧的素养,加以怕速朽,怕没名的寂寞之感,更使他的作品越发有耐人咀嚼的又酸又辣的味道,以及严肃而幽默的欲禁不能的苦笑。

就鲁迅作这篇的动机和态度说,我们不但不能称赞,直然还该"深恶而痛绝之";但是只就作品而论,却确是有它的美丽和伟大。

我平常主张"动机抹杀论",上述即一例,又如西洋炼丹家,其动机为求长生不老,和中国的左道之士何别?但只要作去,便发展为近代的造福人类的化学。人类活动,都可作如此观,详处当另为文。

二 《阿Q正传》之文学技巧与小疵。

为说《阿Q正传》的文字技巧,先说说它的不技巧处。第一,不用说,是这篇文字毫无结构,而且作者也承认的。第二,是此传的第一章第二章,只可以算小说的材料,因为不过是片断的印象的缘故。一篇好作品,那书中人物的个性是由举动言语行为的描写,使读者心目中自然地综合地想像而得,如果那作者再二再三地叮咛读者那人物是什么脾气,纵然举出具体的例,像作论文似的,无论如何,那艺术是落下乘了。在中国旧小说中"某生,某地人,性倜傥不羁",这实在是很幼稚的艺术。而《阿Q正传》的开头,并没脱了这个臼窠。

但是,这两种缺点,并不算大毛病,而且可以原谅,按白话文发展的时代说,那时创作的小说,只有雏形,按作者的经验说,这篇东西也还不是十分成熟的代表作,而是鲁迅小说的开端的作品,——虽然鲁迅直至现在还离这开端不远,我们有谁不希望他再努力创作呢?

就可取的技巧说,至少有下列永远不能忘掉向这位白话文学的建设者致以礼敬的几点:

一是丰富的材料而能出之以从容的文笔。任何样的事,有素养和无素养的分别,就在这从容与否上。我们看骑脚踏车的,下棋的,游泳的,都很显然。能够从容,才能更进一步,描写得周到,加添出许多花样。鲁迅的文字,很具这点特色,几乎他那所有丰富的热情的讽刺,正是由从容地抒写中,顺道捎带而出。我们在读他的文字时,好像往往不经意地发现奇迹,这与别人的文章,在读上文时,下文已经猜得出的迥然不同,因而我们爱读鲁迅的作品,纵然骂着我们,我们还要舒服,还要心悦。

只在说为什么用阿Q的名字和正传的意义时,我们已经领略作者的文笔的从容了,更举一例:

……并且订定了五条件:

……

五,阿Q不准再去索取工钱和布衫。

……那破布衫是大半做了少奶奶八月间生下来的孩子的衬尿布,那小半破烂的便都做了吴妈的鞋底。(页一四三)

又如:

阿Q没有说完话,拔步便跑;追来的是一匹很肥大的黑狗,这本来在前门的,不知怎的到后园来了。黑狗哼而且追,已经要咬着阿Q的腿,幸而从衣兜里落下一个萝卜来,那狗给一吓,略略一停,阿Q已经爬上桑树,跨到土墙,连人和萝

卜都滚出墙外面了。只剩着黑狗还对着桑树嗥,老尼姑念着佛。(页一五〇)

二是深刻的经济的艺术手段。简洁是中国古记事文的一点特色,而是现在很少保持着的。同样的事体,有说得出的,有说不出的,而说得出之中,有用许多话才能说明白的,有用极少的话却能抓住事情的核心,好像有种画家,他会简单的几笔,便素描出人的面孔;这是什么缘故呢?因为那画家观察深刻的缘故。他的观察深刻,别人的个性的特点,遂深刻地印在他的心上,他乃由于富有素养的从容指挥的手笔,以深刻的线条再现出来。鲁迅有这种本领的:

……阿 Q 便迎上去,小 D 也站住了。

"畜生!"阿 Q 怒目而视的说,嘴角上飞出唾沫来。

"我是虫豸,好么?……"小 D 说。

这谦逊反使阿 Q 更加愤怒起来。……

……四只手拔着两颗头,都弯了腰,在钱家粉墙上映出一个蓝色的虹形,至于半点钟之久了。(页一四五至一四六)

三是转折特别多。这是鲁迅文字的一个特色。在他的杂感里当然最为显然,而这小说中却也还没被遮掩:

阿 Q 仿佛文童落第似的觉得很冤屈,他慢慢地走近园门去,忽而非常惊喜了,这分明是一畦老萝卜,他于是蹲下便拔,而门口突然伸出一个很圆的头来,又即缩回去了,这分明是小尼姑。小尼姑之流是阿 Q 本来视若草芥的,但世事须退一步想,所以他便赶紧拔起四个萝卜,拧下青叶,兜在大襟里。然而老尼姑已经出来了!(页一四九)

短短地写来只有一段的字数的文字,却拐了六个弯,不能不说转折多了。

四是运用活的语言。我们知道,自白话文创作的出品风起云涌以后,我们常有这样的感觉,就是:中国的古文是可诵的,英德的文学作品,也是可读的,甚至于日本的文艺,也还念得上口,独有我们的白话文字,中看不中读。如果我仔细推究一下,大概因为它既不如中国古文的造句艺术化,有整齐的堂皇之美,或错综的音节之雅,又不如外国语文的一致,说是那样说,作是那样作,当然可读;然而鲁迅的文字,却往往是可读的,因为他惯用自然的语言,甚而方言——北平的方言,以及阶级——无产者——的特用的语言,总之是活的语言,这实在是自《红楼梦》以后,老舍的《赵子曰》以前,不可多得的唯一用活语言的成功的尝试。我们试读:

> 有人说:有些胜利者,愿意敌手如虎,如鹰,他才感得胜利的欢喜;假使如羊,如小鸡,他便反觉得胜利的无聊。又有些胜利者,当克服一切之后,看见死的死了,降的降了,"臣诚惶诚恐死罪死罪",他于是没有了敌人,没有了对手,没有了朋友,只有自己在上,一个,孤另另,凄凉,寂寞,便反而感到了胜利的悲哀。然而我们的阿 Q 却没有这样乏,他是永远得意的;这或者也是中国精神文明冠于全球的一个证据了。(页一三四)

这是非常漂亮的散文。写阿 Q 去押牌宝的时候所用的话,又是十分适合于无产者用语的生活显在那里的了。

三 《阿 Q 正传》之内容评价与中国国民性。

《阿 Q 正传》的真正价值,与其说是在它的文学技巧一方面,则远不如说在它的内容。它是一个忠实的我国国民性的写照,在这点上,我们不能不承认鲁迅是自然主义派的文学者。

我们所认为难得的,是《阿 Q 正传》中所给的材料,至足以使我们反省,警惕以及给我们留下的课题,正要我们严肃地给以解答。如果中国民族能够健康起来,我们最不当忘掉的是《阿Q正传》,因为那是我们民族的病史的一页,我们获得的健康,只是这病的痊愈,我们健康的保持,只是这病的无机再犯。如果在最近,中国民族还不能健康起来的话,那我们也要天天查查这病的记录,仔细想疗养的法子。

我常说,天不怕,地不怕,就怕不说实话打官话。中国的现状,却正是如此!明明是内战,我们有好名目;明明是为逃考而起的学潮,我们有好名目;明明是杀人放火,我们也有好名目……我们久已麻木了,我们久已为名字所蛊惑而贫血,而消瘦,而毫无气骨了。我们要换换态度,我们欢迎实话!

有人说,阿Q的时代已经过了,说鲁迅在作这篇小说时,已经不是阿Q时代了。我以为这话应当改一改,应当说阿Q的时代,绝非自鲁迅动笔介绍时始,远溯于三皇五帝,也许并不太过,然而时代的结束,却也还不是闭了眼睛说一二句官话就可转换的呢。——这是如果阿Q不觉悟,不去改造环境的话。自另一方面来看,时代的巨潮尽管动荡,阿Q也不自省,那么阿Q也就仍然是阿Q,一如病人,残废者并不因社会改革而却疾复原。阿Q有自己的时代,确没过去。不管阿Q时代这名词的意义广狭如何,放心吧,还没过去。

阿Q以及阿Q的周围,最大的特色是什么呢?是一群模糊的,健忘的,封建的,不彻底的,不健全的,欺软怕硬而自私的闲人,旁观者。

什么事情也是仿佛,也是似乎,所以:

> 大竹杠又向他劈下来了,阿Q两手去抱头,拍的正打在指节上,这可很有一些痛。他冲出厨房门,仿佛背上又着了一下似的。(页一三九)

每挨定了打,便"于他倒似乎完结了一件事,反而觉得轻松些,而且'忘却'这一件祖传的宝贝也发生了效力",我们在这些地方简直不敢笑,而想哭,因为东北来一大竹杠,我们不也是两手抱头的应付法吗?虽然"这可很有一些痛",我们不是马上便有"仿佛"之感,马上便"忘却",而觉得"轻松"吗?上海又来一竹杠,我们不也是"仿佛背上又着了一下似的"而已的么?谁说阿Q的时代过了?时代也许过了,那只是阿Q到底挨钱太爷的大儿子的黄漆的棍子——哭丧棒呢,还是挨赵大爷的大竹杠呢的问题,这其中似乎有个时代的过去,及某个时代的到来,然而阿Q挨打的时代,却是一而不是二的!

阿Q是旁观者,永远在看热闹,他甚而至于把自己也算在被看的热闹之一,他:

> 生平本来最爱看热闹,便即寻声走出去了。……他想打听,走近赵司晨的身边。这时他猛然间看见赵大爷向他奔来,而且手里捏着一支大竹杠。他看见这一支大竹杠,便猛然间悟到自己曾经被打,和这一场热闹似乎有点相关。(页一四一)

他永远在模糊的健忘的不彻底的看热闹,所以他当贼,也"不过是个小脚色,不但不能上墙,并且不能进洞,只站在门外接东西"。

他革命,也始终是个旁观者,他虽然后来"立即悟出自己之所以冷落的原因了:要革命,单说投降,是不行的;盘上辫子,也不行的;第一着仍然要和革命党去结识",然而他结识革命党是失败了,他想为报仇起见,放下辫子来,但也没有竟放。后来白盔白甲的人明明到了,并不来打招呼,搬了许多好东西,又没有自己的份。然而四天之后,阿Q却是被抓进县城了,阿Q模糊到这步田地。

……阿Q没有见。但他突然觉到了,这岂不是去杀头吗?他一急,两眼发黑,耳朵里喤的一声,似乎发昏了。然而他又没有全发昏,有时虽然着急,有时却也泰然,他意思之间,似乎觉得人生天地间,大约本来有时也未免要杀头的。

永远是模糊的,看热闹的,旁观者阿Q终于模糊的,被别些模糊的,看热闹的旁观者看做热闹而死了。

在这里,我们窥出鲁迅的伟大,因为他所写的阿Q的遭遇,有着普遍性的人类的悲剧的意味,阿Q的糊涂,愚昧,健忘,没有一点可笑,反而是可怜,可悲,可因而燃起反抗的巨焰。阿Q是闲人,是没有固定职业的闲人,换言之,他是被剥削得一无所有的人,他的神经,他的血管,早已压迫成化石了;然而他有精神的胜利法,他没敢掉这仅余的微弱的人类在压迫下的呼吸之声,究竟阿Q是人!是同我们一点也没有分别的人。他所欠缺的,只是被夺走了!我敢说,鲁迅在写那东西时,决没如此想,然而他能提示我们如此,因为他只是写的实话,写的也不加也不减的社会的真面目,只这实话,只这真面目,便有它自己暴露着的意义了。

不但阿Q,阿Q周围人,也是同阿Q一般的旁观者。在阿Q摩着小尼姑新剃的头皮时,一酒店里的人,便是一群旁观者,他们会大笑。阿Q和小D决斗了,有些看了叫"好了!好了"的人,那用意是解劝,颂扬,煽动三者也未知孰是的,那又是些旁观者!看热闹!他们的心,早经麻木,枯涩得毫无同情。阿Q中兴再到未庄了,大家听到阿Q在举人家帮忙时,都肃然,阿Q又说不在那里了,大家都叹息而快意,大家谋不着如此地位,自然该叹息,阿Q担不起这地位,当然快意,一群自私的旁观者!阿Q要投降革命党假洋鬼子了,那时:

"滚出去!"洋先生扬起哭丧棒来了。

赵白眼和闲人便都吆喝道:"先生叫你滚出去,你还不听

么!"(页一七四)

这又是那些旁观者,狐假虎威的旁观者。赵家遭抢之后,未庄人大抵很快意而且恐慌,这是旁观者的精神:自己似乎是抢人的,所以快意,又似乎是要被抢的,所以恐慌。

模糊,自私的旁观者!女人避阿Q的法子是:

> 仿佛从这一天起,未庄的女人们都怕了羞,伊们一见阿Q走来,便个个躲进门里去。甚而至于将近五十岁的邹七嫂,也跟着别人乱钻,而且将十一岁的女儿也都叫进去了。(页一四四)

赵家对阿Q的态度是:

> 秀才对于阿Q的态度也很不平,于是说,这忘八蛋要提防,或者竟不如吩咐地保,不许他住在未庄。但赵太爷以为不然,说这也怕要结怨,况且做这路生意的大概是"老鹰不吃窝下食",本村倒不必担心的,只要夜里警醒点就是了。……(页一五八)

这都是旁观者的办法,自私而愚妄的旁观者的办法。他们不想一种彻底的办法,只要不撞在个人身上便得了,至于别人遭逢了,倒是给一种看热闹的机会,或者从中取点小利。

这种旁观者的态度,是中国的病根。中国的匪患,战患,无不根源于此。中国每当内战方要起时,消息家便在那里迅速地传播了,听的人,讲的人,都是非把消息弄得千真万确不能"快意",大战起了,也仍然是"快意",除非临了家门。迨临了家门,也就"恐慌"了。中国的内战,头一幕是谣言,骨子里包着快意。次幕是逃难,便是恐慌的写真。匪是怎样的呢?中国实际上真作匪的很少,但是通匪的多。敢绑票的很少很少,但说票的非常之多。同土匪有私交，自己便可安全，害别人正可看热闹，正可快意。因为中国人多数如此想，那结果却是快意不及，永远得着恐慌。

大小事，总有旁观者，所以成事很易，谁有本事尽管干，大家瞧着。然而败事也很速，因为大家依然瞧着，并不帮忙。如果我们不客气地观察的话，许多学潮正是如此成功的，也正是如此而失败的。大家观望着。校长被打了，打的不对也不去拉，打的对也并不助战，观望着。停了课，牺牲着，复了课，来出席。这才是真正的学潮的真相。糊涂人，傻子，干去！聪明的人在旁挑剔着，不精不傻的大众等着，旁观，看热闹！

出殡的，娶媳妇的，游行示威的，打广告创牌子的，……一行一列的过去，便有一堆一群的看热闹的闲人。无所谓，不自主地站下看看。

然而，并不止此，你看：

  阿 Q 于是再看那些喝采的人们。

  这刹那中，他的思想又仿佛旋风似的在脑里一回旋了。四年之前，他曾在山脚下遇见一只饿狼，永是不近不远的跟定他，要吃他的肉。他那时吓得几乎要死，幸而手里有一柄斫柴刀，才得仗这壮了胆，支持到未庄；可是永远记得那眼睛，又凶又怯，闪闪的像两颗鬼火。似乎远远的来穿透了他的皮肉。而这回他又看见从来没有见过的更可怕的眼睛了，又钝又锋利，不但已经咀嚼了他的话，并且还要咀嚼他皮肉以外的东西，永是不远不近的跟他走。

  这些眼睛们似乎连成一气，已经在那里咬他的灵魂。

（页一八六）

当我看潘光旦先生译述的《自然选择与中华民族性》时，见用天演的学说，来说明中华民族的自私与残忍的养成，那著者说那自然界的因子便是中国的天灾,他举了许多史实;我吃了一惊,简直发了一身冷汗,唯希望自然科学者的观察研究也许未周。但反想,事实上又何如呢?还有话说吗?

以上是就最显著的地方说,阿Q及阿Q的周围,全是些旁观者。此外阿Q的不健全的对女子的态度,剃得精光的老头子县官的形式主义的免跪,也仍是现在还遗留在社会中的蛮性。

读者如果不信,便请你问问你的朋友,有多少到现在是真正拿女子当人的。哪个不是一面追逐,一面藐视,我真不知人类何时才脱掉这黑暗!形式主义,更不用说了,不叫听差,叫工友,那呼喊的态度,却无所分别,反正自己说是,工友便不许说非。有某左翼作家,在上海大打黄包车夫,见者皆谓其在教训普罗。

专制流毒的影响,在中国不可谓不深的。那具体地表现着的事是:人人带着奴性,人人却梦想有朝一日当皇帝。那是如阿Q:

"站着说!不要跪!"长衫人物都吆喝说。

阿Q虽然似乎懂得,但总觉得站不住,身不由己的蹲了下去,而且终于趁势改为跪下了。(页一七九)

这是奴性,这是专制流毒的一方面;而:"阿Q的耳朵里,本来早听到过革命党的这一句话,今年又亲眼见过杀掉革命党。但他有一种不知从哪里来的意见,以为革命党便是造反,造反便是与他为难……忽而似乎革命党便是自己,未庄人却都是他的俘虏了……"(页一六一)

这是以皇帝自居,这是专制流毒的又一方面。中国在现在也是被这两方面的专制流毒所浸灌着。谁都是奴隶,对于强者,谁又都是皇帝,对于弱者,奴隶是不管什么事的,所以无所谓责任、义务。皇帝是天子至尊,有无上权利,也无所谓责任、义务。结果是各人都抓着权利,而且必须随便用,否则不配当皇帝,责任、义务却脱得干干净净。

中国的大小事，没有不可用面子，通融通融的，那原因也在这儿：权利在握的人，唯独自己是法律才不失皇帝的尊严；没有权利的人，也唯独因自己能破例，能不守法，才不损皇帝的威风。

根本个个是皇帝，当奴隶不过是篡位的序幕而已。所以谁也不能听谁，服从谁，都该听我，服从我。因为这个原故，中国无所谓团体。什么会，不过三件事：选举，辞职，慰留。第一步是皇帝上台，第二步是皇帝不高兴玩了，第三步是给皇帝一个面子。

中国非痛改奴性不可，非痛改皇帝的野心不可，否则只有同归于尽，只有灭亡一途，因为现在中国的危机，非大家努力共同奋斗渡不过去，而奴性和皇帝瘾都是共同奋斗的大障碍。

事情不成功时，看着不顺眼，便反对，事情成功时，便容忍。这恰是农民的意识的特征。中国是农业立国很久了，思想上老早便是被这种观念所支配。《水浒传》是个例子，我们要由新的观点看，《水浒传》既不是一人的作品，是许多人的合作，修改，演进而成。那么它便有代表多数人的思想典型的价值。那要点是如此的：在盗贼蜂起时，大家都咋舌叫苦，在盗贼实在闹得凶了时，大家便以为合当如此了，所以一百单八个好汉乃是天罡地煞下界，气数所关，奈何不得，前年某军阀祸鲁时，百姓见其嗜杀，都很恐慌，以后便有杀星下界，天老爷有心收拨人的流言了。在阿Q也表现着：

"革命也好罢"，阿Q想，"革这伙妈妈的命，太可恶！太可恨！……便是我，也要投降革命党了。"

自然，在阿Q也还有些恨恶的意思，然而在革命党才起的时候，那恨恶却是正对了革命党的。

我们从阿Q及阿Q周围的人，可以把中国国民性，得一个如下的轮廓!

模糊的,不彻底的,健忘的,不健全的,封建的,自私而残忍的旁观者。因为不能适应环境,便只好用精神的胜利法。由于数千年咬文嚼字的恶习惯,因而喜欢形式主义;由于数千年专制流毒,因而骨子里有着奴性与皇帝瘾,表现而为不负责,争权利;由于生活是拘于历史上的农业经济的,眼光极小,容忍现状,不愿改革。

虽然如此,中国的环境,有许多地方变了,特别是经济方面。我们决不能说上面的这种国民性是概括无余,而且事实也许没有这么统一,但我们在另一方面,也不敢抄袭八股式的唯物辩证法论者的态度,完全否认遗传的习惯的有历史意义的集团生活态度之强大势力,我们客观地看,上面所列的是大部分的真实,为了道义的意味的责任的话。我们更不该自解自圆,我们该决心的痛改一下,以图自救。

鲁迅的此篇巨著,实在是给我们一个镜子,这就是《阿Q正传》的真价值。

四 结论

什么是中国真正的危机?我以为那是中国国民生活态度与现在的环境之不适应。

我们就地质学上看,过去的生物界,那些不适应环境的,变灭的变灭,实在不是小数。在环境未变更的时候,它尽管耀武扬威,环境一变,便有惨酷的自然选择在那里作用着了。人类的历史,也是如此,我们考古学上的发见,日益证明过去不知有多少灭绝的文明种族,可是任什么过去的堂皇东西——如果不自加奋斗努力,那存在与亡掉实在不可捉摸的。

我们思念这些前例,我们不寒而栗。

然而就简单的生物看,它的适应环境的方法也不是一成不变的,旧的法子不成便改一改,因此未尝不可以在生活奋斗史中有一种转机。至于人,更因为有文化的遗传,把许多人应付环境的方法保存着,供我们加以采择,改良,所以我们人类,改变生活态度以适应新环境的可能性更大,我们也就越发不能放弃这种优越的天赋。

中国也必需改变改变生活态度了!而这种改变也是可能的!

现在是怎样的一个世界,谁也知道左右两势力各走极端的世界了。我们看德国普鲁士的选举,希特勒在德国的势力,日本法斯西蒂运动的怒发,军人跋扈的高焰,这是一方面,反之,各国左倾的思想的流行,以及苏俄的锐意的建设,这又是一方面。

至于在这些资本帝国主义者中间,彼此的矛盾危机,也大有一触即发之势。军缩会,洛桑会议,正是想消弭这些矛盾危机,然而不能不说欲盖弥彰起来,又可以说反而更加露骨起来。

在这样的泛世界的将要恶斗的巨潮中,中国并没有准备,中国却将被动地推入巨潮中了,然而我们一点也没清醒,我们又要作一个旁观者,看热闹,我们又要始而快意,终而恐慌了。就好像我们看见人磨刀,明晃晃的,我们将要快意,我们将要看热闹,却不妨那人的刀刃正是向着我们,我们旁观未成,哀号也来不及了。这是多可悲可怜的事!

我们目前的危机是有三层的。普遍的社会的变动,新旧左右二大势力的倾轧,这是第一层。中国为社会演进,原没走足了步伍,这变动不是自动的,却是被动的,社会上的不整调愈大,我们的受祸当然愈甚,我们所受的痛苦,将较任何民族为深,这是第二层。再加我们由于过去的生活态度的习惯,我们爱看热闹,我们爱作旁观者,我们的危机,遂更有第三层。这三层危机是真正的危机,是中国真正的难关。

社会的变动,那样急遽,我们的态度,却如此闲暇,这便是决不能适应环境的征兆。我们渡过难关,只有我们健全自己,我们不要作旁观者,我们不要被动,我们要多少作点准备,以便将牺牲减至最低限度。

飞机过来了,我们不要只知仰着头看,我们如果不是早有防空计划,也该找地方避避,免得炸弹掉下来叫苦。当然,最好我们也有飞机,上去同敌机周旋一下。

日本整齐的军队过来了,我们要想想我们见到他们的意义,我们不要光看热闹,我们不是旁观者,因为我们便是热闹之一,将是被别人看的。

调查团来了,我们也不要以为来了几个洋大人而已,瞧瞧热闹就完了,我们也要想想,我们是与这套热闹有关。

只注意到个人,还不行。要一齐干!

如果能让我们毫不勉强地说,阿Q的时代确是过去了,那中国必定已经在有希望了。

好的文艺作品,那是富有暗示性的,那给读者的刺戟是多方面的,我们忘不了中国,便忘不了阿Q,自然更忘不了《阿Q正传》的作者鲁迅!

二十一年六月二十七日草于清华生物馆
九月十八日沉痛纪念改毕

《三闲集》[1]

——鲁迅最近的杂感散文集

不久的时候,人都有这样的感觉,鲁迅怎么又不说话了?就在最近,鲁迅出版了他的《三闲集》,更最近,又出版了《二心集》。

当我看《三闲集》时,我一方面以为鲁迅还是鲁迅,一如《华盖集》出版时的鲁迅,又一方面却觉得那似乎是鲁迅最后的一本书,至少是这样的鲁迅的最后的一本书。在那本书里,除了杂感之外,后面又来了一个自开的书目。这全书的可贵处,再没有比这书目的了,因为在这书目上这位老作家才透出了他最真挚最热切的心情,他说出了,非常肺腑,非常聪明,对一般青年人士是最好的针砭的话。便是他计算这著作生涯,已经十年了,他自恨没有大作品或大翻译贡献,因而劝人也不要弄几期刊物便以为大勋业,谈谈童话,便以为多么了不得。我们试想一个老作家的心事是什么,不是大作品吗?鲁迅那些话,再诚恳没有了,唯独真话,诚恳的话才能动人。所以我觉得那是书中顶可贵的部分。平常,不但鲁迅,谁说话也免不了方便的成分,为了骂人,总要曲曲折折抓些好理由的,这其中很难有什么本色。在匆忙的社会里,也很难有说真话的余裕,终有在某一特殊机会上使你不得不造作迁就或逃脱的说法。

---

[1] 该文发表于一九三二年十二月十三日《北平晨报》(《鲁迅批判》"后记"误作一九三二年九月二十九日),署名长之。

真话实在难得。我看鲁迅在这书目后的题字,我实在受着感激,仿佛面对着这位粗黑的胡须的老人谛听他平静的温和的真心的话,其中却是有着不少的感情,忏悔,悲戚,希冀,杂然并在。

许多人爱鲁迅的杂感,我也并非不爱,但是我更爱鲁迅抒情的笔调,特别是写寂寞之感。只可惜,在鲁迅书里,太不易找到他这样写的机会。我们只听他在骂人——不是苛薄人挖苦人。在《三闲集》一全本书中,只有在《怎么写》的一个标题下的那短文之前半,完全是我爱的那种抒情笔调,只有这,才是我从心里佩服的鲁迅的文学技巧。他骂人的声势,人是可以学的,虽然学不好,便只有粗野、枯涩、不接气的毛病。他的抒情笔调,却是学不来的,那真是天才。我抄几句。

> 记得还是去年躲在厦门岛上的时候,因为太讨人厌了,终于得到"敬鬼神而远之"式的待遇,被供在图书馆楼上的一间屋子里。白天还有馆员,钉书匠,阅书的学生,夜九时后,一切星散,一所很大的洋楼里,除我以外,没有别人。我沉静下去了。寂静浓到如酒,令人微醺。望后窗外骨立的乱山中许多白点,是丛冢;一粒深黄色火,是南普陀寺的玻璃灯。前面则海天微茫,黑絮一般的夜色简直似乎要扑到心坎里。我靠了石栏远眺,听得自己的心音,四远还仿佛有无量悲哀,苦恼,零落,死灭,都杂入这寂静中,使它变成药酒,加色,加味,加香。这时,我曾经想要写,但是不能写,无从写。……
>
> 莫非这就是一点"世界苦恼"么?我有时想。然而大约又不是的,这不过是淡淡的哀愁,中间还带些愉快。我想接近它,但我愈想,它却愈渺茫了,几乎就要发见仅只我独自倚着石栏,此外一无所有。必须待到我忘了努力,才又感到淡淡的哀愁。
>
> 那结果却大抵不很高明。腿上钢针似的一刺,我便不假

思索地用手掌向痛处直拍下去,同时只知道蚊子在咬我。什么哀愁,什么夜色,都飞到九霄云外去了,连靠过的石栏也不再放在心里。而且这还是现在的话,那时呢,回想起来,是连不将石栏放在心里的事也没有想到的。仍是不假思索地走进房里去,坐在一把唯一的半躺椅——躺不直的藤椅子——上,抚摩着蚊喙的伤,直到它由痛转痒,渐渐肿成一个小疙瘩。我也就从抚摩转成搔,掐,直到它由痒转痛,比较地能够打熬。

此后的结果就更不高明了,往往是坐在电灯下吃柚子……

《三闲集》,页十一、十二、十三

在这些笔调里,令人忆起《呐喊》的序文,那是同样地渲染着这微妙的悲绪。

十一月五日夜

鲁迅和景宋的通信集[①]

——两地书

因为要郑重地作这一篇文字,下笔有点踌躇。就这样起头吧:假若我们承认鲁迅在中国新文学运动史上的地位,则对他的即使是私人生活的材料,也不能轻易放过。这原故是:越是在琐屑的私人生活中,越容易见出那个作家的真面目,无论文学史或文学批评,都是离不了它的。这没有别的,仅因为了解一个作家是述说他或衡论他的起点。

鲁迅,一如其他的同时代者,是被旧社会所伤损了的人物。因为他有好的素质——聪明和热情,他被伤损的痕迹越发显然。他有领袖欲;他有好名心;他有动物性的生存的观念;他矛盾;他尖刻;他不能容忍。但笼罩这一切,统系这一切的便是他的热情和聪明。他锐感,他反抗,然而他也会规避,他也会有所顾忌。一样的事情,非他来领导,他不赞成;别人作,他不折服;自己不作,他不甘心。他对于左翼文坛的前倨后恭,也不过是这么回事;领袖欲在那里作祟。他不忘名,不但《阿Q正传》的开端上露骨的表示着,《三闲集》的跋尾上也彰彰皎著。假设有人触犯了他,他不肯一下就完,他要曲曲折折的深文周纳,使人感觉着他的纠缠。聪明使他锐

[①] 该文发表于《图书评论》第一卷第十八期(《鲁迅批判》"后记"误记为一九三三年五月四日,作《评两地书》,发表于《图书评论》第一卷第十二期)。

感,热情使他没有办法,结果则锐感的聪明变了尖刻,而热情的作用还在,那尖刻便往往没有停息。他没有系统的论文。他没有有结构的大小说。他不能实际上领导青年作有计划的改革。他所能的只是尖刻不休的杂感。第二步呢,他没有锦囊计;幸而他自己却有方法来逃避,来沉默。鲁迅的行为,文章,不过是他那聪明和热情,拘限于不健全的社会里的扭曲了的内容和形式。不只他,同时代的人亦然。不过,他是社会上特别优秀的分子,表现出来就特别有声有色,素质使然,素养使然。就他个人说,热情比他的聪明,还能支配他的生活。他的聪明,只使他规避,不使他投降。然而表现于艺术,就这规避的聪明成分,也是完美中的渣滓。因为美是要不计利害的。热情自然是辉煌了他的作品。我个人以为鲁迅在文学上顶不可及的,是他的抒情散文,也是这个原故。读者如果不信,四月份《现代》上发表的《为了忘却的记念》,便是最好的例子。

在这一部《两地书》里,有景宋对他的了解:

你的性情太特别,一有所憎,即刻不耐,坐立不安。(一六四页)

因此想起你的弊病,是对有些人过于深恶痛绝,简直不愿同在一地呼吸,而对有的人又期望太殷,不惜赴汤蹈火,一旦觉得不副所望,你便悲哀起来了。这原因是由于你太敏感,太热情。(一六五页)

鲁迅自己对景宋说:

我现在真自笑我说话往往刻薄,而对人则太厚道。(二二四页)

凡作领导的人,一要勇猛,而我看事情太仔细,一仔细即多疑虑,不易勇往直前;二须不惜用牺牲,而我最不愿使别人做牺牲,也就不能有大局面。(二〇页)

这些话都是实话,可证我上面所说的不错。自然,为完全证明我说的话,还须注意全书中所述说的事情,以及鲁迅的其他著作。

有人读了这本书,颇不满意,因为希望这书中谈点爱情,然而成分太少。我倒以为不然;似乎只有洪为法那样的笨伯,只知道有"郎呵,奴呵"的才是情诗,因此编了《莲子集》的才如此想吧。鲁迅对景宋,自从呼"广平兄"而"小鬼",而"孩子",而"马",这就很流露了。至说:

> 只管下雨,绣花衫不知如何?放晴的时候,赶紧晒一晒吧,千切千切。(七四页)

这更不是老师的身份了。后来他到厦大,因有女生,便在他给景宋的信上说:"我决定目不邪视。"(一〇三页)她的回答是:"这封信特别的孩子气十足,幸而我收到。邪视有什么要紧,惯常倒不是邪视,我想,许是冷不提防的一瞪罢。"(一二三页)性爱的最大成分是嫉妒,鲁迅终没解释掉的,不正是这吗?

在这书里,见了活的鲁迅。

五月五日,于清华

鲁迅《伪自由书》[1]

有些话,说是该说,却不能够轻易说。这看是谁说和怎么说。因为如此,我们需要鲁迅。现在谁对于国事没有感慨(纵然不一定如鲁迅的感慨那样锐利和深刻)? 说出来可不容易,倘人先不行,捉进官里去,是没有人看见的,而话也许说得拙,更容易构成罪状。——自然,话还没说得痛快。鲁迅,现在只有鲁迅,却替我们说了不少的话出气。有他的地位,话说出是容易有人看的,而在不乐意的人们,偏不能怎么着他。又由他文章的老练,厉害和巧,纵然攻击得透澈,那不乐意的人们也仍抓不住罪过。这拐弯抹角的刻毒的骂,的确是在哭笑两难的仅只幽默以上的:有着强弱的不同。

鲁迅始终是敢反抗的,始终是就弱者一方面说话的。他骂的是专说风凉话的假面具的学者,他同情的却是奔走请愿的青年,即使是逃难,他依然原谅那不得已。左翼是在现势力下被迫害的喽,他就为左翼辩护,而招出御用意味的作家作品之无耻。敌人任意胡为的地方,人民的性命固交给炸弹,国内剿匪的地方,性命也仍由炸弹所决定,可怜的还是在人民,鲁迅也就决不放过,而一再表明。大观园的把戏,拆穿就拆穿,他也决不顾惜。其实谁也不顾

---

[1] 该文发表于一九三三年十一月八日《大公报》文艺副刊第十四期,《鲁迅批判》"后记"记题目为《评〈伪自由书〉》。

惜,然而他能拆穿得痛快,这就难得。

　　事情是多方面,杂感当然只能就一方面说起,如果不当是全部的真理看,这书倒是有不少可贵的真理的。

十月二十六日

鲁迅创作中表现之人生观①

——鲁迅批判之五

一

倾若我们试一留神的话,将见鲁迅的小说的结局差不多有一个共同点,这个共同点就是往往关于死。阿Q不用说了,是在"耳朵里嗡的一声"里,"团圆"了;孔乙己是"我到现在终于没有见——大约孔乙己的确死了";《药》里瑜儿死了,虽然坟上凭空有了花圈;小栓吃了人血馒头,也终于死;《明天》里单四嫂子的宝儿"也的确不能再见了",结局竟是那么寂静而且凄厉,"只有那暗夜为想变成明天,却仍在这寂静里奔波;另有几条狗,也躲在暗地里呜呜的叫";《白光》里县考失败的陈士诚,金子似乎没掘到,也终于在万流湖里成了浮尸,"十个指甲里满嵌着河底泥",因为他曾在水底里挣命;《祝福》里祥林嫂先是阿毛被狼吃了,结局她在全鲁镇祝福的空气中,却也在奚落和辱笑里死掉了;《示众》当然是

---

① 该文发表于《国闻周报》第十二卷二十四期(一九三五年六月)。《鲁迅批判》"后记"将题目误记为"《鲁迅文艺中表现之人生观》"或"《鲁迅在文艺创作中表现之人生观》"。后因与《鲁迅批判》全书"整个文章不衔接",在编辑《鲁迅批判》一书时被删掉。

一个囚徒的被杀;《孤独者》里的魏连殳,也是"以送殓始,以送殓终";《伤逝》里子君,不用说,又是"你那,什么呢,你的朋友罢,子君,你可知道,她死了";就是在两篇只是散文的东西里,也依然是弱小生命的夭亡,《兔和猫》,死的是小兔,《鸭的喜剧》,死的是些小蝌蚪;——所有这一切不是偶然的,乃是代表着鲁迅一个思想的中心,在他几经转变中的一个不变的所在,或者更可以说,是他自我发展中的背后的唯一动力,这是什么呢? 以我看就是他的生物学的人生观:人得要生存。

二

他的一切奋斗,一切抗战,一切同情,都似乎出发自这个思想中心。

他攻击旧礼教,他攻击封建的传统文化,为是"吃人"。换言之,就是为它反生存。以和旧的毒害的搏斗论,他确乎是战士。用文艺的形式,而开始其战绩的,似乎就是现在弁首于《呐喊》这集子的《狂人日记》,他明明白白地是站在生物学的观点来说教!

> 我只有几句话,可是说不出来。大哥,大约当初野蛮的人,都吃过一点人。后来因为心思不同,有的不吃人了,一味要好,便变了人,变了真的人。有的却还吃,——也同虫子一样,有的变了鱼鸟猴子,一直变到人。有的不要好,至今还是虫子。这吃人的人比不吃人的人,何等惭愧。怕比虫子的惭愧猴子,还差得很远很远。(《呐喊》,页一五)

> 我偏要对这伙人说,"你们可以改了,从真心改起,要晓得将来容不得吃人的人,活在世上。你们要不改,自己也会吃尽。即使生得多,也会给真的人除灭了,同猎人打完狼子一样! ——同虫子一样!"(《呐喊》,页一七)

这骨子是进化论。以这为出发,他的战法就采一种扫射的了。在吃人的社会中,历史是吃人的纪录,道德是吃人的借口,医药和政治,不过是吃人的护符和圈套。

这时他开始攻击这养育于吃人的社会中的国民性:残忍,卑怯,模糊,以及那掩过饰非的狡猾的世故。"他们这群人,又想吃人,又是鬼鬼祟祟,想法子遮掩,不敢直接下手",这是他顶咒恨的。"狮子似的凶心,兔子的怯弱,狐狸的狡猾",此后便成了鲁迅惯常的用语了。

在积久的重压之下,志士的愤慨,大概谁也可以想像得出的。然而倘如我们攻击的是刀枪,倒也罢了,因为无论如何,胜负总有个分晓。甚而倘若我们攻击的是水,是火,纵然失败,也还壮烈。独独倘若我们的敌人有而若无,是棉花,是皮球,是腐土,并不和你对阵,不过有的是弹力或韧性,这就使你最为沮丧了:

"对么?"

"这等事问他什么。你真会……说笑话。……今天天气很好。"

天气是好,月色也很亮了。可是我要问你,"对么?"

他不以为然了,含含胡胡的答道,"不……"

"不对?他们何以竟吃?!"

"没有的事……"

"没有的事?狼子村现吃;还有书上都写着,通红斩新!"

他便变了脸,铁一般青。睁着眼说,"有许有的,这是从来如此……"

"从来如此,便对么?"

"我不同你讲这些道理;总之你不该说,你说便是你错!"

我直跳起来,张开眼,这人便不见了。(《呐喊》,页一三)

就这一端,能不令人感到寂寞么?先不用说伙伴们的单薄。"众人皆醉我独醒"的悲哀,是智者的悲哀呢,还是仁者的悲哀?我想恐怕倒是后者的。

鲁迅以他的极大的同情,而领略着这些可诅咒的残忍,卑怯,模糊,狡猾者的灵魂的深处。

三

然而,《狂人日记》是作于一九一八年的四月的,过了七年,就是一九二五年的三月,他创作了《长明灯》,愚妄的人们对于改革者的迫害却并没有两样。

这时,不用说,鲁迅在怜悯与咒恨的交织之中,是更陷于悲观了。然而这却是无可责难的,因为文艺要求真,无病呻吟固然要不得,有病而不呻吟,也是无需的。

反而,在真的文艺之中,我们可以给改革者以勇气和安慰,虽然这不一定是一篇文艺在执笔时所企求的。

愚妄的人们对改革者是玩弄的,他们不惜用种种方法,挡了改革者的眼,以维持旧局。《长明灯》无疑是有种象征的意味在,这就是中国的精神文明,为鲁迅所久已攻击着的。改革者要吹熄它,愚妄的人们的办法,却先是把明灯用厚棉被一围,围得漆黑了,再领他去看,看不是吹熄了么!这样就似乎彼此相安下去,直到现在对中国古文明所要以被围之的恐怕也还数不在少。因此我们知道要维持旧局,走上死路的人,头脑倒不是简单的,然而总用之于阻遏改革的方面。同时,也颇勇猛,例如阔亭说:"去年,连各庄就打死一个!这种子孙。大家一口咬定,就是同时同刻,大家一齐动手,分不出打第一下的是谁,后来什么事也没有。"自然,这种勇猛是专施向弱者的,而且终有所怕,所以我们终不能不仍称之为残忍中的卑怯。

《长明灯》的改革者到底因为祖父捏过印把子，所以没受到这种待遇，却是被关起来，又因为谁对于地方也是不肯借用的，结果就关在庙里。这就真真正正没有事了，这便只有改革者的口号被孩子编入儿歌里，唱耍去了。

这里是改革者的迫害和稚小者的可怜：七年前的狂人，现在还是被人称为疯子，受的待遇也还是幽囚，七年前所要救救的孩子，现在却还是没救得着。

鲁迅在七年前的感慨："假如一间铁屋子，是绝无窗户而万难破毁的，里面有许多熟睡的人们，不久都要闷死了，然而是昏睡入死灭，并不感到就死的悲哀。现在你大嚷起来，惊起了较为清醒的几个人，使这不幸的少数者来受无可挽救的临终的苦处，你倒以为对得起他们么？"现在依然是可用于作《长明灯》时的心情的。鲁迅的中心思想是生存，所以他为大多数的就死而焦灼。他的心太切了，他又很锐敏地看到和事实相去之远，他能不感到寂寞么？

在寂寞里一种不忘求生的呼求和叹息，这就是他的文艺制作。

《热风》以前之鲁迅[①]

——鲁迅批判之七

一

一九一八年,是鲁迅在思想斗争上最重要的一年,从这一年为始,他的杂感《热风》起了头,他的文艺创作《呐喊》以《狂人日记》作了一发而不可遏的开端;他之使用白话文字,自此始;他之献身于新文化运动,作一个最忠实最勇猛的战士,也自此始。这时他三十七岁了,一直到现在他已有了十七年的奋斗生活,在此中当然颇有许多起伏,变化,进取和退缩可说的,可是这是次一章的文字的内容了,现在要说的却不是这。

现在却是要看一看在一九一八年以前的鲁迅的思想之轮廓,为的是使我们好知道他此后的态度并不是偶然的,乃是有一个一贯的线索。

[①] 该文发表于一九三五年七月十七日天津《益世报》文学副刊二十期,本为《鲁迅批判》内容之一,后李长之在调整题目时,删去原定的"八、从《热风》到《准风月谈》:鲁迅在思想斗争上之进退观",而本篇"与次篇相连,单独没有什么意义",因一并被删掉。

二

就我们现在所有的材料论,实在很不充分。

在一九二七年,鲁迅个人印行了一本《坟》,其中收存了四篇在一九一八年以前的作品。今年(一九三五年)别人为鲁迅编了一本《集外集》,其中只有两篇文字是在一九一八年以前的,而且一篇是科学的译文,所以有用的就只有一篇了。

在《集外集》中余下的一篇是《斯巴达之魂》,看光景也是译文,文字是拙劣的,时候是一九〇三年,大概是鲁迅在仙台医学专门学校的时代所译的,不过倘若这篇多少有点意义的话,则是代表了鲁迅早期的一点爱国热,不然不会选了这种东西来译。

《坟》中的四篇,是《人之历史》,《科学史教篇》,《文化偏至论》和《摩罗诗力说》,都作于一九〇七年,这时鲁迅二十六岁了,我却认为乃是较可以代表鲁迅青年时代的思想之面目的。

我在不少的地方说过,鲁迅的思想的中心是生物学的人生观,这点历久不变的人生观,在这时也已经形成。《人之历史》一文,是诠释德国生物学家黑克耳(E. Haeckel)的一元哲学的,不用说是代表了他的向往了,即在这时其他的文章中,也屡屡流露:

> 吾中国爱智之士,独不与西方同,心神所注,辽远在于唐虞,或迳入古初,游于人兽杂居之世;谓其时万祸不作,人安其天,不如斯世之恶浊阽危,无以生活。其说照之人类进化史实,事正等驰。盖古民曼衍播迁,其为争抗劬劳,纵不厉于今,而视今必无所减;特历时既永,史乘无存,汗迹血腥,泯灭都尽,则追而思之,似其时为至足乐耳。倘使置身当时,与古民同其忧患,则颓唐侘傺,复远念盘古未生,斧凿未经之世,又事之所必有者已。故作此念者,为无希望,为无上征,为无努力,

> 较以西方思理,犹水火然;非自杀以从古人,将终其身更无可希冀经营,致人我于所仪之主的,束手浩叹,神质同臞焉而已。(《坟》,页六一)

生物学的进化论的人生观,给他以立论的基础。我们可以看出资本主义的文化的前锋,已经在中国的思想界,表演了序幕了,鲁迅,像其他这时代的知识分子梁任公,严几道似的,是作了这序幕中不可缺的一员了。

同时,鲁迅所崇拜的人物便是尼采,和摆伦。他在文学中屡屡提起尼采,他对尼采之反抗十九世纪的物质文明,也极为称赞:

> ……明者微睇,察逾众凡,大士哲人,乃蚤识其弊而生愤叹,此十九世纪末叶思潮之所以变矣。德人尼佉(F. Nietzsche)氏,则假察罗图斯德罗(Zarathustra)之言曰,吾行太远,孑然失其侣,返而观夫今之世,文明之邦国矣,斑斓之社会矣。特其为社会也,无确固之崇信;众庶之于知识也,无作始之性质。邦国如是,奚能淹留?吾见放于父母之邦矣!聊可望者,独苗裔耳。此其深思遐瞩,见近世文明之伪与偏,又无望于今之人,不得已而念来叶者也。(页四一)

关于摆伦,他尤其倾倒:

> 吾今为案其为作思维,索诗人一生之内闷,则所遇常抗,所向必动,贵力而尚强,尊己而好战,……故其平生,如狂涛,如厉风,举一切伪饰陋习,悉与荡涤,瞻顾前后,素所不知,精神郁勃,莫可制抑,力战而毙,亦必自救其精神;不克厥敌,战则不止。而复率真行诚,无所讳掩,谓世之毁誉褒贬是非善恶,皆缘习俗而非诚,因悉措而不理也。……裴伦善抗,性又率真,夫自不可以默矣,故托凯因而言曰,恶魔者,说真理者也。遂不恤与人群敌。世之贵道德者,又即以此交非之。遏

克曼亦尝问瞿提以裴伦之文,有无教训。瞿提对曰:裴伦之刚毅雄大,教训即函其中,苟能知之,斯获教训。若夫纯洁之云,吾人何问焉。盖知伟人者,亦唯伟人焉而已。裴伦亦尝评朋思(R. Burns)曰,斯人也,心情反张,柔而刚,疏而密,精神而质,高尚而卑,有神圣者焉,有不净者焉,互和合也。裴伦亦然,自尊而怜人之为奴,制人而援人之独立,无惧于狂涛而大傲于乘马,好战崇力,遇敌无所宽假,而于累囚之苦,有同情焉。意者摩罗为性,有如此乎?且此亦不独摩罗为然,凡为伟人,大率如是。(页八三,八四)

这种思想是中国人至今不能理解或熟悉的,这是西洋人的思想的特色。歌德在《浮士德》里谓人有两种力,一向上,一向下,托尔斯泰在《复活》里说明人可以犯罪,但同时可以忏悔,这都是了解的真真正正的人类的话。也唯独天才能充分作一个这样具体的代表者!拜伦就恰是如此而已。鲁迅也正仿佛似之。所有鲁迅那种反抗的精神,不惜与群愚战,与虚伪的社会战,与古老的文明战,正恰恰像这里形容了的摆伦。

生物学,尼采,摆伦,是鲁迅思想的渊源。鲁迅此后奋战的动力和规模,是在这里立下了端倪了。

三

他这时候的思想,可以说是一种浓重的浪漫思想。他并不重坚甲利兵,他却是抑物质而重精神,他也并不提倡民权,或者赞扬大众,他却推崇个人。"五四"运动时的赛先生(科学)和德先生(民主)正是他所攻击的,不过他之攻击二者并不是代表封建文化的保守,恰恰相反,他之攻击,乃是代表了养育于资本主义下的文化的别一面目。这时他所主张的,不唯不是落伍,反而是太新了,

太早了,他这时作《文化偏至论》,是介绍欧洲正流行着的最新思潮的,他的认识是:

> 然则十九世纪末思想之为变也,其原安在,其实若何,其力之及于将来也又奚若?曰言其本质,即以矫十九世纪文明而起者耳。盖五十年来,人智弥进,渐乃反观前此,得其通弊,察其黯暗,于是浡焉兴作,会为大潮,以反动破坏充其精神,以获新生为其希望,专向旧有之文明,而加之掊击扫荡焉。(页四一)

这时他对于国内的文化界,认为:

> 夫方贱古尊新,而所得既非新,又至偏而至伪,且复横决,浩乎难收,则一国之悲哀亦大矣。(页四二)

所以他作这篇文章:

> 今为此篇,非云已尽西方最近思想之全,亦不为中国将来立则,唯疾其已甚,施之抨弹,犹神思新宗之意焉耳。故所述止于二事,曰非物质,曰重个人。(页四二)

他攻击物质文明的话有:

> 递夫十九世纪后叶,而其弊果益昭,诸凡事物,无不质化,灵明日以亏蚀,旨趣流于平庸,人唯客观之物质世界是趋,而主观之内面精神,乃舍置不之一省,重其外,放其内,取其质,遗其神,林林众生,物欲来蔽,社会憔悴,进步以停,于是一切诈伪罪恶,蔑弗乘之而萌,使性灵之光,愈益就于黯淡,十九世纪文明一面之通弊,盖如此矣。(页四七)

重要理由,可说在于:"使性灵之光,愈益就于黯淡"。他重个人的论调,则一转而崇拜天才,他先介绍叔本华:

> 至叔本华,则自既以兀傲刚愎有名,言行奇觚,为世希有;又见夫盲瞽鄙倍之众,充塞两间,乃视之与至劣之动物等,愈益主我扬己而尊天才也。(页四四)

这是他最同情的。因此,他最致慨于天才的受压迫:

> 窘戮天才,殆人群恒状,滔滔皆是,宁止英伦。中国汉晋以来,凡负文名者,多受谤毁,刘彦和为之辩曰,"人禀五才,修短殊用,自非上哲,难以求备,然将相以位隆特达,文士以职卑多诮,此江河所以腾涌,涓流所以寸析者。"东方恶习,尽此数言。(页七五)

重个人,崇天才,其必然的结论,是反对民治。鲁迅在这时也是的:

> 是非不可公于众,公之则果不诚;政事不可公于众,公之则治不郅。唯超人出,世乃太平。苟不能然,则在英哲。嗟夫,彼持无政府主义者,其颠覆满盈,铲除阶级,亦已至矣,则建说创业诸雄,大都以导师自命。夫一导众从,智愚之别即在斯。(页四六)

他的总判断是:

> 今敢问号称志士者曰:将以富有为文明欤?则犹太遗黎,性长居积,欧人之善贾者,莫与伦比,然其民之遭遇何如矣?将以路矿为文明欤?则五十年来美澳二洲,莫不兴铁路矿事,顾此二洲土著之文化何如矣。将以众治为文明欤?则西班牙葡萄牙二国,立宪且久,顾其国之情状又何如矣。若曰唯物质为文化之基也,则列机括,陈粮食,遂足以雄长天下欤?曰唯多数得是非之正也,则以一人与众处,其亦将木居而茅食欤?此虽妇竖,必否之矣。然欧美之强,莫不以是炫天下者,则其根柢在人,而此特现象之末,本原深而难见,荣华昭而易识也。(页五二)

我在《宏保耳特逝世百年纪念》一文中说过,浪漫主义的特色是重在人的,重在情志的(也就是精神的),并且重在个性的。现在鲁迅一则说"其根柢在人",再则说"非物质",三则说"重个人",所以我说他是带一种浓重的浪漫思想。推崇天才,不信任群愚,这也恰恰是浪漫思想下的见地。我在《论人类命运之二重性和文艺思潮上两大巨流之考察》一文里说过。

在人们生活好的时候,思想,文艺是浪漫的,生活坏的时候,人们的思想,文艺,就表现为写实的。我们看,"五四"以后的文艺,无论创作或理论,大部分是写实的了,其中的鲁迅也没作了例外,原故很简单,然因为中国所受的压迫渐渐增大起来,一般人的生活,是愈益陷于艰苦了,生存还不一定保得住,哪里有理想?哪里有情志的,精神的活动?哪里有个性的尊重?哪里有人的价值的肯定和提高?所以不容有浪漫思想。在一九〇七年,情势没有这么显,鲁迅个人,也在青年时代,所以有浪漫的倾向,倒是当然的。

倘若照了我的意见,我以为人总是在生活好了的时候,所有的态度是健康的,对的。所以我不以为重人,重精神,重个性是错的,换言之,我觉得浪漫主义是正常的。譬如吃饭,在有了饭吃的人,当然要吃好饭,没有饭吃的人,却只好急不暇择。自然,我们不能责难那急不暇择者之不道德,然而,恐怕只有要"吃好饭",这才是人类真正的味觉。人们的幸福,也只有在这点"求好"的理想上,才可以增进。因此,我是宁赞成浪漫主义的。即在我们以表现写实主义为必然现象的时代,我认为对于浪漫主义的价值的认识也是在所急需。

不过,养育于资本主义社会下的浪漫主义并不是全然无缺的。倘若因为重在人的缘故,而弃置了对于大自然的利用,这无疑是堕落,倘若因为重在人的情志,精神的缘故,而忽略了理智的发展,这无疑是颓废,倘若因为重在个性的缘故,而只允许了一部分的人的自由,同时却把多数人的自由给剥夺,这无疑是暴横,所有这些,统统可说是弊端。鲁迅这时的思想,却是很容易走入这一途的。

殊不知重在人的价值,并不一定放弃了大自然,反而更应该善利用之;重在情志,精神,也并不一定不顾理智,反倒是更应该以理智为导引,把情志,精神发挥到效能更大的目标上去;重个性,尤其不应当把人类划分了尊卑,却是当认定那些才智没得到健全的发育的人们为不幸,而思予以方便,予以机会,而解放之,培养之,一定可以因此更光明起来。这种浪漫主义没有毛病! 话说到鲁迅,他那时是未必知道蒙了浪漫主义的色彩的,所以也更不会分辨到这地步。

四

从看重精神出发,鲁迅看重了文艺的价值。他说:

> 盖使举世唯知识之崇,人生必大归于枯寂,如是既久,则美上之感情漓,明敏之思想失,所谓科学,亦同趣于无有矣。故人群所当希冀要求者,不唯牛顿已也,亦希诗人如莎士比亚;不唯波以耳,亦希画师如拉菲尔;既有康德,亦必有乐人斐多汶,既有达尔文,亦必有文人如喀莱耳。凡此皆所以致人性于全,不使之偏倚,因以见今日之文明者也。嗟夫,彼人文史实之所垂示,固如是已。(页三一)

这是见之于《科学史教篇》一文的,所以说"史实之所垂示",这论调恰恰像十八世纪德意志的浪漫主义者的论调:重人们审美上的训练和教养。文艺的功用不是直接的,他这时也深为了解:

> 严冬永留,春气不至,生其躯壳,死其精魂,其人虽生,而人生之道失。文章不用之用,其在斯乎?(页六八)

他对于文艺的价值和作用,可说认识极为清楚。据他的《自叙传略》,在日俄战争时,他偶然在电影上看见一个中国人因做侦探而将被斩,因此又觉得在中国还应该先提倡新文艺。查日俄之战起于一九〇三,他这几篇文章,又作于一九〇七,所以正恰恰是提倡新文艺的时候了。

他这时一心要作精神界的战士:

> 夫中国之立于亚洲也,文明先进,四邻莫之与伦,蹇视高步,因益为特别之发达;及彫今日虽彫苓,而犹与西欧对立,此其幸也。顾使往昔以来,不事闭关,能与世界大势相接,思想为作,日趣于新,则今日方卓立宇内,无所愧逊于他邦,荣光俨然,可无苍黄变革之事,又从可知尔。故一为相度其位置,稽考其邂逅,则震旦为国,得失滋不云微。得者以文化不受影响于异邦,自具特异之光彩,近虽中衰,亦世希有。失者则以孤立自是,不遇校雠,终至堕落而乏实利,为时既久,精神沦亡,逮蒙新力一击,即靡然冰泮,莫有起而与之抗。加以旧染既深,辄以习惯之目光,观察一切,凡所然否,谬解为多,此所以呼维新既二十年,而新声迄不起于中国也。夫如是,则精神界之战士贵矣。(页一〇九——一一〇)

后来鲁迅所大声疾呼的思想革命,正是这时就已要求了的精神界之战士的职守。他这时也已经和时代潮流相抵了:

> 故震他国之强大,栗然自危,兴业振兵之说,日腾于口者,外状固若或然觉矣,按其实则仅眩于当前之物,而未得其真谛。(页二八)

> 夫中国在昔,本尚物质而疾天才矣,先王之泽,日以殄绝,逮蒙外力,乃退然不可自存。而辁才小慧之徒,则又号招张

皇,重杀之以物质而囿之以多数,个人之性,剥夺无余。往者为本体自发之偏枯,今则获以交通传来之新疫,二患交伐,而中国之沉沦遂以益速矣。乌乎,眷念方来,亦已焉哉。(页五三)

用"乌乎",用"亦已焉哉",战法当然和后来不同了,然而这已经明确在"战"。他又攻击国民的一般弱点:

故推而论之,败拿破仑者,不为国家,不为皇帝,不为兵刃,国民而已。国民皆诗,亦皆诗人之具,而德卒以不亡。此岂笃守功利,摈斥诗歌,或抱异域之朽兵败甲,冀自卫其衣食室家者,意料之所能至哉?

这种借文艺为武器,要献身于思想革命的宿愿,后来可说是完全见之实际了。作一个"精神界之战士",是《热风》以前的鲁迅所准备着,又曾跃跃欲试着的。

二十四年七月十二日

鲁迅著译工作的总检讨①
——鲁迅批判之十

在这里所说的范围是这样的,就是包括除了鲁迅自己创作的文艺(小说及杂感)之外的一切著作及翻译,统统在内。根据鲁迅在《三闲集》里自开的书目,又加上此后尚未列入,到执笔时为止,为我所知的,一共是二十几种。

说真的,他的"著"并不多,以数量论,实在只有三两种,这就是他的小说史和传奇的纂辑;以性质论,则无宁称之为"述";大部分却是译文。杂感的数量是如彼,论著的数量是如此,鲁迅的短长,也就不难想见了吧。

然而他的翻译却是颇有影响的。这影响不是顺从他的译笔,也不是从而引起对于原著者的研究的热狂,却是因译文本身,而获得大量的读者,这些读者遂就译文本身而丰富了,增加了他们的知识。鲁迅的译笔,我承认不苟,每译一种东西,也都费过很大的艰辛,然而特别的巧妙却也不见有的。他的译文之吸引读者的另一个理由,我倒以为是读者敬佩他在杂感里的奋战精神,因而爱他的

---

① 该文陆续发表于一九三五年九月二十五日、十月九日、十月二十三日天津《益世报》文学副刊。根据天津《益世报》文学副刊要目预告,该文尚有"三、鲁迅翻译的剧本与小说;四、鲁迅翻译的散文随笔;五、鲁迅翻译的童话;六、鲁迅对旧籍之整理著作;七、鲁迅之杂译与杂著",但由于天津《益世报》文学副刊停刊,该文中途辍笔。后来李长之在编辑《鲁迅批判》时,因"它不全,而且究竟是鲁迅的'身外之物'",未收录。

为人,又因而重视他的任何东西所致。

为了方便,我把他的著译工作,分了七类,在"著"的方面,我不重在提出窄而深的问题,以为探讨,我却是注意其方法,以及其在学术史上的意义。在"译"的方面,我是看所译的东西的本质,加以剖解,并及于和鲁迅的生活的关系等的。

一 鲁迅翻译的文艺论

日本 厨川白村:《苦闷的象征》
(一九二七年八月四版 北新书局本)

一

在中国所接受的文艺论中,这是最流行的一种;恐怕也是最早的一种,因为,十年前便呈献在一般读者的眼前了。

现在看云,这不是一本全然无缺的书。第一,我觉得全书主旨虽有,但没有体系。第一部分论创作,第二部分论鉴赏,是略有组织的。第三部分之《关于文艺的根本问题的考察》,这样隆重的题目,却是与内容不甚相称的,《酒与女人与歌》,我们见不出有什么可以称为"根本"的地方,随便论一论"短篇项练",也见不出有什么可以称为"问题"的所在。第四部分之论文艺的起源,也非常潦草。所以,这不是多么组织周详的文艺论,作者在未完稿时,既经去世,自然是难怪的,唯就书论书,我们却不能不注意及之。

第二,这本书是十分常识的著作,而不专门。有许多东西,倘若是在一种专门著作里,是不必有的,例如关于"精神分析学"(页一四一页二二),读者自有专书去查,不必那么词费。又如"文艺创作和功利观念的相远"(页五,页九,页一三,页六六)对美学略有认识的,也一定早有会心,不必那么重复。

第三,在主张的大处,我认为有漏洞。例如在作者认为根本的,是生命力受了压抑,而生命力这一点的,作者自己并没有十分清楚。他在用比喻的时候说:

> 生命的力者,就像在机关车上的锅炉里,有着猛烈的爆发性,危险性,破坏性,突进性的蒸汽力似的东西。机械的各部分从外面将这力压制束得着,而同时又靠这力使一切车轮运行。于是机关车就以所需的速度,在一定的轨道上前进了。……机关车的内部生命的蒸汽力有着要爆发,要突进,要自由和解放的不断的倾向,而反之,机械的外底的部分却巧妙地利用了这力量。靠着将他压倒,拘束的事,反使那本来因为重力而要停止的车轮,也因了这力,而在轨道上走动了。(页三——一四)

似乎是说压制的力并不坏的。但是他说到人的生活上,就没有这相需相成的意味了:

> ……总不能不甘受一些什么压迫和强制。尤其是近代社会似的,制度法律军备警察之类的压制机关都完备了,别一面,又有着所谓"生活难"的恐吓,我们就有意识地或无意识地,总难以脱却这压抑。在减削个人自由的国家至上主义面前低头。在抹杀创造创作生活的资本万能主义膝下下跪,倘不将这些看作寻常茶饭的事,就实情而论,是一天也活不下去的。(页五)

在这种地方,我认为他矛盾。而且,他所谓冲突,纠葛,究竟是着重在物我的关系呢,还是重在自我之内部的纷争呢?换言之,就是他看的人性,是一元的呢,还是二元的? 倘若是一元的,则只有和外界的斗争而已,受外界的迫害而已,则这种冲突是一时的,一旦社会就了绪,则冲突的形势一定和缓下去。倘若是二元的,那么,即便外界没有迫害,不和外界斗争,那自身的冲突也仍然存在着。在作者是没有想到的,他似乎承认有和外界的冲突,所以说要求表现自我,但同时他又似乎承认人类自己本身中,也有两个矛盾(页一〇),所以说有不断的不调和。然而,倘若人性是二元的,在一方面是妥协的,则受点迫害,也可以不以为苦,哪里有文艺创作呢? 并且既然是二元,则自身即有矛盾,文艺创作的根源何以必是受了压抑呢? 倘若人性是一元的,不断的不调和却就说不上了。所以,从根本点看,作者的文艺观已不巩固。分开来看,则全书的四部分,各有可商讨的余地:在第一部分论创作里,我以为文艺不能和其他艺术分家,文艺不必是只源于压抑,还有人类之审美的要求,创作欲望(像小孩子一会提笔就画小人,决不是受了什么压抑),理想的憧憬等等。在第二部分论鉴赏里,他举出四个阶段,我们仔细去看的话,则理智作用,感觉作用,感觉心像以及情绪,思想,精神,心气等,并不是阶段的,有的是平面的,并列的,而且其中不少成分并不属于鉴赏的范围,结果这样分法殊不必需。在第三部分里论到的几个问题,顶令我不以为然的是文艺与道德的问题,文艺一定是道德的,这是我们敢断言的,问题只在如何表现上。作者引法国古尔蒙的话,以为许多人喜欢丑闻,是因为在别人那里,可以隐蔽着自己的丑的缘故,我以为这是不能移来说明文艺上的事实的。作者说文艺和科学上的共同点,就是都不管利害,善恶。利害可以不管,善恶却不能脱这么干净,科学是理智的,只是认识的作用,文艺则是情感的表现,有意志的倾注,有评价的意味,所以不会脱却道义感,——虽然不是社会僵化了的道义。在第四部分里论文艺的起源。以为诗是个人的梦,神话是民族的梦,这也是只有片面的真理而已,有不少神话乃是初民一种求知的结果,或者无所谓的心想的驰骋,倒不一定是被压抑了的梦。总之,就主张的大处看,这本书有漏洞。

第四,在立论的小处,常不致密,例如说劳动之为快乐,已成过去(页六),这也只是从一部分人的眼光去看,如此而已,在另一部分人看去,就未必如此。而且劳动与快乐之生理的关系,更不能加以否认的。又如说许多人其实是很苦,不过自己不觉得(页八),殊不知快乐本是主观的东西,主观果不以为苦时,那就是不苦了。再如说到人类本身的矛盾,就说的人类又有些社会,家庭,国家的欲望(页一〇),试去一想,这些也还是对于个性的迫害而已,并不是本身的什么矛盾。这些地方,都太粗疏。

二

然而,本书是有它的价值的,就是有一个一贯的观点。在它有一个主旨,就是柏格逊一派的活力哲学。作者重精神,重个性,重生命力。他把生命力之压抑的苦闷,认为是文艺的根柢,表现法则必是广义的象征主义。他由这个中心,而论列一切,就这个中心看,虽然不算健全,但以有中心论,终为他的价值所在。

他在创作论上既如彼,在鉴赏论上,也明白主张主观的批评。(页六二)

他从而解释诗人之能言未来,也因为是不断的生命之流的飞跃所致。(页八八)

总结他的全主张处,是他对于"为艺术而艺术"的赞许。(页一一五)

他这样主张的时代背景,正如他解释现代文艺的,是因为出现在人生苦恼正甚的近代之故(页二九),也可以移而解释他自己。同时,他的性情的热烈(鲁迅引言,页一),也不能不说是他所以采取这样主张的一个根由。

撒开他的文艺论不说,他有一种要求生活彻底的精神,是见之于他的书的开头:

> ……正因为人生的苦闷,也因为有战的苦痛,所以人生才有生的功效。凡是服从于权威,束缚于因袭,羊一样听话的醉生梦死之徒,以及忙杀在利害的打算上,专受物欲的指使,而忘却了自己之为人的全部存在的那些庸流所不会觉得,不会尝到的心境——人生的深的兴趣,要而言之,无非是因为强大的两种力的冲突而生的苦闷懊恼的所产罢了。(页一至二)

我以为宣传这种精神的价值或者在他的文艺论之上。

文字是颇尤美的,这不用说。

就部分地看,全书也很有精彩的地方。我认为第一是论鉴赏,他说:

> 所谓鉴赏者,就是在他之中发见我,我之中看见他。(页六四)

> 待到在自我的根柢中的真生命和宇宙的大生命相交感,真明艺术鉴赏乃于是成立。这就不单是认识事像,乃是将一切收纳在自己的体验中而深味之。这时所得的东西,则非 Knowledge 而是 wisdom,非 fact,而是 truth,又在有限中见无限,在"物"中见"心"。(页七一)

第二是论鉴赏和创作的关系!

> 从生命的内容突出,向意识心理的表面出去的是作家的产出的创作;从意识心理的表面进去,向生命的内容突入的是共鸣的创作,即鉴赏。(页八三)

第三是论批评:

> 作家那一面,因为原从无意识心理那边出来,所以于自己的心底经路,并不分明地意识着。而批评家这一面却相反,是因了作品,将自己的无意识界里所有的东西重新唤起,移到意识界的,所以能将那意识尽量地分解,解剖。亚诺德曾经说,以文艺为"人生的批评"。但是文艺批评者,总须是批评家由了或一种作品,又说出批评家自己的"人生的批评"的东西。
> (页八五)

皆极佳,且极精。

三

全译文,我想没有大错,只是附了原文的两处,席勒的书名"Briefe über die Aesthetische Erziehung des Menschen",当译作"人类美育通讯",译作"美的教育论"是恐怕有误会的,要不,"美"上也得加一"审"字;歌德的书名"Wilhelm Meister",当译作"威廉师父",译作"威廉玛思台尔","玛思台尔"就成了人名了。这地方当然很小。

二十四年九月二十日下午四时四十五分

日本　片山孤村等:《壁下译丛》
(一九二九年四月　上海北新版)

如著者自己所说,此书是并非一时,也并非经过选择的一个译集。作者是十人,除了俄国的开培尔以外,都是日本人。文章二十五篇,前大半是立在旧的观点的,后小半则是站在新兴的艺术观的见地。夹杂于其中的,也有几篇是止于介绍西洋文艺的。

通体上看,这部书不是分量多重的东西。常识居多,偶有奇特的意见,但大都并不致使这部书一跃而为使人见了觉得惊讶、精彩的地步。

开首是片山孤村的三文,《思索的惰性》是说文艺的不朽并不是可靠的,传世是极其偶然的事(页一〇),我觉得个人虽然有爱憎,社会是公平的,一时的社会也许为某种思潮所蔽,整个的人类却是有眼睛的,自然,在初民社会,物质上受了限制,如印刷的艰难,因而影响流传等,当然也是有的。不过不必这么大惊小怪地悲观。即退一步,创作家的价值是在那作品本身,不传世也不算什么的吧。其次是介绍"自然主义"和"表现主义"的两篇东西,前者分析颇清,后者也还中肯。我以为在后者介绍提波勒特(Bernhard Diobcld)于《戏曲界的无政府状态》(Anarchie im Drama)中解释精神(Geist)与灵魂(Seele)的意义(页四〇)是很好的,至少在从前,我没有这么清楚。论到表现主义,以为其中个人主义者,社会主义者都有(页四二),是和后来有岛武郎的想法,认为是新兴阶级的艺术的先驱的(页一六〇)可以作一个好对照,虽然都没有把握到表现主义和新兴文艺之有机的关涉。

接着是开培尔(Raphaol Koeber)的《小说的浏览和选择》,其中说到文艺之道德的效应,使人更健全,更纯化,并不会使人堕落,并说不独给儿子看那些近代的写实的作品,女儿也要不会踌躇交付的,而且还要命令细读(页五七);又说艺术家不特能写现实,还在能表现如柏拉图所谓的事物之理念(Idea)的(页六五),这虽然在大陆上是为一般人所以为家常便饭的说法了,在中国却还不大了然。因此倒是值得介绍给一般读者的。

厨川白村是为我们所熟悉的人物了,《西班牙戏坛的将星》一文只是介绍文字,《东西之自然诗观》,大体是说西洋人对于人事与超自然向来是热诚的,对于自然的好感却是近代的事,那是对于自然有了好感了,人事的意味也还是有的,而不如东洋人的纯粹。中间说西洋的文艺复兴,不过是超自然的兴味转移到人间的兴味(页七〇),是颇扼要的。

摘译的岛崎藤村的《从浅草来》,是些片断的感想,我以为没有什么了不得,只是说到卢梭的《忏悔录》(本文中所说"自白")的影响之大(页九五),是略可思索的。

较有哲学的意味的思索的,是有岛武郎的文字。这里是六篇。《生艺术的胎》说明艺术生于爱,因为艺术的活动,是以自己为对象的活动故。所以他主张"产生艺术的力,必须是主观的"(页一一七),态度可谓彻底。据他的意见,以为一切皆动,动力即是爱,所谓"真"者,只是把爱暂且放在静止不变的状态上所给的一个名目而已(页一一二),所以我说他的思索是较有哲学的意味的。《卢勃克和伊里纳的后来》,《伊索生的工作态度》,都是介绍那认真的艺术家伊索生的,在前者说,"站在这伟大者之前,唯有惶恐"(页一三三),在后者说,"在他的绝大的工作之前,如我者,是怎样的渺小的侏儒啊"(页一四九),见出有岛武郎对于艺术之热烈的爱好和对于艺术家之极端崇敬的态度来,我认为这是批评家所不可缺的态度,至少在一人作批评时是必须如此的。他说:"能够成就伊索生之所不能者,必须是伊索生以上的人。要建筑于自然主义所成就的总和之上者,必须有自然主义以上的力"(页一三三),这话是很聪明又远大的。《关于艺术的感想》,是在诠释近来西洋文艺思潮之余,又流露其对于新兴的文艺之预感的,在《宣言一篇》里,这预感就更明确起来,但以为不是第四阶级的人是不能够过问的,他以为第四阶级根本拒却这些怜悯,同情和好意。他甚而说:"无论是怎样伟大的学者或思想家或运动家或头领,倘不是第四阶级的劳动者,而想将什么给予第四阶级,则分明是僭妄。第四阶级大概只有为这些人们的徒然的努力所捣乱罢了"（页一七一），也极彻底。他自己，则是十分坦白的说，像黑人之洗不白一样，他既不会转变，也不去作伪。不作伪是对的，这是可以赞称的，但认为那样隔绝，则武断，偏颇，偷懒的成分，也不能不说是有的。《以生命写成的文章》，是说明人的生活更重于作品的。总之，有岛武郎的彻底的精神，是令人可敬的。

同样彻底的是武者小路笃实的论调，其中更有生命力。那重精神，重个性，重天才的态度，视有岛武郎或过之。他的文章，这里有四篇，都是简短的。他说："凡艺术家，应该走着自己的路"（页一七五），对批评家，可以"置之不理就是"（页一七六）。因为要走自己的路，所以"陀思妥夫斯基的文章也许拙吧。但倘若教陀思妥夫斯基写了屠格涅夫似的文章，将怎样呢？即使写了托尔斯泰似的文章，陀思妥夫斯基也就不成其为陀思妥夫斯基了。要显出陀思妥夫斯基来，陀思妥夫斯基的文章是最好的文章。只有懂得这意思的人，才能够批评文事"（页一八一）。文学就是个性的表现，他说："如只做了许多工作，而不见个性，很是显示着这个由不纯的动机而工作着的"（页一九四），文学家得任性，发展自己，但"文学的质素很贫弱的人，本来就不能任性到底"（页一九一）的，文学不能"因读者的要求而生"（页一八五）。发展个性，需要真实，他大胆地说："不充实的艺术，都是虚伪的"（页一七九）。他的鼓舞的力量很大，文字上已经看出来，不只是意思。但是尤其表现了的，是说："凡是大艺术家，大文豪，都各有自己独特的技巧而且使这技巧一直到极端。不使进步，是不肯罢休的。世间没有半生不熟的天才"（页一八一），多么令人警惕的话！使人想到他的小说《母与子》中主人公下岛进的精神来。

以上作者六人，文章十七篇，是多半据了旧的观点的。以后便是几篇新兴的文艺的论文了，但作了中间的桥梁的，还有金子筑水的一篇《新时代与文艺》，作者认为文艺产生于时代精神中，却又能造出时代（页二〇二），结末又要求着发挥人间性的新文明，我不以为这意思是错的，但浮浮泛泛地说了，说是觉得浅薄。

片上伸有三篇文章，《北欧文学的原理》一文，了解颇为深刻，他也有一种彻底性，他说"真理不爱中庸，不爱妥协"（页二一二），又说青年人失败最多，但不必畏惧，人在青年时代之寻求真理却是最热心的（页二二四），总见他是有一种青年气的，《阶级艺术的问题》一文，在现在看来已多成为太常识的了，可说不见精彩，他说种种不合理和矛盾一去，人们是可以向过去的天才中汲取什么的，现在已经如他所料了，在苏俄。中间有和有岛武郎的辩难，最后是谈到日本新文艺的前夕。《否定的文学》是论到俄国在革命前的文艺精神的，有一种苦恼和悲哀，然而有他们的力量。以本文论，我倒以为那用语之巧，是在意思之上的。

青野季吉的文字有三篇，《艺术的革命与革命的艺术》一文一开头就很像话，说对于新兴文艺必须既乐观，又得有悲观的准备，从这里才能知道信仰，知道战斗。又说到革命的文学，不是重在革命的故事，不是重在革命的意识。所谓革命，又不是"歇斯迭里底的绝叫和不顾前后的乱闯"（页二七一），都是很有头脑的话。《现代文学的十大缺陷》一文，虽是特殊的，针对着一时的现象的，但极见出这人的头脑的清晰。所谓十大缺陷，是单单个人的印象底，个人经验底材料；无话的概念之类的思想；没有新的样式；有享乐的倾向；太堕于技巧的重视；模仿的现象；听命于读者，商人；歇斯迭里底的焦躁和轻浮；虚无的，无理想的心境；没有变更世界的意志；这文字虽然作过有九年了，对象当然是日本，然而现在中国，却也颇是适合的，令人看到倒是可以悚然的。作者头脑的清晰不在他举出这十项，却在他每一项下，都有他的辨别力和一个分寸在。

《关于知识阶级》一文,无关紧要。

最后的是升曙梦的《最近的戈理基》,一种介绍和报告的文字而已,我觉得没有什么可说。

我没觉得这里有什么十分了不得的东西。但是以译文论,译名人的东西,似乎都有各人原来的风采,却是很可喜的。

二十四年十月四日上午十一时

二 鲁迅翻译的科学的社会主义的艺术观

在这里,鲁迅翻译的书是有五种,其中有的是理论的入门,有的是关于政治上的策略,有的是多多少少涉及了有着学术意味的艺术的根本的课题。鲁迅虽然是在翻译,那职责不过是介绍,便以他各种书的序文看,则无疑有种战斗意义在。这是,对于肤浅的耳食的动辄以新名词压人的讽嘲,对于新的健康的观点的树立和传播,以及硬译的奚落之回攻等。

在我把这五种书统统读过之后,深觉得有"学术上的真"这回事了,大抵在苏联的艺术方面的理论中,只要是出自有学识教养的人的,其精义往往与不是苏联的理论也相符,这很可以令人忆起列宁所说并无无产阶级的"化学"的名言了,学术上是有共认的是非的,虽然另外有了阶级的,个人的差异,而生的不同的影响也还是有的。同时,深觉得人的眼光有大小,许多伟人,他的话确乎是人话,绝不像那浅妄叫嚣者之流的浮薄。所以,在这些书里得到一些基本的原则和新鲜的真理,是真确的。

略按着翻译的先后,次第加以评述。

日本　片上伸著:《现代新兴文学的诸问题》

（一九二九年四月　上海大江书铺版）

展开这一本小书,可以看新兴文学中诸问题的端绪。虽然不是问题的解决,但却可以看见都是什么问题了,换句话,就是可以看出问题是在什么地方了。这便是:

第一是无产阶级文学能否成立的问题(页八),持反对论者是托罗兹基,他以为无产阶级在战争期间无暇及此,将来的社会主义的建设成功了,就又无所谓阶级。反驳的是玛易斯基,他则认为现在虽是一个过渡期,但世界上到达那理想的目的时,步伐却并不一律,以时期论,不见得太短,所以未尝不是可以有暇及之。照我看,二者各有其对的领域的,在战争期间确无暇及于文学,托罗兹基未尝错,但因为不一律在战争,所以那不在战争中的部分就仍有文学了,因此玛易斯基也对。但我又以为这并不只是理论问题,其意义不是这些大前提,倒是在关涉于实践的结论上,因为照托罗兹基的说法,对于文学运动就可以放弃了,照玛易斯基,却就得积极。所以这理论的背后,都是实践的意义,这是一般的苏联文学理论的特色。——自然,人们会觉得不只是苏联的,不过我也以为苏联尤甚。这因为一则苏联的一切在建造中,而且又是有计划的进行着的缘故。

第二是对于前代文化之继承和利用的问题(页二〇)。

第三是无产阶级文学的性质的问题(页二四),大抵是以战争的意志为主,并且由此更确定这种文学的存在的意思。

第四是无产阶级文学之将来的问题(页三一),因为和过去的文学相对,所以它必须是代表集团精神的,排斥神秘,悲观,颓废,对于人生,不只是被动的观照,却是给以强烈的力的,这便是那主旨。

第五是文学之社会关系的问题(页四三),这总是说文学上的人生的认识,是受着阶级的限制,结果是文学不能超然于斗争之外,却应当去作一下帮手。

第六是社会主义的诗,劳动者的诗,与无产阶级的诗之别的问题(页五四)。

第七是取材问题(页七九),要意是只在精神,而不必太限制。

第八是形式问题(页七九),对以前的须利用,但为"新的"准备。

此外则又有"同路人"的问题,无产阶级文学的团体之组织的问题,以及马克思派的文学观的问题等,书中却未及详述。

总之是可能问题,性质问题,以及实践上的政治的指导问题,三者之中,当以最末一项为最没有学术的意味,然而这的确是三者的中心。本书很浅近,没有什么系统,头绪很乱,只能当作一种目录式样本看看而已,没有太大的价值。

日本　藏原,外村辑:《文艺政策》

(一九三〇年十月　上海水沫书店再版本)

出版在一九三〇年的这本译文,其实是开手于一九二八年的五月,先发表在《奔流》月刊上的。东西则是一九二四到一九二五年间的事。

在书首的藏原唯人的序言很清晰,很中肯。他说:"在这讨论会里,各同志之间有着颇深的意见的对立,而这又并不见有什么根本的解决,剩下来了"(序言,页一),这是的确的。其初的派别是有三个,一,是由瓦浪斯基及托罗兹基所代表的一派;二,是瓦进及其他"那·巴斯图"的一派;三,是布哈林,卢那卡尔斯基的一派。第一派的立场是否定独立的无产阶级文学的,第二派则以为有成立的必然和必要,并且必须党的直接的指导和干涉,第三派都似乎折中,必然和必要,是承认的,但以为干涉是有害的。关于这,序言里都说得清清楚楚了。此外,附录的以理论为中心的《俄国无产阶级文学发达史》,冈泽秀虎作的,也是关于本文的好参考,在读正文之前,是早看了方便的。

这本书的正文,是三部分,第一部分是一九二四年五月九日苏联中央委员会出版部招集的讨论会的记录,发言的是二十人。就中有的人看重艺术,有的人看重政策。瓦进(Varden)是后者的代表,瓦浪斯基(A. Varonslry)是前者的代表。

看重政策的人,所说都是实际的问题。瓦进开首就说:"本评议会,是在决定文艺领域上的党的方针的"(页二一),所以他绝不像瓦浪斯基一派的人谈到文艺本身的课上去。他更明显地说:"倘若我们之前,没有政治上的问题,我们是并无聚到这儿来的必要的"(页二六)。和瓦进同调的是罗陀夫(S. Rloov),他以为"今天的会议的任务,首先是在提出无论如何,党必须将劳动阶级的文学运动,作为已有的问题,而别的诸问题,文艺批评的问题,或我们在相宜的会议上能够解决的别的小问题,这样的诸问题,则可以俟根本问题完全解决之后,再行审议的"(页一三六)。因为重实际,重政策,所以他们多的是组织,有了组织,则"妨碍无产阶级作家的创作的条件才会消灭"(页一三三)。他们之对文学,是像战取政权,战取经济样的,也在战取文学(页一七二),对同路人虽主合作,但也是要为无产阶级文学的利用,而不能把无产阶级文学利用于同路人之手(页一七九),最后,乃是要求"文艺领域上的党的独裁"(页一八〇)。

反之,在看重艺术的人,则所说都是理论的问题,要的不是政策,而是艺术,想的不是组织,而是作品。瓦浪斯基,在瓦进口中就是要好作品的一人(页三一);布哈林(Bulsburin)也是的,他说:

"拿出二十篇主义纲领来,还不如拿出一篇好的文学作品的必要——一切问题就在这里"(页六五)。在这一派的人们中,多半知道文艺的价值,多半主张虽讲政策,也须注意艺术之特殊的性质,例如渥辛斯基(S. Osinslky)就说政治与艺术当兼顾,而指责瓦进之并不领会(页四三),又说即便读坏作品,但除掉那坏的观念形态影响,也还是于大众有益(页四五),接着是波隆斯基(V. Polonslky)发言,更明白地说:"在当检讨之际,并不忽视那具体的艺术底特性的时候,这才可以政治地解决"(页五一),这可以代表他们的态度。凡这样的主张者,对于古典的文籍,往往特别表示热心,略萨诺夫(D. Riusunov)即是一例(页一六一)。

不过,所有这些看重艺术的人们的论调中,顶透辟的,持极端论者,要算托罗兹基(D. Trotslky),持扩衷论者,要算卢那卡尔斯基(A. Lunucharslsy),其实他二人的见地并不相远,其要求文艺,文化之自由同,其认识艺术之有特殊独立的领域同,其看重艺术之价值同,唯一不同,只是托罗兹基不承认无产者艺术的存在,而卢那卡尔斯基却承认了而已。

托罗兹基,对于艺术之有独立的领域的见地,是清楚极了,他说但丁:

> 我们和中世纪意大利的作品之间,并非历史底的,而是直接底的美关系,是怎样地得能成立的呢?这事的解释,就是在分为阶级的社会里,虽经一切变迁,而其间有或种共通的性质存在。(页九七)
>
> ……所以如果有人对我说,但丁的《神曲》的意义,在我们,是因他表现着或一特定时代的生活而定,那么,我就只耸一耸肩。(页一〇〇)

因为他承认文学有独立的领域,有共通的性质,所以他甚而根本否

认那种以社会背景而划分文学的事:

> 我再说一遍,将封建时代的文学与有产阶级文学和无产阶级文学,历史底系列地排起来是不可能的。这样的历史底分类,是根本底不知的。(页一二一)

而且,他承认文化可以没有阶级性,他说:

> 关于新的文化,可以称道的事愈多,则那文化,大概是带阶级底性质也愈少。(页一二二)

至于现在人的争论,他便以为是因为早有一种预想的主见故。他又直斥着说,这种见地是太计划的了,太进化论的了(页一二六),我们不能不以为是恰恰道着那些着重政策的一派的心病。无产者之艺术并不成立,他是很坚持地主张着的。反之,他以为有产者之了解艺术,并以为其中虽有阶级立场,但"一定须是艺术底地屈折着的"(页一一六),因此他对于过去的艺术,是持着特别看重的态度,纵然"中毒",都还是好的(页一○五)。托罗兹基词锋很厉害,也很幽默,从他的话,总见出他在学识方面的教养,这不是一般普通从事政治的人所及的。

卢那卡尔斯基却并非反对政治来干涉文艺,但是他认为政治有广狭之别,他的话也十分明白:

> 纯粹的政治的领域,是狭义的。广义上的政治,乃是在国家机能的各部分上,都各有特殊的课题。政治家办理他们所不知道的领域的事的时候,常常存着弄错的危险。(页一三七)

因此,他说:"不顾艺术的特殊的法则,则提起关于文艺政策的问题,是不成的。"其次,他说假若有的作品,在政治上看来纵或不满足,但只是一点不佳的倾向的,也便不能遽加摈斥。更进一步,在

他认为只要是艺术就大都对人有益的,他说:

> 无论依那一面,天才底艺术作品,就明明于我们是有价值的。这些,或则是直接地给与生活的优良的表现,或者又成为社会的机能,由伟大的作家的意识,独特地,明快地,将社会反映出。……从这见地,就可以说,一切艺术底作品,无论什么,只要有才能的东西,即于我们有益。所以,在这方面,必须看得更广一些。艺术的繁荣,在我们,大概是会成为对于这国度的认识的很好的源泉的。(页一三九)

因为看重艺术,他主张艺术上的自由。从政治的见地,他也认为批评就够了,不必禁压。他处处提醒人们说:"艺术家是人间的特别的型,这事忘记不得"(页一四〇)。艺术家和政治家的不同,他十分懂得,他在艺术家中,"常缺少对于正确思索的极度的敏感性,或对于特定的意志底行动的倾向",又以马克思的虚心和留神为例,说马克思如何接近了歌德、海涅的文学现象的事。他极端反对以党的政纲填入艺术的作品,他认为艺术家"既然作为艺术家而行动,那么他是依了和政论家工作不同的法则,组织着自己的经验的"(页一四一),倘若勉强呢,就一定是"赝品",这种见地可说非常远大,也恰恰是中国新兴文学运动的一个针砭。最后,他承认艺术家也是一种专门家,须有较高的教养,所以不但最近,而且将来,也是多半属之知识分子,因此不能把那些知识分子撇开(页一四二),对于同路人,排斥也不行(页一四六)。对资产阶级的文化,则认为其中有些问题已解决得很好,或者不能再好,所以采取是应当的(页一四四)。不过,他是不像托罗兹基那样绝对不承认无产阶级的艺术的,他认为像其他方面是过渡时期的文化现象一样,过渡的无产阶级艺术当然也可以(页一四六)。

大体是看重艺术的这一派的人,也就是瓦浪斯基派的人更有学识的教养些,这不只是我这样看,冈泽秀虎也说:"公平地看来,他们的理解呈示着比'立在前哨'一派的理论更深刻得多的文艺本身(文艺底特殊性)底理解"(本书,页二五七)。"立在前哨"者,就是瓦进、罗陀夫一派。

在这次会议中,因有三派不同的立场,党的政策并没有即刻决定(页二六一)。

本书的第二部分,是一九二五年一月第一次全联邦无产阶级作家协会的决议,其实即是瓦进的报告,题目叫做《观念形态战线和文学》,此中对托罗兹基大为批评,指为"无政府主义者的左翼底词句和少数主义者底温暾主义的混淆"(页二〇一)。而要义是在确认无产阶级文学的存在的事实,文学一定是阶级的反映,一定代表阶级的利益,所以文艺的斗争一定作为总的斗争的一部分,反对把这种文艺只当作文艺中的一角的办法,却必须定于一尊。对同路人,则认为"和无产阶级革命背道而驰"(页二〇六),所以必须施以"最决定底斗争"。

可是这主张在一九二五年七月一日所发表的共产党中央委员会底决议《在文艺领域内的党的政策》内便否定了,这成就了本书的第三部分。在这决议里,依然承认在阶级社会中不会有中立的艺术,依然认为像在政权上的独裁似的,在文艺领域上,须将无产阶级取得领导地位,也依然要和一切不利的势力斗争,但是对于同路人却宽容了,是当作一个现象去研究,而且要援助(页二二三),对文艺团体或文艺潮流,是取一个听其自由竞争的态度,但努力不使其中之一有所独占。这种办法,是近于卢那卡尔斯基所提供过的意见了,宁批评、指导而不禁压。

本书至此为止。据冈泽秀虎所记,则此后是注重创作的时期(页二六三)。那么就是先前那些求好作品的论调的实现了。

总之,从这本书看,知道苏俄对一切事件是持着一个有计划的态度,同时,见出文艺本身的特性是在和政治的策略的拘束在起伏的挣扎中。至于在这本书中所包括的变化,则是由文艺的讨论,到政策的决定,而政策是由抽象而具体,由宽容到严格,最后乃是透出一点点自由的光明。

俄国　卢那卡尔斯基:《艺术论》
（一九三二年十月一日四版　上海大江书铺本）

由文艺政策的讨论中,也可以知道卢那卡尔斯基是最有理解的理论家了,这一本《艺术论》,也可以说在介绍新的美学的著作中之最精彩的。

我只觉得,这种稍近于专门的著述,对中国一般的读者水平,是不免有点距离的,因此,拥护和反对,就往往失却真相。其实,这里所说的,都是平平常常的学理,有的是他的一家之言,有的是公认是非,也都可以清清楚楚。在"革命俄罗斯美术家协会"所作的原序上,有这么几句话:

> 本书是将在种种的际会,因和种的端绪,写了下来的几种论文,组织地编纂而成的。这些论文,由共通的题目所统一。但并非本来的意义上的美学的理论。在这些论文中,于趣味,美底知觉,美底判断的本质,都未加解剖。本书中所成为焦点者,是艺术本身和那发达的历程。从中于艺术的创作底历程,尤其解剖得精细。

这话我认为是有些客气的,至少在本书的第四章"美及其种类"中,确乎所讲的是"本来的意义上的美学的理论",但是由这几句话中,分明可以看出他们十分明了他们现在的论点是在什么地方,以及什么是忽略的所在。中国一般的读者,因无美学常识,就以为这和从来的理论是立于绝缘的地步了,这实在是笑话。

分为五章,又加上一个重要的附录:"美学是什么"的本书,第四章是最精粹的所在。以我的意见,一、二、三章反倒只有附录的资格。

卢那卡尔斯基确乎是一个美学家,换句话,他确乎是艺术的理论家,因为第一,他有分析的能力,他很少有含混武断的地方,第二,他所提及的都是真正艺术上的课题。所以我承认这是一部美学著作,而不是什么策略的护符。

他的中心观念,是由生物学的见地出发,以为美者,就是生命力的最合算的安排。同时,他忘不了经济基础。不过,二者纵无轻重之别,但在和艺术的关涉上,是有简繁的不同的,所以卢那卡尔斯基的理论,毋宁称之为建筑在生物学上更觉妥当的。美学是评价的学问,评价当然须有一个标准,这在卢那卡尔斯基看,美底评价的标准,便是生物学上的适应。他说:

> 据我们看来,这在最广义的美学上,即关于直接感动的评价的学问上,也有很大的意义的。倘若我们仔细地来观察这适应性,便知道那生物学底意义,是含在下列各点里面的吧。就是,将现象正确地加以评价,能在愉快的东西中,识别其有害者,在可嫌忌的东西中,识别其有益者;能将于此处有害的东西,有益地用之于别处;约言之,便是能够多方面地对付事物。为什么呢,因为在实际上,各事物是由于事情之如何,而对于人类有难以汲尽的多种多样的关系的。在对于人类这有机体的一切直接底以至间接底关系上,认识事物的事,——即是完全地认识事物的意思。这样的认识,是科学底,也是美学底,在最广的意义上,也应该是实际底。(页一〇五)

只有在这种地方,才能了解他之所以把"用"与"美"的合一。再看

他解释"美的","伟大的","美学底"吧:

> 什么是美的呢? 就是在一切要素上,是美底,由美底线、色彩、音响等所成立,而唤起快乐的联想的东西。什么是伟大的呢? 就是将谐调底律动,传给我们的神经系统,将高尚的生活,使我们感染的东西。什么是美学底呢? 就是对于被消费的能力的单位,给以非常多觉的知觉的一切。(页九五)

他总是把有利于生长的这一个观念和"美底"这一个观念合在一起,所以我说他的见地是生物学底出发的。他在另一章,并且说:"所谓诗底的事者,即是创造底的事的意思,非照这样地解释不可的。只要什么东西里面创造多,那便是诗也多"(页二九),都是同一思想。

由是,他对于"美"的价值,看得极高,他说:"生活的意义,在人类,是生命的扩大……被扩充,被深造,被充实的生活,以及引向那些去的一切,是美。美呼起欢喜,令感幸福。而且这之外,并没有什么目的,也不愿有什么目的。"(页一六九)不过他将人类的生活的重心,是置在集体上,整个上,他说:"积极底的人们的信仰,是对于未来的人类的信仰。他的宗教,是使他成为人类的生活的参与者,使他成为连锁的一环,展向超人,美的强有力的存在,完成了的有机体云的感情和思想的结合。"(页一七〇)他对于艺术家的使命,看得尤其庄严:

> 助民众对于自己的力,对于较好的未来的信仰的生长,寻出到这未来的合理底道路来——这是人类的使命。竭力美化民众的生活,描出为幸福和理想所照耀的未来,而同时也描出现在一切可憎的恶,使悲剧底感情,争斗的欢喜和胜利,泼罗美修斯底欲求,顽强的高迈心和非妥协底勇猛心,都发达起来,将人们的心和向于超人的情热的一般底的感情相结

合——这是艺术家的使命。(页一六八)
这可以说是全书里最辉煌的所在。

他从生物学的观点,解释艺术上的一切现象及法则,什么多样与统一,什么律动,什么均齐,以及什么壮美,什么悲剧,什么幽默,……他都一以贯之。他的原则只有一个,就是:"知觉机关及其中枢的活动,必须保持着那完全的正确,而也达于最大限度。"(页六三)例如他解释多样与统一吧,他说:"多样之中的统一,是美的东西的几乎不可缺的原理。因为多样者,是蓄积得过度了的能力的完全的撒布这意思,统一者,是使易于知觉的作用的正确这意思的缘故"(页八〇),其余便可以类推。这是卢那卡尔斯基的美学的独特的面目。

作了他解释的钥匙的,是生命差的学说。什么是生命差呢,他说:"假使我们将在安静之中的,即在和那环境十分调和之中的有机体来想一想,那么,在我们之前,便将现出或一确固的过程,或一可动底均齐来罢。和这均齐相背驰的一切事实,我们就名之曰生命差。"(页一一一)生命差有两种,"过度消费的生命差,是必要的生命差。过度蓄积的生命差,是生活和创造的渴望。前者是被消费了精力一回复,便即中止的,和环境所给的损失为比例。第二的生命差,是无限的。为什么呢?就因为精力的阔绰的消费,即以促新的越加旺盛起来的营养的补充的缘故"(页五一)。从这里。他才论到游戏价值(页一六),论到安逸价值(页一三二),这是他艺术哲学的核心。

其余的问题,在本书中都是给了很少的篇幅的。例如"艺术与社会主义",他只是承认有"对于艺术的纯科学底社会主义态度的原理存在"(页三),但是他反对"将观念形态底现象,太简单地一括于或一基本阶级中的事"(页八),并且说明"一面虽在否定观念形态的支配的地位,而将这观念形态的价值,科学底社会主义却并不否定的"(页九),他反对遽加武断,他划分价值与解释,都见出他的慎重和清晰。他对于艺术品总是在宽容着,他说"虽纵最消极底艺术品",也还是有益(页一七),他对于纯艺术品总还留一个地步,认为不能像思想上的组织化的事之连系于观念形态的社会底集团那么容易(页一二),可见他对于艺术,是在如何地爱护着,又理解着。证之以他所说的艺术终有它内在的法则,譬如河流,形式虽由山地,河床而决定,但它的本质,依然有水力学的法则在(页一六〇),所以他真不愧是一个纯正的艺术理论家。在"艺术与产业"中,他打破前人以实用为丑的观念(页二〇),但他说艺术家不能服从流俗(页二六),又说大家的艺术问题,现在我们只能作预备工作(页三七),在"艺术与阶级"中,首先说明艺术理论中主观态度与客观态度的难定(页三九),次说明一概因阶级而对立的不当(页四二),最后才说到无产阶级艺术与美学的特点(页四六),令我们处处觉得作者在纯正之外,还有无限的正当的虚心。所以,这本书我认为是美学中屹然不可动摇的一部著作了。

俄国 卢那卡尔斯基:《文艺与批评》
(一九二九年十月 上海水沫书店版)

和上面所说的同一著者的书《文艺与批评》是不如上一书的精粹的,这也难怪,因为一则因为内容的关系,这本书不是像前者那么平平和和地讲学理了,其中有些倒是着重在思想的斗争,二则本书是由重译者在不同的书上转起来的,所以不免十分驳杂,其可看的价值也就很不一律。

第一篇是《艺术是怎样地发生的》,他还是说他的"美"与"用"合一的瓦解,这原是不错,但开头从字上去讲。以为当时就包括装身具,陶器,家具之类的制作(页三),我却以为这是一种混淆了,故意把一件事情的广泛的范围去限制那事情的正确的性质,这是不必的,而且当知字的本来的意思是一回事,事情经过了演化,变成什么性质是一回事,现在我们以为应当如何又是一回事,但他为维持后者,却不惜把前二者也予以委屈了。他又明说艺术底行为,是使人类的生活更高尚、美丽、丰富(页七),而人们有了余暇,才会尽其所能的,把情感传给别人(页一一),显然与"用"的关系也有一点距离,在这里就必须知道他所谓"用",是"大用",不是"小用"而后可,然而这就不是仅仅在装身具,家具之类的制作的意义了,所以,我认为他的意思本不错,却拉扯得错了。至于他说到社会主义的社会,是给艺术的解放和自由(页一四),倒是可感激的见地的。

第二篇,第三篇,都是论到托尔斯泰的。在第一篇里说得简略,只说明托尔斯泰和科学的社会主义的异同,对现状之不满,对国家的性质之看法,是相同的,但二者的主张,一为理想,一为现实,一为由个人主义的路途,一为由社会的路途,是其相异。这一篇作于一九一一年,便是托尔斯泰死后的翌年。内容只在说明,立论虽简要,但也还是通泛而已。第三篇乃是一九二四年的讲演,题目是《托尔斯泰与马克思》,重申这两种思想的不同的,据鲁迅在后记里引的话是卢那卡尔斯基把非有产者的唯物主义称为"马克思主义",把非有产者底精神主义称为"托尔斯泰主义",这可以看出全文的命意。作者对于托尔斯泰是攻击着的,认为托尔斯泰的主张,只有便宜了有产者(页五六),便宜了恶人(页七六),虽梦想着未来,实则是维持了过去,他本人也是绅士和贵族。对于托尔斯泰一派之可能的驳难也答辩着,一是暴力不可恃的答辩(页九九),二是止于唯物的答辩(页一〇一),三是向好处变的怀疑的答辩(页一〇三),四是牺牲太大的答辩(页一〇五),那意思总是在说人本有向好的心,只要生活上有了保障,再则是现在的潮流,业已成为必然等等。在我认为,这种论调,以政治的意义说,或者是必需的,倘若撇开实际的政治的意义说,则并不公允。托尔斯泰的办法便宜了有产者,便宜了恶人是无疑的,但我们并不以为托尔斯泰的本意是如此的,他的主张,就历史的演进的眼光看,也确乎是新旧社会中的桥梁,并不是开倒车,他身为绅士,或贵族,而且思想上,也确乎是代表绅士,贵族的面目,这也是无疑的,但同时不可忘了他乃是绅士,或贵族中的先觉者。他之像《浮士德》中的妖精们唱的否定一切的精神(页九二),倘若从人类的永久的精神活动看,也正是伟大的,并不能因目前的看了似乎不驯的印象而加贬抑。卢那卡尔斯基此文,是以政治的见地,而把文学的见地给遮掩了的。

第四篇是《今日的艺术与明日的艺术》。他说艺术在将来社会的重要,是"尽最本质底职掌者"(页一一九),又说将来的社会给艺术以最大的自由(页一二八),不但将艺术家解放,还给艺术家以刺戟(页一三〇),而在社会主义的社会中,创作上的独创力将比任何社会为大(页一三七),这都看出他对于艺术的热心。同时令我们想到,艺术家之受到限制,既是不可否认的事实,则在现社会中,真正伟大的艺术家之不顾一切,忠实于自己,而与社会奋斗的精神,便是十分应当的了。将来的社会,不过完成之而已,这无疑是艺术家的一种胜利了。在这篇文章中,作者又说明艺术家与技术家之别,指明前者的特点"在形态上有独特的思想","在形态上有被铸造了的明白的体验"(页一五一),这都是十分正确的。

第五篇是《苏维埃国家与艺术》,首先说明现在正需要观念形态的艺术(页一六六),次说明无产阶级艺术品已经存在的事实(页一八二),对于新的艺术的性质,则加以阐明,对于过去的文化遗产的价值,则加以肯定,最后提出四种紧急问题,是艺术底教化问题,艺术和产业问题,艺术和煽动问题,以及艺术保护问题(页二〇五),这都是十分实际的了,也都十分开明。他在文学曾说过这样的话,就是,无论何人,不能人工地产生天才,国家唯一的职责,是在天才产生了以后的维持和爱护(页一七五),这话是再对也没有的,从此也可以见出他的主张和施设。

最后一篇,是全书中最为精彩的《关于马克思主义文艺批评之任务的提要》,他把批评看得极高,认为是在建立生活(页二四〇),批评家不唯是作者的导师,还是读者的导师,教给读者以读法(页二六二)。关于批评内的许多课题,这里也都有简而中肯的纲领。方法上,首先是社会学底,但他认为其中关系殊不简单,必须细心地分析(页一一四),对内容,是须"将和某几个社会底集团的联系,含在作品中的暗示之力所将给与社会生活的作用,加以决定"(页二四四),对形式,是看作品是否与本目的相应,在读者方面有如何的传染性,此外,则当把这和全时代连结的形式之所以然之故,给以社会底解释(页二四五)。批评家不只是在说明,而且是战士,是建设者(页二四七),他的评价却当以与无产者的伦理学是否相一致为准(页二四八)。最后,他论到批评文字的形式,激烈的论争并非不可,但怕变为"不诚恳"(页二六六)。不过在一切之余,他却说:"在这里,问题不只在一定的马克思主义底教养,而在关于无此则不会有批评的一定的才能(页二四九),批评家也得要天才,正如创作家凭直感,有以浸透统计学和论理学所不能进去的领域"(页二五〇)。这种意见也太对了,都见出和中国文坛上叫卖者的不同来。

总之,在这全书的六篇文章中,以末一篇为最有价值的一篇。

俄国　蒲力汗诺夫:《艺术论》

（一九三〇年七月　上海光华书局版）

蒲力汗诺夫的论点,远不如卢那卡尔斯基了,非常粗疏和紊乱。

他反对过去唯心派的艺术论(页一一),但是像黑格耳那样的绝对唯心论者,并不是普遍的,所以在其反对方面,不过是常识的,通俗的见地而已。在其建设的方面,则他的例证处处是初民(页一九,页五,页六三),处处是大众,殊不知这并不能可据以解释进化的艺术的性质,因为艺术是天才的事,所以不能以大众的趣味来代替,艺术是文明人的事,所以不能以初民的现象来概括,这是一件最根本的锴误。在本书的第二个节目:"原始民族的艺术"(页九三至一三四),就几乎只讲了原始民族,而与艺术无关。

但是作者对于漏洞也自知的,他一则说:"在文明民族,生产的技术,只将很少的直接底影响给与艺术"(页六二),再即说:"差异之处,只在文明民族,艺术之于生产的技术和方法,消灭了那直接底凭依"(页七〇),就可见他自己的说法,也并不能维持的。不过从而又看出他的阵法了,大抵是在逃人指责的时候,则说关系"并不直接",但反对者一宽容,他却又会说"为所决定"了。

他太注意物质的条件了,不知环境只能令人饿或饱,但不能因此抹杀了胃的消化的法则,球可以被斜面所限制,但不能因此而忽略了力学的原理,所有这些,都是一想就可以得到的。

不过作者也终于很开明,知道道理将被人简单化的曲解,将以作品之是否能劝此解释为价值的准则,他却认为是不对的(页一九一),又说他之学说并非是让在社会学前把美学的门关起来,倒是将门开放,而忠实的唯物论的批评,也还有第二步的审美的价值的判断(页二〇四),这倒是很对的。然而像一般唯物论者之容易犯的错误一样,把初级的文化现象与高级的文化现象混为一谈,却是无可原谅的。初民的艺术,确乎是劳动的目的在先,这是对的,但不必据以限制近代的所谓艺术。近代的所谓艺术,受物质环境的限制也是真的,不过不必以初民的艺术状况来比附。

在科学的社会主义的艺术论中,对的也还是对的,不对的也还是不对,所以在我看,学术上,终有一个公的是非。

二十四年十月二十日上午十二时

哀鲁迅先生①

在十月十九号的晚上,不经意中打开了晚报,就看到这个消息了:鲁迅先生已经死了!

但是当时我是没有十分太难过的情绪的,这是说实话。原故呢,也许因为刚刚在一个月之前,是我的父亲死去了,我已经见过死人是怎样的光景了。在有着这事情的氛围是如何的愁惨;家属和亲人,是如何张皇而撩乱;这印象似乎给我太深了,也太明确了,又似乎太熟悉了,于是我麻木了。当我一见那消息,立刻便像有一张很鲜明的纷乱的图画,映在我的眼前似的。却又为这纷乱的图画所窒塞,充涛,——因此,的确我是麻木了。

同时我有一个感觉,就是人一死了,倒是平安了,倘若我们以死人的苦乐为苦乐时,我们就不会太难过了。因此,我能容忍下我的情感,见一个人死去,长眠;但我不能容忍下我的情感,去看一个人患着病恙。鲁迅先生的消息,使我们太突兀了,太措手不及了,一知道的时候,他的痛苦却已经消除了,所以我也并不太难过了。

去年的八月间,也曾听说鲁迅先生病过,我想实是放心不下的,便也去信问过,但他的回信却说没有什么大病,还很幽默地说中国的消息往往出自新闻记者的创作。也因为如此,今年我再在报上见他有什么病时,就不以为意了。去年的八月,我已经在写

---

① 该文发表于一九三六年十一月《潇湘涟漪》(长沙)第二卷第八期。

《鲁迅批判》,随写随发表,到了去年现在这时候,也还没有结束。谁知道不到一年,我所批判的就已经成了古人了呢!

从去年,大概在写《鲁迅批判》的时候以前吧,我就想专到上海去,去看一看这位永远站在青年队里的益友了,去拜访一下这位保存了新文化运动的命脉的武士了,去礼赞一下这位国民性的指导者和监督人了,然而竟因为此牵彼挂,不能抽身。到现在竟成了我再也不能见到的人了! 在歌德十九岁的时候,于莱布齐希作学生,那时候他最向往的是温克耳曼;温克耳曼正有归国的消息,他就热狂得了不得,但是三等两等,温克耳曼终于没到了德国,路上却被害了! 温克耳曼便成了歌德始终所没见到的一人。当然我比不上歌德,但是我觉得鲁迅给我的影响之大似之,我对于鲁迅先生之敬爱亦似之,使我终不能一见之为遗憾尤似之!

在我写《鲁迅批判》的时候,我曾把他的生活分为六个阶段,代表了他精神进展上六个不同的段落。最后一期,是自一九三一为始,我曾说:

> 他重又攻击国民性了,但是比前此所了解的更深刻些了,这是他从新的理论里而加以应用的时期,同时,他的反封建文化的使命,已更明显的表现为反帝国主义的抗争了,不过,他在有些地方已显出了困乏,现在却不知道这是一个衰歇的结束呢,还是一个更新的酝酿。(北新版,页一二)

当时我的确有那么一个不好的感觉,不过怕鲁迅先生看了或者要受刺激的,所以紧赶上一个"还是更新的酝酿"。但是我终于说:

> 大体上看,鲁迅时时刻刻在前进着,然而这第六个阶段的精神进展,总令人很容易认为是他的休歇期,并且他的使命的结束,也好像将不在远。(页五五)

我现在仿佛很觉得我说这话的不应该了,因为,多么不祥!而且这不祥终于还没有一年,就实现了!

　　我委实没有什么话说了,只记得歌德纪念温克耳曼时,说温克耳曼永远是一个青年,长留人间。温克耳曼死时也才五十几岁。同样,充分表现了青年精神,不妥协,不衰退,使一切青年都觉得精神上和他毫无隔饰的鲁迅先生,有人说他死了,我也不能不怀疑了:有过这样的事么?

二十五年十月二十八日,北平西郊

鲁迅和我们①

——在北平师大鲁迅纪念会上讲

鲁迅离开我们十二年了！论说十二年并不是一个太短的时间，可是非常奇怪，我们并没觉得像其他死去的人一样，死去一天，就遥远一天；反而觉得他时时在我们的身旁，指导我们，领导我们。更因为事实的暴露和演变，我们仿佛觉得鲁迅所说的话，都逐渐证实，或者逐渐兑现，那么，我们不但不觉得他死去一天，就遥远一天，反而觉得我们是天天走向鲁迅，天天实现鲁迅的愿望了。自然，有些人的愿望是和鲁迅相反的，可是这种和鲁迅相反的愿望却在逐渐地削弱，逐渐地没有力量，抱有那种愿望的人也逐渐减少。这个原因，并不是由于鲁迅有三头六臂，也不是由于鲁迅那支所谓绍兴师爷的厉害的笔，更不是根据什么策略，有什么人在鼓动；其实很简单，只因为鲁迅的要求是时代的要求，鲁迅的愿望是时代的愿望。时代是什么？时代就是大多数人所感觉得的。大多数人是谁呢？就是人民。

世界上没有奇迹，也没有神秘。所谓奇迹，或者神秘，都是因为我们没有明白底细。世界上只有平凡，可是平凡就是真理。人人要吃饭，这太平凡了。但是这就是真理。一部文化史，是人类吃

---

① 该文是李长之一九四八年十月十九日在师大鲁迅逝世纪念会上的讲演，曾将讲稿寄给《观察》杂志，因文辞激烈，未能发表。二〇〇〇年第八期《鲁迅研究月刊》发表了此遗作，时间则误排为"一九四八年一月十九日"。

饭的方式和关系的历史。就是所谓复杂的国际关系,也不过是大部分人要吃饭问题合理化,而少部分人——目前却还有着力量——要阻挠这个合理化。据说中国国内的问题,是国际问题的一环 如果从刚才这个意义看,我们是可以同意的。平凡的事实就是真理。传说四川的杨妹,有很多时候不吃饭,这当然是奇迹,也有点神秘,但这只是因为我们还没有发现她在偷吃花生米的底细以前而认为如此而已。这底细一拆穿,奇迹和神秘也就归于平凡。——四川的杨妹被证明是平凡了,于是西安的杨妹,湖南的杨妹,上海的杨妹,也就一齐垮!许多期待医学上有新发现(其实是不合理的发现)的人失望了,许多期待营养化学上有新发现的人幻灭了,许多想因此而给精神重于物质添一条证明的人碰壁了!

鲁迅所说的话,现在看来都像预言,鲁迅的确是伟大的。可是这不是奇迹或神秘。如果我们认为奇迹或神秘,那只是证明我们平日太忽略了人民的要求的缘故,也是证明我们平日太忽略了人类其他的先觉者的一般言论的缘故。鲁迅的道路,是平平凡凡,踏踏实实,人类所必须走的道路。"谁能出不由户,何莫由斯道也?"我们对于鲁迅的指示,就是这样感觉。

至于有人认为鲁迅是有一支绍兴师爷的厉害的笔,所以有这样大的势力,这是错误的。我们不否认这一支笔厉害,但更重要的是他这一支笔是在为人民服务。我们也不否认因为这一支笔,人民的要求可以喊得更响亮些,然而主要的是人民的要求使这支笔有着活力,有着生命,使它没有生锈,没有烂掉。单以白话文论,周作人的早期白话文不能算坏,汪精卫、陈公博的白话文也不坏,可是怎么样呢?这些东西不是有血气的青年都憎恶着么?

要说鲁迅的受人爱戴,是因为政治的策略,那更笑话。政治策略如果违反了人民的意志,是决没有力量的。满清政府的策略何尝不在消灭我们的民族意识?可是消灭了两三个世纪,还是枉然。

从前我在一个教会学校念书,学校当局在每一个学生的桌子底下放上一本《圣经》,每周有一次人生修养的课(其实是传教),这何尝不是策略?可是我们真正成了教徒的很少,反而我在那时是种下强烈的无神论的思想的种子。策略没有用!靠策略是傻子!我回想最初喜欢鲁迅,是因为文章。我们读得忘了睡觉,并不是有人督促,也不是有人在设计,故意使我们牺牲睡眠之类。后来喜欢鲁迅,是因为他始终监督我们的青年,始终保护我们,免得入了旧势力的圈套。同时,他所要讥讽的,也就恰是我们所认为可恨或可笑的人物或事件,他替我们出了气。最近爱鲁迅,却是因为逐渐发觉他是非常严肃,非常郑重;他骂人,同时就是提出正面主张;他的杂感,其实就是堂皇的论文;他对社会,的确有正确的了解,他知道现在是到了哪一个阶段;他的确是实际的战士,他的目标丝毫不错,理论和实践,在他合而为一。他不但给人指示,告诉人战斗的方法,而且身为模范,是具体的战斗的一员。就是从修养方面说,他时时在克服自己的思想和意识,严格的批评自己,在求进步。有些人认为鲁迅不认错,这是不对的,我们看那一封讨论翻译的信(在《二心集》里),他非常虚心。至于他不放过的人物,都是有意或无意轻视人民的人物。第三种人之被他攻击,也是如此。现在事实上的证明,那些有意或无意轻视人民的人物,便有意或无意地走上反动的阵营了!这已经是一个铁样的律则了!起初好像高超,自己也觉得高超,可是一跌,就跌入阻挠人类吃饭问题合理化的人们的怀抱里了!

人民决不是愚蠢的。不要认为一个没在大学里学些无用的知识的人就可欺骗。我举一个小例子。我因为早上八点有课,来不及在家吃早点,就在街上吃老豆腐,或者豆浆。我听听那些在摊头儿上围坐的粗人的谈话,就常觉得比一般上流人高明。在金圆券刚发行的时候,有些东西好像贱,可是那个卖老豆腐的就说:"这就叫明落暗涨!"我真佩服他这四个字那么中要害,比任何大报的社论也高,比任何经济学专家教授之流的谈话也高,御用学者的狂吠是更不用说了。又一回是,一个工人模样的人,拿钱时拿错了,算不清账,他便笑嘻嘻地说:"就是赵匡胤也能有错!"可是现在试问知识分子中谁能发现"就是赵匡胤也能有错"的呢?最近一次是这样,有两个下力的人坐在扁担上吃老豆腐,一个说:"这个日子,如何是了?"那一个说:"早晚饿死了,也就是了。"旁边又有一个下力的人插嘴道:"反正有个完。这不是两手么?两手合为一手,那就完了。'他所谓两手,也就是双方,他乃是希望召开政协了。这都是真正老百姓的话,多么有内容!

爱人民的人才能为人民所爱,敬重人民的人才能为人民敬重。爱青年的人才能为青年所爱,敬重青年的人才能为青年敬重。鲁迅之受人敬爱,原因就在这里。

最近师大复课了,我想起一点师大和鲁迅有关的事。我的朋友吴组缃最近作过一篇纪念朱自清的文章,他提到朱自清要请鲁迅到清华讲演,可是碰壁了,朱先生说:"鲁迅肯到师大去讲,不到清华来。"说完了,红了脸。当时鲁迅到师大讲演的情形怎么样,我不知道,但这故事叫我们听了,特别有一种亲切的感觉。各位同学听了,也一定要格外爱读鲁迅的书,爱听鲁迅的话了吧!

鲁迅在文艺批评工作上的启示[1]

——十月二十日在中法大学讲演稿

诸位先生！今天是我第一次在中法大学和大家谈话，正逢着鲁迅先生逝世十二周年纪念，这在我是很荣幸的。关于鲁迅先生和我们一般人的关系，我已经在昨天的师大鲁迅纪念会上讲过一个题目叫"鲁迅和我们"，现在我想找一个较窄的题目来谈一谈，这就是："鲁迅在文艺批评工作上的启示"。

在去年，我曾在北大讲"文学批评的课题"时，说过："只有鲁迅那样的人才配做批评家"，理由呢，因为批评家是一个战斗的思想家的缘故。可是当时只是这么一个感觉而已，最近因为要纪念鲁迅逝世十二周年，重新读读鲁迅先生的著作，才越觉得我那一句话是非常可以成立了。我今天所讲的，就是作为一个批评工作的学徒，看看鲁迅先生在批评上都是有什么指示。现在只是一个初步的探讨，等以后再修正补充。

以下我将要分六项来说明，一是鲁迅先生所指出的批评的重要性，二是鲁迅先生对当时批评界的批评，三是鲁迅先生所认为的理想的批评应该怎么样，四是鲁迅先生所指出的批评方法，五是鲁迅先生本人在批评上的实践，六是鲁迅先生的批评精神。

---

[1] 该文发表于一九四八年《中建》杂志第一卷第八期。

一 批评的重要性

就鲁迅的整个著作看，鲁迅所认为的批评的重要性大半是为了创作。

首先是，批评可以鼓励创作。鲁迅先生在《我们要批评家》一文里说："这回的读书界的趋向社会科学，是一个好的，正当的转机，不唯有益于别方面，即对于文艺，也可催促它向正确、前进的路。但在出品的杂乱和旁观者的冷笑中，是极容易凋谢的，所以现在所首先需要的，也还是——几个坚实的、明白的、真懂得社会科学及其文艺理论的批评家。"（《二心集》五七页）批评的目的是让创作健康起来、成长起来，并不是抹杀。它的骨子是对创作的一种热情、一种爱护。出品杂乱，自然是创作界的幼稚情形，而"旁观者的冷笑"，也的确可怕。这需要批评家来扶持、灌溉。就是有所挑剔，也为的是妨碍生长，而大作用仍在鼓励作家在正确的路上日益茁壮上。

批评不但鼓励创作，而且指导创作。在指导创作上，鲁迅所指出的有这些方面：一则在取材，鲁迅认为即使作家所熟悉的材料，"却未必便是正确，取其有意义之点，指示出来，使那意义格外分明、扩大，那是正确的批评家的任务"（《关于小说题材的通讯》，见《二心集》一七〇页）。二则在指示创作途径，所以批评文字不但对被批评的这一个作家有益，而且其他作家也可以因此有所省悟，就以鲁迅自己论，他说："我常看外国的批评文章，因为它于我没有恩怨嫉恨，虽然所评的是别人的作品，却很有可以借镜之处。"（《我怎么做起小说来》，见《南腔北调集》一〇二页）三则在介绍国外的创作时，必须加上批评，才能丰富本国作家的精神营养，这就是鲁迅所希望的："多人合力的更来介绍，至少在后三年内，有关于内战时代和建设时代(指苏联——长之注)的纪念碑的文学书八种至十种,此外更译几种虽然往往被称为无产者文学,然而还不免含有小资产阶级的偏见(如巴比塞)和基督教社会主义的偏见(如辛克莱)的代表作,加上了分析和严正的批评,好在那里,坏在那里,以备对比参照之用,那么,不但读者的见解,可以一天一天的分明起来,就是新的创作家,也得了正确的师范了。"(《关于翻译的通讯》,见《二心集》一九三至一九四页)四则对新旧形式的去取,批评家也是有着助益的。鲁迅先生说:"自然,旧形式的采取,或者必须说新形式的探求,都必须艺术学徒的努力的实践,但理论家或批评家是同有指导、评论、商量的责任的。"(《论旧形式的采用》,见《且介亭杂文》页二四)这里说的是木刻,其实可以应用到所有艺术部门。从这四项看,批评家对于创作的指导,真是多方面的。他对于创作的帮助太大了!

如果再往大处看,批评的重要性还不止在使个别的创作家受益而已,乃是对整个文学进展的前途有着推动的作用。鲁迅先生把这一点提示得最明确的,是这样的话:"唯有明白旧的,看到新的,了解过去,推断将来,我们的文学的发展才有希望。"(《上海文艺之一瞥》,见《二心集》页一〇一)这个使命就更重大了。鲁迅先生的重视批评工作,渴望优良的批评家的出现,也就跃然纸上。

二 当时的批评界是怎样的

鲁迅先生对批评的重视和期待,是这样殷切,可是在鲁迅的生前,中国批评界的状况却不免使他十分失望。自然,这不是一二人的过失,这是时间还没允许我们培养出良好的批评家来,今后只有在鲁迅先生的指示之下,加倍努力,切实克服这些弱点而已。

这些弱点是什么呢? 大概一是浅,二是狭,三是没有分寸。浅和狭是鲁迅先生曾经具体地归纳出来的,他曾说:"以过去的经验,我们的批评常流于标准太狭窄,看法太肤浅。"(《论现在我们的文学运动》见《且介亭杂文末编》页一三〇)他说这话的时候是在一九三六年的六月,也就是在他逝世的那一年,离死去的日子不过三四个月。这实在可以代表他对于中国批评界长期观察的结果,也是最后的结论。他在这以前的对于中国批评界的诊断,大概都可归到这两个病根。

例如鲁迅所谓"速断的无产文学批评者"(《硬译与文学的阶级性》,见《二心集》页三四),为什么速断呢?那就是因为浅,又如那但将辩护当作"清算"的批评家,"请文学坐在阶级斗争的掩护之下,于是文学自己倒不必着力,因而于文学和斗争两方面都少关系了"(同上,见《二心集》页三一),这也是因为浅。浅就是了解得不透彻,把事情又看得太简单。

再如"尽职于宣传本团体的光荣和功绩的批评家",那就是由于狭。因为狭的结果,所以虽是志在改革的,可是在中途,"就在旧的堡垒之下纷纷自己扭打起来,扭得大家乏力了,这才放了手,因为不过是'扭'而已矣,所以大创是没有的,仅仅喘着气。一面喘着气,一面各自以为胜利,唱着凯歌。旧堡垒上简直无须守兵,只要袖手俯首,看这些新的敌人自己所唱的喜剧就够。他无声,但他胜利了"(《我们要批评家》,见《二心集》页五六)。行帮意识的作怪,放松了敌人,减弱了自己。狭之病,也不次于浅。

浅和狭之外,另一个毛病是没有分寸。鲁迅先生说:"我每当写作,一律抹杀各种的批评。因为那时中国的创作界固然幼稚,批评界更幼稚,不是举之上天,就是按之入地,倘将这些放在眼里,就要自命不凡,或觉得非自杀不足以谢天下的。"(《我怎么做起小说来》,《南腔北调集》页一〇二)批评需要真,过褒过贬,都将失去真相。批评要和天秤一样,好和坏,须恰如其分。捧杀和骂杀,都不足以谈批评。

现在距鲁迅先生说这些话的时候,自然又有了一些进步了,但浅、狭、没有分寸,也还没有完全削除。凡想到这些地方的时候,鲁迅先生的话就依然是一个有益的针砭了。

三 我们要什么样的批评

鲁迅先生对于当时的批评界的不满,是到了这样的地步,在他《答北斗杂志社问》,关于创作要怎样才会好的问题上,他将自己所经验的琐事一一胪列了时,竟有这样一条:"不相信中国的所谓批评家的话。"可是他马上接着说:"而看看可靠的外国批评家的评论。"(见《二心集》页一六六)这正如鲁迅在其他方面的立论一样,他并非一味否定,却也有他的积极的理想在。他轻视当时的中国批评家,同时却也希望有好的批评之出现。我们现在就要进一步,看看他所希望的批评是什么样子呢?

第一,批评是件工作,不是空论。就工作而论,批评的工作乃在针对作家的为人和思想,似乎艺术技巧在其次。这是我们从他那篇《我怎么做起小说来》,说到介绍外国作品时,"也看文学史和批评,这是因为想知道作者的为人和思想,以便决定应否介绍给中国"(《南腔北调集》页九八至九九),而可推知的。同时,我们看他又说:"批评必须坏处说坏,好处说好,才于作者有益"(同书,页一〇二),那就是要有分寸,斤两悉称。

第二,批评家应该专业化,这就是他所谓"批评的专批评"(《对于左翼作家联盟的意见》,见《二心集》页五二)。批评家是专家。专家应该有专家的本领。这种专家的本领应该像有着一举刀便中膝理的解剖刀一样,也像好的射击手,子弹所击,须是致命伤(参看《硬译与文学的阶级性》一文,《二心集》页三三)。怎样才能有这样的本领呢?那就是社会科学的知识。所以鲁迅一再强调,我们需要"几个坚实的、明白的、真懂得社会科学及其文艺理论的批评家"!

第三,批评又不只是一种知识问题,而且关系态度。鲁迅先生曾明确地指出,批评家的态度就是正确严肃。他在《五论"文人相轻"》中说:"假使有谁能起颠扑不灭的诨名的吧,那么,他如作评论,一定也是严肃正确的批评家。"(《且介亭杂文二集》页一六五)过去的诨名,他只赞成"桐城谬种""选学妖孽""洋场恶少""革命小贩",他说起得好,因为切帖。我们不要认为他是在开玩笑,诨名的中肯和分寸,确是批评精神的一种发挥。但我们在这里注意的,并不在他论起诨名,而是注意那批评家上的四个字的形容:严肃正确。我们试拿这个标准看往日的批评工作,毛病实在都在不够严肃正确上。例如成仿吾和钱杏邨,失之于不正确处少,失之于不严肃处多。嬉皮笑脸,固然不够严肃,躁矜之气也对严肃有损。恐怕今日之成仿吾,钱杏邨,再检讨自己的少作时,倘若躁平矜释,也会自己不满意了吧。反之,像梁实秋的论调,就是失之不严肃处少(我相信他当时也是很认真的),可是失之不正确处多,因为他没有接受社会科学的解剖刀。严肃正确,的确是批评家的座右铭!

第四,批评的精神在战斗。鲁迅先生也十分承认批评的战斗性,而且强调着。既是战斗,就要敌友分明,不能模棱;既是战斗,就要勇猛,不能怯懦。鲁迅先生是不赞成"此亦一是非,彼亦一是非"的市侩主义,他说:"一定得有明确的是非,有热烈的好恶。假使被今年新出的'文人相轻'这一个模模糊糊的恶名所吓昏,对于充风流的富儿,装古雅的恶少,销淫书的瘪三,无不'彼亦一是非,此亦一是非',一律拱手低眉,不敢说或不屑说,那么,这是怎样的批评家或文人呢?——他先就非被'轻'不可的!"(《"文人相轻"》,见《且介亭杂文二集》页八五)所谓超然派,所谓第三种人,实在就因为缺乏这种明辨是非的战斗性,所以为鲁迅先生所痛恶。帮闲即帮凶的秘密也在这儿。战斗性的萎缩,就是投降,就是帮凶。魏金枝先生说了这样的话,"倘然要讲是非,也该去怪追奔逐北的好汉,我等小民,不任其咎",也为鲁迅先生所不满,说:"明明是加入论战中的了,却又立刻肩出一面小民旗来,推得干干净净,连肋骨在那里也找不到了。"(《三论"文人相轻"》,见《且介亭杂文二集》页一五四)这也是因为在战斗上有了退意的原故。既战斗,就一定战斗到底,非至敌人缴械不能罢休。再则为表现战斗,憎恶比爱好更重要,所以鲁迅先生主张热烈的憎。他说:"至于文人,则不但要以热烈的憎,向'异己'者进攻,还得以热烈的憎,向'死的说教者'抗战。在现在这可怜的时代,能杀才能生,能憎才能爱,能生与爱,才能文。"(《七论"文人相轻"》,见《且介亭杂文二集》页一八六)这是鲁迅先生对于现阶段的文艺工作者的任务的指示,而批评家尤其应该接受这种指示。当然,我们要注意,鲁迅先生不是一个形式逻辑的论客,他是纯熟地在使用着辩证唯物论的观点的,所以批评家的战斗任务,要依时间空间不同而变更他的内容和强度,如果不认清这一点,就不易领会他的正确性,而反陷入迷途了。然而批评之战斗的精神,却是始终在着的!

我们从以上整理的片断中,不难见出鲁迅先生心目中的批评的轮廓。我们不能不惊讶地感到,鲁迅先生所提示的,不但正确,而且十分概括,也十分完全了。

四　批评的方法论

在批评方法上,鲁迅先生也有不少可贵的提示。大概在根据上,要"能操马克思主义批评的枪法"(《对于左翼作家联盟的意见》,见《二心集》页五三)。这是根本。在注意之点上,是"风气和环境,加上作者的出身和生活"(《杂谈小品文》,见《且介亭杂文二集》页一九七)。这比法国泰恩所提出的环境、气候、种族的公式,以及德国舍洛所提出的遗传、教育、体验的三原则,还要切实。因为出身就是阶层,风气就是时代精神,在把握一个作家时是更应该注意的。

至于批评标准,鲁迅先生的标准大抵是功利主义的,然而不是迂腐的市侩的人心道德之类。他这功利主义的内涵大概一是现实性,要叫人看了"血脉相通",二是大众性,所以他曾说"入俗之不易"(均见《全国木刻联合展览会专辑序》,《且介亭杂文二集》页一二一),虽论木刻,文艺亦然。既是血脉相通,也就是战斗的,为人民的。既是入俗,也就是和大众不能脱节,要为大众所理解,并化为大众的生活之一部分。

以现实性和大众性为标准,以一个作者的出身、生活、风气、环境为分析的参考,而主要的是马克思主义批评的枪法,这就是鲁迅先生所提出的批评方法论的体系。

可是除此之外,我们却又在鲁迅先生的批评工作的实践上,见出常有两种方法在用。一是比较,一是看整个。鲁迅先生常说:"比较是最好的事情"(《关于新文字》,见《且介亭杂文》页一五五),"比较是医治受骗的好法子"(《随便翻翻》,见《且介亭杂文》页一三三),鲁迅自己就是常用比较法的。他用比较法,发现同是一首淮南王歌,在《前汉纪》上的是"一尺布,暖童童;一斗粟,饱蓬蓬。兄弟二人不相容"。比《汉书》上的"一尺布,尚可缝;一斗粟,尚可春。兄弟二人不相容"。就更近于本来面目(《门外文谈》,见《且介亭杂文》页九〇)。我们借此才知道古书上的白话实在要打折扣。可是不用比较,我们就很容易以为古代的民歌就恰如《汉书》上的记载了。他又用比较法,见出同是一部洪迈的《容斋随笔》,影宋刊本和明活字本,就和清刻本十分不同。看了那些不同,才知道"清朝不唯自掩其凶残,还要替金人来掩饰他们的凶残"(《病后杂谈之余》,见《且介亭杂文》页一八〇)。就是鲁迅自己的杂文,倘若我们把那官方所删改的和原文一对照比较,也就立刻明白支配阶级是怎样的面目,比空洞的社会科学理论给人领悟处多多了。比较确是一个好法子!

鲁迅又常用的一个法子是看整个。他曾说:"倘要论文,最好是顾及全篇,并且顾及作者的全人,以及他所处的社会状态,这才较为确凿。"(《题未定草》,见《且介亭杂文二集》页二一一)鲁迅对于中国过去的作家的论断,常能十分深刻,就是从整个看。例如那篇有名的《魏晋风度及文章与药及酒之关系》,关于阮籍嵇康就得了和一般人单单从诗集中所见到的两人的行径十分不同,他的结论有这样的话:"批评一个人的言行实在难,社会上对儿子不像父亲,称为不肖,以为是坏事,殊不知世上正有不愿意他的儿子像自己的父亲哩。试看阮籍嵇康就是如此。这是因为他们生于乱世,不得已,才有这样的行为,并非他们的本态。但又于此可见魏晋的破坏礼教者,实在是相信礼教到固执之极的。"(《而已集》页一二〇)因为从整个看,他又见出蔡邕是一个有血性的人(《题未定草》,《且介亭杂文二集》页二〇〇),那是根据蔡邕的《述行赋》,而不是只看那些碑文而云然;他见出小品文作家张岱也未尝只是标榜超然,而依然有"词严义正"的论调(同上书,页二一六);就是袁中郎,鲁迅却也发现他"正是一个关心世道,佩服方巾气人物的人,赞《金瓶梅》,作小品文,并不是他的全部"(《招贴即扯》,《且介亭杂文二集》页一八)了。从整个看,才能公平,才能立见底蕴。

鲁迅先生所指出的这些方法以及示范的例子,都让我们受惠无穷!

五　批评工作的实践

我始终认为批评是种工作,而不是空论。世界上决没有不作批评工作而可称为批评家的。作为批评家的鲁迅先生,有他在批评上的实践。

以整理中国的文学遗产论,他的《汉文学史纲要》,《中国小说史略》,其中都有精到的批评见解。

以中国现代的新文艺论,他的《〈中国新文学大系〉小说二集序》《上海文艺之一瞥》《对于左翼作家联盟的意见》等文,都是重要的批评文献。他所写的几个青年作家的集子的序文,也都是好的批评文字。

以介绍和编订论,他所译的《艺术论》《文艺与批评》《文艺政策》《苦闷的象征》《壁下译丛》,他所编的《海上述林》上卷,这都是开拓中国批评家的眼界的重要食粮。

这些业绩,都不能算小!

现在只提出他对于中国整个文学史的一点评论作为代表吧。他的眼光可算把中国文学史穿透了,他说"帮闲的盛世是帮忙,到末代就只剩了扯淡",他甚而说《离骚》,却也"只是不得帮忙的不平"(《从帮忙到扯淡》,《且介亭杂文二集》页一二七),他真不为一般的成见所囿! 他是敢于下解剖刀,又中着要害的! 可是他也并非单从消极立论,他说"自己放出眼光看过较多的作品,就知道历来的伟大的作者,是没有一个浑身是静穆的"(《题未定草》,《且介亭杂文二集》页二一一),这可以说是一个铁则。像这样的发现,才是有血色的批评,而不是苍白的形式主义!

六　战斗的批评精神

批评家之所以为批评家,在他的批评精神,批评精神的核心是战斗,鲁迅先生够这个资格!

鲁迅先生一生的业绩都可证明这一点。

鲁迅先生最不妥协,他说,"只有明明暗暗,吸血吃肉的凶手或其帮闲们,这才赠人以'犯而勿校'或'勿念旧恶'的格言,——我到今年,也愈加看透了这些人面东西的秘密"(《女吊》,《且介亭杂文末编》页一六四)。

在鲁迅最后要结束自己的生命时,战斗精神并没有衰歇,他曾说:"欧洲人临死时,往往有一种仪式,是请人宽恕,自己也宽恕了别人。我的怨敌可谓多矣,倘有新式的人问起我来,怎么回答呢?我想了一想,决定的是:让他们怨恨去,我也一个都不宽恕。"(《死》,《且介亭杂文末编》页一五六)战斗到底!

他战斗,而是现实性的战斗。所以他最反对"逸气"!

三十七年十月二十六日,初稿写定

鲁迅先生和杂文[①]

——纪念鲁迅先生逝世二十周年

一

作为"文化新军的最伟大和最英勇的旗手"、并作为"中国文化革命的主将"的鲁迅先生,在我们纪念他的时候,我们往往很自然地想到他所最惯用、也是最善于用的战斗武器——杂文。鲁迅先生的杂文,就是体现他作为"旗手"和"主将"的丰碑。

鲁迅先生是给杂文以新的面貌和新的内容的。成千成万的青年,由于鲁迅先生的杂文的感染,激起了对封建势力、帝国主义的强烈愤怒,最后走上了革命的道路。鲁迅先生不朽,鲁迅先生的杂文也不朽。

瞿秋白同志说:"鲁迅从进化论到阶级论、从绅士阶级的逆子贰臣进到无产阶级和劳动群众的真正友人,以至于战士,他是经历了辛亥革命以前直到现在的四分之一世纪的战斗,从痛苦的经验和深刻的观察之中,带着宝贵的革命传统到新的阵营里来的。"这是最概括的也是最深刻的关于鲁迅先生的战斗道路和战斗业绩的说明。鲁迅在中国人民革命史上的地位就是如此,体现他的"带

[①] 该文发表于《北京文艺》一九五六年十月号。

着宝贵的革命传统到新的阵营里来的"功劳的杂文,在中国人民革命史上的地位就是如此。

作为文章体裁看,鲁迅先生的杂文还继承着中国长远的优秀传统。远在中国古代,公元前四世纪到三世纪,也就是战国时代,已经有着杂文或近于杂文的东西。那时是历史上的百家争鸣时代,各家往往采用杂文性质的文章形式,发挥着光辉的、富有独创性的思想,成为那时灿烂的思想界的一些可爱的花朵。

到了公元三世纪,也就是魏晋时代,那也是一个思想解放的时代,杂文又有着发展。当时有一个杰出的文人,也是鲁迅先生一生最喜爱的一个文人,这就是嵇康。他的一部分文字正是杂文性质。例如他写了一篇《管蔡论》,这是为了驳倒有人认为周公杀了弟弟管叔蔡叔二人,因而认为管叔蔡叔是坏人而发的。嵇康以透辟、犀利的眼光,分析了事情的底蕴,为管叔蔡叔伸了冤,同时也就是向当权派狠狠地刺了一下。嵇康还曾大胆地指出,六经和孔子并不是像封建统治阶级所认为的太阳,那也是通过杂文形式向封建统治阶级进行战斗的。善于继承中国优秀文化传统的鲁迅先生,正是从这些宝贵的遗产中丰富了自己的表现能力,体现了独特的民族风格,在自己的时代中尽了最伟大、最英勇的战士作用的。

二

像鲁迅先生善于继承发扬中国文化优秀传统遗产一样,我们也要善于继承发扬鲁迅先生留给我们的宝贵遗产。杂文就是其中重要的学习对象之一。

当我们向鲁迅先生学习杂文的时候,恐怕还是要首先学习他的战斗精神,对一切不合理的现象作坚持不懈的战斗。自然,这决不是说对一切不满,无的放矢。就是鲁迅在当时,一方面对旧社会攻击,对帮闲、帮凶及其主子进行战斗,但另方面还是为了爱护未来,为新社会扫清道路。能爱才能憎,是一点儿也不错的。杂文也不限于只是攻击和讽刺,杂文的特色正在其杂,内容和形式都是多样化的。

如果我们今天学习鲁迅先生杂文的精神的话,那就是要对我们社会主义社会更加爱护,对一切妨碍我们前进的东西更加以无情的揭露。我们国内外还有敌人,我们人民内部也还有落后的思想意识,杂文也就是消灭那些敌人并克服这些落后意识的有力武器。

杂文不限于讽刺,但讽刺却是杂文的重要功能。而"讽刺是永远需要的"。

由于杂文有如此尖锐的、有如此有力的社会作用,所以敌人也很重视这一个武器。"在延安时期有个反革命分子叫王实味,后来又有个反革命分子胡风,他们都是用'杂文'和别的形式来攻击党和人民政权的。"(陆定一:《百花齐放,百家争鸣》)我们对于这种敌人,也就需要"以其人之道,还治其人之身",用杂文来回敬一下。在和胡风反革命思想作斗争的去年,我们就出现了很多很好的杂文。其实对国内外其他敌人也应该这样做。我们不是在这方面做得太多,而是还不够。例如在我们现在报刊上的国际短评,就显得数量太少,而且措词苍白无力,缺乏战术。作为一个读者,我是不大满足的。我们需要,迫切需要,在国际评论中,有一杆鲁迅那样锋利的笔!

我们学习鲁迅先生的讽刺杂文,还要学习鲁迅因对象不同而讽刺也两样的原则。这就是毛主席根据鲁迅先生的杂文总结出来的话:"如果不是对于人民的敌人,而是对于人民自己,那么,'杂文时代'的鲁迅,也不曾嘲笑和攻击革命人民和革命政党,杂文的写法也和对于敌人的完全两样。对于人民的缺点是需要批评的,……但必须是真正站在人民的立场上,用保护人民、教育人民的满腔热情来说话。如果把同志当作敌人来看待,就是使自己站在敌人的立场上去了。……有几种讽刺:有对付敌人的,有对付同盟者的,有对付自己队伍的,态度各有不同。我们并不一般地反对讽刺,但是必须废除讽刺的乱用。"

我们现在使用于人民内部的讽刺,有时就有这样的缺点:尖锐有余,热情不足。有些小品文,往往读后觉得冷冷的,对讽刺的人仿佛毫无希望,毫无前途似的,这恐怕是不好的。讽刺要看对象,而根底在于对美好事物的热情爱护,为了爱护才攻击一些敌对的东西,这就是学习鲁迅先生的杂文、继承和发扬其中的精神实质的道路。

三

鲁迅不仅在讽刺的原则上给我们树立了写杂文的榜样,而且在写杂文的方法给我们积累了不少宝贵的经验。这就是:

第一,要写好杂文的话,须先养成观察事物的敏感。鲁迅先生在一九三四年六月一日给杨霁云的一封信上说:

> 我常常坐在内山书店里,看看中国人的买书,觉得可叹的现象也不少。例如吧,倘有大批的关于日本的书(日本人自己做的)买去了,不久便有"日本研究"之类出版;近来,则常有青年在寻关于法西斯主义的书。制造家来买书的,想寻些记载着秘诀的小册子,其实那有这样的东西。画家呢,凡是资料必须加以研究、融化才可以应用的好书,大抵弃而不顾,他们最喜欢可以生吞活剥的绘画,或图案、或广告画,以及只有一本什么"大观"。一本书,怎么会"大观"呢?他们是不想的。其甚者,则翻书一通之后,书并不买,而将其中的几张彩

色画撕去了。

这说明在反动政权时代一切投机取巧者的苟且和反动政权本身逐渐法西斯化的过程,同时也可以看出,殖民地文化的可怜。鲁迅的观察是多么精细、深刻!他说"可叹",就可见他因为热爱祖国而觉得痛苦呵。如果写下来,一定就是一篇好的杂文了。鲁迅先生观察事物的敏锐,我们必须好好学习,这是资本的积蓄,没有这一条,是不能写好杂文的。原因是杂文较其他文艺体裁需要更集中、更深入事物的底层、更广阔地触及一些社会现实的缘故,否则一定干巴巴,浅。

第二,要写好杂文,也需要积蓄词藻。要像李广射箭一样,箭不虚发,发就得让目标"应弦而倒"。这就要学习鲁迅先生词藻的丰富了;只有丰富了,才能说得准确。例如鲁迅先生的《抄靶子》(《准风月谈》),这是反对帝国主义及其走狗的,其中有文言成语"入三中夏",有满洲话"阿其那"和"塞思黑",有历史上黄巢时代的典故"两脚羊",有香港话"搜身",有上海话"抄靶子"等,这是多么丰富呢。可是全文也不过一千字。杂文需要这样子。如果像毛主席所指出的没有"几句生动活泼切实有力的话,只有死板板的几条筋,像瘪三一样,瘦得难看"(《反对党八股》),这就要不得了。语言的丰富,是任何文章所需要的,而杂文尤其需要。这是因为杂文短,但不能叫人看了"一览无余"。这不是一日之功,所以也就需要积蓄。

第三,杂文不但要有战斗性,而且要多样化,看对象而异。战斗性是杂文的生命,没有战斗性,也就不成其为杂文。战斗性在杂文里还不是一般的战斗性,而是极其强烈和尖锐的。战斗要讲战术。鲁迅先生说过,"辱骂和恐吓决不是战斗"。在这里,吓人是不中用的。战术就需要多样化。鲁迅先生的杂文最多,成本的有十几种以上,但没有一篇是雷同的。譬例说,鲁迅先生的杂文有很沉痛的,像《为了忘却的记念》,是纪念革命作家柔石的被害的,他用真切动人而曲折凄婉的笔写出了他的哀思,同时也写出了那时黑暗的压力,以及对于未来的希冀等;也有很轻快的,像《牺牲谟》,便是用一个人的独白,幽默地刻画了自私的市侩心理;一般地说,鲁迅先生的杂文都很从容、都很含蓄,但也有直接写出愤怒的,像抗议"三一八"惨案的《无花的蔷薇之二》就是;鲁迅先生最凝炼的杂文,可举有感萧伯纳到中国来时遇到误解的《谁的矛盾》为代表。他的杂文像刺人的匕首、利剑,但也像扫射的机枪;有时是火山爆发式的,有时是沁人心脾清泉似的:这就是多样化。多样化也就是创造性,有创造性的杂文才能叫人爱看,叫人爱看才能达到杂文的战斗作用。

四

认真学习鲁迅先生的杂文,是有助于提高杂文技术的。瞿秋白同志就是一个例子。他成功到可以"乱真"的地步。他写的《人才易得》就曾经被认为是鲁迅先生的文章(即《伪自由书》中的《大观园的人才》,当时鲁迅先生是为了扩大它的影响而收编在自己的集子中的,我从前即曾认为是鲁迅先生的著作,并特别推荐过)。瞿秋白同志是学习鲁迅先生的好榜样,因为他学习了鲁迅先生的创造性,他的《王道诗话》、《曲的解放》就是范例。其中政治上的饱满性和讽刺的尖锐性,是特别突出的。我们要学习瞿秋白同志向鲁迅学习的精神,并学习他的杂文。其他,像高尔基的杂文,往往是较广泛的题目,那是因为他的环境是和鲁迅先生、瞿秋白同志不同的缘故,主题大都是保卫文化和对市侩的谴责,其中的深刻性和热情开朗的风格,同样值得我们仔细钻研。

鲁迅在一篇《做杂文也不易》里说:"不错,比起高大的天文台来,杂文有时确很像一种小小的显微镜的工作,也照秽水,也看脓汁,有时研究淋菌,有时解剖苍蝇。从高超的学者看来,是渺小、污秽甚而至于可恶的,但在劳作者自己,却也是一种'严肃的工作'。"正因为是一种严肃的工作,正因为不易,所以我们要认真地向鲁迅学习。

鲁迅对文艺批评的期待①

像鲁迅经常关心文艺创作的成长一样,鲁迅也经常关心文艺批评。他曾尖锐地指出中国当时批评界的一些缺点,但就在鲁迅不断尖锐地指出当时的中国批评界的缺点的同时,却也常常表示了对好的批评的出现之热情期待。他所期望的批评,大致是这样子:

批评是要进行艰苦、认真的工作的,包括像他所说:"剜烂苹果"那样的耐心,剜掉坏的,指出好的,而不是粗暴的一下扔掉。

批评要重在积极性的工作,特别在培养青年作家方面是有重大责任的。这也就是鲁迅所说不止在"除恶草",而且更在"灌溉佳花——佳花的苗"。

批评要靠巩固可靠的知识,也就是鲁迅所一再强调的"坚实的,明白的,真懂得社会科学及其文艺理论的批评家"(《我们要批评家》,《二心集》页五六至五七),他说这种批评家是"有不食,'爽快',耐苦来研究这些理论的义务的"(《硬译与文学的阶级性》,《二心集》页三四至三五),否则便会"解剖刀既不中腠理,子弹所击之处,也不是致命伤"了。这种批评家也就是鲁迅所说"能操马克思主义批评的枪法"的人(《对于左翼作家联盟的意见》,《二心集》页五三)。

---

① 该文发表于一九五六年十月十三日《光明日报》,署名长之。

批评家的知识不只包括要知己,而且还要知敌。鲁迅在一九二三年"希望有切实的人,肯译几部世界上已有定评的关于唯物史观的书"的同时就说"还要一两本反对的著作"(《文学的阶级性》,《三闲集》页一二八),他在一九三一年也说:"这位青年批评家(指《列宁青年》上的一位作者——长之注)对于愈认为敌人的,就愈是无话可说,也就是愈没有细看。自然,我们看书,倘看反对的东西,总不如看同派的东西的舒服,爽快,有益,但倘是一个战斗者,我以为,在了解革命和敌人上,倒是必须更多的去解剖当面的敌人的"(《上海文艺之一瞥》,《二心集》页一〇一)。在我们要对资产阶级唯心论思想进行批判的今天,不也是正苦于知道资产阶级唯心论太少么?鲁迅所提倡的知敌,可见在今天也还是很有现实意义的。批评家的知识就必须包括知己知敌两方面,而且都要"坚实","明白","真正懂得"才行。鲁迅对于学术工作是一向重视的,他说:"中国要作家,要文豪,但也要真正的学究"(《我们怎样教育儿童的》,《准风月谈》页七五),他不满意那些"薄薄的小本子",他说"小小的一本'什么ＡＢＣ'里,……决不能包罗一切学术文艺的"(《由聋而哑》,《准风月谈》页九八)。批评家一定要同时是一个"真正的学究",一定不能专乞灵于"薄薄的小本子"呵。

批评要专业化。这就是鲁迅所说的"批评的专批评"(《对于左翼作家联盟的意见》,《二心集》页五二)。

批评家的态度要正确严肃。他在《五论"文人相轻"》里说:"假使有谁能起颠扑不灭的诨名的罢,那么,他如作评论,一定也是严肃正确的批评家"(《且介亭杂文二集》页一六五)。过去的诨名,他只赞成"桐城谬种"、"选学妖孽"、"洋场恶少"、"革命小贩",因为贴切。诨名的中肯,正也是批评。但我们在这里注意的,却不是他论诨名,而是注意他在批评家上的四个形容字:正确严肃。

批评一定要注意大处。"专做小题,与并非真正之敌寻衅"固然不对,就是对一大作家,也不能只看见小节。他说:"高手如太史公司马迁,倘将他的文章推敲起来,无论从文字、文法、修词的任何一种立场去看,都可以发见'不通'的处所"(《不通两种》,《伪自由书》页二四)。难道因此而贬抑司马迁么?显然是不可能的。

批评也可以有流派,这就是鲁迅所谓"批评家的圈子"。他说:"我们曾经在文艺批评史上见过没有一定的圈子的批评家么?都有的,或者是美的圈,或者是真实的圈,或者是前进的圈。没有一定的圈子的批评家,那才是怪汉子呢。……我们不能责备他有圈子,我们只能批评他这个圈子对不对"(《批评家的批评》,《花边文学》页一七至一八)。这正是现在"百家争鸣"、自由讨论的精神。批评可以有流派,对这流派也可以批评。倒是"毫无定见",要不得。

批评家要战斗。既是战斗,就要敌我分明,不能模棱;既是战斗,就要勇猛,不能怯懦。鲁迅最反对"此亦一是非,彼亦一是非"的市侩主义,他说:"一定得有明确的是非,有热烈的好恶。假使被今年新出的'文人相轻'这一个模模糊糊的恶名所吓昏,对于充风流的富儿,装古雅的恶少,销淫书的瘪三,无不'彼亦一是非,此亦一是非',一律拱手低眉,不敢说或不屑说,那么,这是怎样的批评家或文人呢?——他先就非被'轻'不可的"("文人相轻",《且介亭杂文二集》页八五)。既战斗,就要战斗到底,非至敌人缴械不能罢休。鲁迅一生正是这样实践着的。他说:"至于文人,则不但要以热烈的憎,向'异己'者进攻,还得以热烈的憎,向'死的说教者'抗战。在现在这可怜的时代,能杀才能生,能憎才能爱,能生与爱,才能文"(《七论"文人相轻"》,《且介亭杂文二集》页一八六),这是指一九三五年说的。正是靠了鲁迅那"热烈的憎"的战斗的笔,才沉重地打击了那时的形形色色的敌人。自然,鲁迅是辩证地看问题的,不同的时间、空间、条件,批评家的战斗任务也就不同。我们必须理解到鲁迅所说的精神实质,才能领会到其中的正确性。然而批评之战斗的任务,却是无时不在的。

因为批评是和现实斗争结合着的,所以鲁迅心目中的批评有时不以对创作的批评为限。他在一九二五年就说过,"中国现今文坛(?)的状况,实在不佳,但究竟做诗及小说者尚有人。最缺少的是'文明批评'和'社会批评',我之以《莽原》起哄,大半也就为了想由此引些新的这一种批评者来"(《两地书》页六九),他在这里所谓批评者实在等于他所常说的思想界的战士。批评家正是应该关心社会广阔的现实,而且参加到斗争中的。鲁迅也很重视对翻译的批评,他说:"翻译的不行,大半的责任固然该在翻译家,但读书界和出版界,尤其是批评家,也应该分负若干的责任。要救治这颓运,必须有正确的批评,指出坏的,奖励好的,倘没有,则较好的也可以"(《为翻译辩护》,《准风月谈》页七七);他更说:"对于创作,批评家是总算时时开口的,一到翻译,则前几年还偶有专指误译的文章,近来就极其少见;对于重译的更其少。但在工作上,批评翻译却比批评创作难,不但看原文须有译者以上的工力,对作品也须有译者以上的理解。……我以为翻译的路要放宽,批评的工作要着重"(《再论重译》,《花边文学》页九三),这都是切实的话。但直到现在,对翻译的批评还是薄弱的,这对读者说实在是不应该的。

批评家要批评别人,也要严格批评自己。鲁迅是深知自我批评的重要的。他说:"我们的自己的批评的勇敢,常常可以解除敌人的武装"(《关于翻译的通讯》,《二心集》页一七六);他说:"我们要有勇敢的自己批评的精神"(同上,页一七九);也就因此,他反对那"将辩护当作'清算'"的批评家(《硬译与文学的阶级性》,《二心集》页三一)。他自己也做出了榜样,常常严格要求自己,批评自己。他说:"我时时说些自己的事情,怎样地在'碰壁',怎样地做蜗牛,好像全世界的苦恼,萃于一身,在替大众受罪似的,也正是中产阶级的知识分子的坏脾气"(《二心集》序言),甚而就是对自己的文章,他也曾说:"自己呢,又做惯了晦涩的文章,一时改不过来,下笔时立意要显豁,而后来往往以晦涩结尾,实在可气之至。"(《两地书》页八六)这种勇于自我批评的精神真是值得我们效法的。

关于批评的文章风格,鲁迅也有指示,那就是要精密,而不要像胡适式的文章那么"粗浅、笼统"(《玩笑只当它玩笑》,《花边文学》页一〇七);同时,"辱骂和恐吓决不是战斗","战斗的作者应该注重于'论争'"(《南腔北调集》页四〇),这也是直到不久以前我们才注意到的问题。

鲁迅对于批评的期待,大体上就是如此。细味他的遗言,我们有很多工作没有做,有的做了,也没有做得很好,我们今后只有用切实的工作来纪念这位关怀文艺批评的成长并且做出了批评家的榜样的文化巨人吧。

一九五六年十月三日写

作者附记:这是我写的《鲁迅和文艺批评》的一文的第四部分,前三部分是:鲁迅对文艺批评的重视,鲁迅论批评的积极作用,鲁迅对当时中国文艺批评的批评——浅和狭,最后也就是第五部分:鲁迅在文艺批评工作上的实践。

鲁迅美学思想初探[①]

一 引 言

鲁迅留给我们的遗产是异常丰富的,我们应该做多方面的深入的研究。现在我只想就鲁迅在文艺理论上的贡献来谈一谈。在这里,当然还说不上什么研究,深入更不相干,只是想把鲁迅所触及的问题整理一下,对于今后建立结合中国实际的马克思列宁主义的美学恐怕是十分必要的。

二 美术爱好者的鲁迅

鲁迅一向是一个美术爱好者。他曾长期间收集汉碑的图案,到他晚年还和郑振铎出版《北平笺谱》,中间翻译过日本板垣鹰穗的《近代美术史潮论》,大力提倡过中国新兴的木刻,在日记中也常有购置美术书的记录,凡他编校的书刊都力求美观,大都附上精选的插图,这一切都见出他对美术是有浓厚情感的。有趣的是,鲁迅本人也是一个美术家,而且表现在他的书法是那样遒劲、浑朴,把汉魏高古的笔法化入行楷,令人见而生爱,更表现在他还会画两

[①] 该文发表于《前哨》杂志一九五七年第三期。

笔,《朝花夕拾》中的目连戏里的《活无常》,就是他的美术创作,而经他所想出的一些书刊封面也往往别具格调;原来他是一个美术设计家呢。

这样一个爱好美术、并有着美丽的灵魂的人,是不可能不对美学问题有一些宝贵的思想的。而且由于鲁迅参加现实的斗争,由于鲁迅自己在文艺创作上的实践,由于鲁迅对于中国美术、中国文艺批评的成长的关切,他所触及的美学问题就日益宽广,他所给予的解答也日益深刻了。

三 鲁迅早期的美学思想

远在一九一三年,鲁迅就翻译了日本上野阳一的论文《社会教育与趣味》(《鲁迅全集补遗续编》页一三二至一五五),这是因为那时"我国美育之论,方洋洋盈耳,而抑扬皆未得其真,甚且误解美谊"而介绍出来的,其中有趣味教育一项,指出在玩具、家具、建筑、人体、言语上培养美育的办法;鲁迅并翻译了同一作者的《艺术玩赏之教育》一文(同上书,页一〇〇至一三一),这也是为供当时提倡美育者的参考的,其中把儿童和成人的美感两相对照,论述了绘画所给人的美感教育,并说明了内容美和形式美的关系,其中确有很多地方是有参考的价值的。这两篇译文不只见出了鲁迅对于这方面的注意,也见出他对于这方面的熟悉,而且更见出他后来对于美术的提倡不是偶然的了。

至于见出他本人在那时更完整的美育看法的,则是他同一年所写的《拟播布美术意见书》(同上书,页九〇至九七),他提出了他对于美术所下的定义,认为须要有三要素:一是天然(就是自然状态的事物),二是思理(就是作者对于这些事物的思想感情),三是美化(那就是对于这些自然状态的事物的加工)。他说:

> 缘美术有此三要素，故与他物之界域极严。刻玉之状为叶，髹漆之色乱金，似矣，而不得谓之美术；象齿方寸，文字千万，核桃一丸，台榭数重，精矣，而不得谓之美术；几案可以弛张，什器轻于携取，便于用矣，而不得为之美术；太古之遗物，绝域之奇器，罕矣，而非必为美术；重碧大赤，陆离斑驳，以其刺激，夺人目睛，艳矣，而非必为美术。

这些"似"、"精"、"罕"、"艳"、"便于用"的东西并不一定就有够上美术品的资格，可知鲁迅那时对于美术的要求是很严格的。当然，真正的美术品不见得不具备这些条件，然而仅仅靠这些条件，却不足以成为美术品，这就是因为还缺少他所谓"思理"的缘故。

他在同一文中介绍了美术分类的重要学说（柏拉图、黑格耳、珂尔文），但也指出中国文章之美是兼具造型美和音乐美，因而不能概括在珂尔文所提出的分类法之一——"形之美术"和"声之美术"的对立中，这就是鲁迅在介绍之中又表达了自己的见解的。

他还提到"美术之目的与致用"。他那是偏于认为美术"要以与人享乐"为终极目的的，这虽然一方面见出鲁迅早期的美学观点的限制（这个观点一直在他一九二三年写的《中国小说史略》里还保持着，他认为魏晋小说比先秦诸子中的故事之进一步发展就是在"远实用而近娱乐"，宋市人小说的好处和《儒林外史》的好处也是在"娱心"），然而对于当时狭隘的功利主义说，却又是表现了比较全面的辩证的观点的，这就是他所说："实则美术诚谛，固在发扬真美，以娱人情，比其见利致用，乃不期之成果，沾沾于用，甚嫌执持。"本来，美感享受和实用价值如何统一，二者关系如何，原是美学上根本问题之一，政治标准和艺术标准如何运用得恰当也就包括在里面的。这个问题，就鲁迅后来在实践上所证明的看，他却是得到了更好的解决的，例如他在创作上为青年作品的幼稚辩护，其中也包括为正在成长中的无产阶级文艺辩护，在批评上他主张剩烂苹果的办法而不是把苹果抛掉,为的是"救急",而在对青年创作的指导上,则一方面告诉作者先要是一个"革命人",一方面却也叮嘱作者在艺术上要精益求精,"写完后至少看两遍,竭力将可有可无的字、句、段删去,毫不可惜","不生造除自己之外,谁也不懂的形容词之类",这就是实际上解决了政治第一,艺术第二的问题,同时并实行文艺上的两条战线的斗争了。鲁迅通过自己的文艺创作实践,担负了反帝反封建的革命斗争任务;他在理论斗争上也讽嘲过那些把"忠实于自己的艺术"和"为艺术的艺术"掉了一个包的第三种人的论调(《又论第三种人》,《南腔北调集》页一一八);他还在《故事新编》中的一篇《采薇》里借首阳村第一等高人小丙君的形象,刻画了那些认为"有所为"就"失了诗的敦厚"的论客们的可笑;这就可见鲁迅在一九二七年以后(在实践还是更早些)是终于确认了文艺为政治服务的真理,而抛弃了"为艺术"的残余思想了。

在这《拟播布美术意见书》里,很可宝贵的一部分却是在他想出了一些具体办法,例如美术馆、音乐堂、文艺会的建立,建筑、碑碣、壁画、雕刻、林园的保存,古代音乐和民间文艺的研究等,我们不能不惊讶地看到,他在那时(四十多年前)已经想得那么周到,而现在在人民政权下却果然实现了他那宏愿了。

四 美的思想,艺术的理想
——战斗的美

鲁迅更为成熟的美学思想是主要表现在他的晚期作品中。

鲁迅主张战斗的美。他不喜欢那种麻雀似的叫声,他却要求:

只要一叫而人们大抵震悚的怪鸱的真的恶声在哪里?(《音乐》,《集外集》页六六)

因此,他很赞成绍兴戏中《女吊》,他说:这是"一个带复仇性的,比别的一切鬼魂更美,更强的鬼魂"。(《女吊》,《且介亭杂文末编》页一五)

他对于苏联版画的赞美是:

> 我觉得这些作者,没有一个是潇洒,飘逸,伶俐,玲珑的。他们个个如广大的黑土的化身,有时简直显得笨重,自十月革命以后,开山的大师就忍饥、斗寒,以一个廓大镜和几把刀,不屈不挠的开拓了这一部门的艺术。这回虽然已是复制了,但大略尚存,我们可以看见,有那一幅不坚实、不恳切,或者是有取巧、弄乖的意思的呢?(《〈苏联版画集〉序》,《且介亭杂文末编》页一三三)

这里包括创作家对实现斗争的紧密联系,包括创作家克服一切困难的辛勤劳动,包括创作家在创作上的严肃不苟,同时却也要求有一种战斗的美,"黑土的化身"、"简直显得笨重",而不是"潇洒"、"飘逸"、"伶俐"、"玲珑",更不是"取巧"、"弄乖"的。这就是鲁迅的美的理想,也是他的艺术理想。

只有在这里,我们才能理解他那句"历来的伟大的作者是没有一个浑身是静穆的"的名言的意义。他根据这一看法,发掘了某些中国古典作家的真正优秀的一面,也扫除了一些片面曲解。

他在创作上,特别不喜欢徐志摩那样的诗歌,他在理论上,特别反驳了朱光潜的美学思想体系,甚而在翻译上,他为硬译辩护,而反对那些顺而不确的译文,这都因为和鲁迅的整个美学思想体系有关。

这里的问题实质是什么呢?很显然,正是无产阶级的美学和资产阶级的美学的对立。徐志摩的诗歌恰是资产阶级的思想感情,朱光潜的美学恰是资产阶级的思想体系,那些顺而不确的翻译恰是"资产阶级的'乏'走狗"——梁实秋等所推波助澜的。

因而就在美感的分歧上，已经看出鲁迅为中国的马克思主义的美学奠了基。

在传统的美学上，常讲壮美与优美，鲁迅所讲的美，应该是属于所谓壮美的范畴，但是从前讲壮美是往往从概念出发的，也谈不到现实的斗争，并且往往以超阶级的面貌遮掩了资产阶级的阶级偏见，而鲁迅却是讲的有无产阶级的阶级立场并有阶级斗争的现实内容的壮美，这就为将来建立马克思主义的美学理论，在论到壮美这一范畴时提供了新的内容和新的意义。

五　关于典型问题

在美学一些其他基本问题上，鲁迅也曾提供了不少富有启发性的见解。

首先是典型问题。典型问题是现实主义美学的核心问题。过去资产阶级美学很少专门谈到典型问题，原因之一就是由于资产阶级美学或则是从概念出发，形而上学地谈问题，或则是从经验出发，只注意于枝节的繁琐现象，这二者都不能从艺术之反映现实却又具有集中并提高的手段出发，亦即都不能从艺术和现实的正确关系出发，当然不会重视到典型问题的。但是现实主义美学却一定注意它，重视它，正是因为现实主义是基于对现实与艺术的关系之正确理解，并认为典型是艺术概括的主要手段的缘故。

鲁迅基于他的现实主义的艺术实践，他理解到典型之艺术概括的意义，所以说："模特儿不用一个一定的人，看得多了，凑合起来的"（《答北斗杂志社问》，《二心集》页一六六）。不用一个一定的个人，这就是说明艺术中的典型形象并不完全和某一真实的人物相等，这就不但批判了自然主义的创作方法，也批判了自然主的文艺批评。他更进一步说,即使基本上以某一人为模特儿,但既经过艺术概括而出现在创作中,那就"和这曾经实有的人倒不相干了"(《〈出关〉的"关"》,《且介亭杂文末编》页六三)。他接着说:"例如《红楼梦》里贾宝玉的模特儿是作者自己曹霑,《儒林外史》里马二先生的模特儿是冯执中,现在我们所觉得的却只是贾宝玉和马二先生,只有特种学者如胡适之先生之流,这才把曹霑和冯执中念念不忘的记在心儿里。"胡适的方法是什么方法呢?就是自然主义的批评方法,如果依照了这种方法去写作品,那就是自然主义的创作。这样的创作一定不会经久,因为它失掉了艺术创作过程中的概括作用,它不会唤起广大读者的共鸣。用鲁迅的话说:"这就是所谓人生有限,而艺术却较为永久的话罢。"

在这里,鲁迅触及了真正艺术品之永久具有魅力的问题。鲁迅称为"较为永久",大概意思是说在永久性之中还有差等,那就看塑造典型的成功程度了,但相对其中所根据的现实(人生)而言,却都是比个别的特定的素材为永久的。鲁迅还更明确地这样说过,"文学有普遍性,但有界限;也有较为永久的,但因读者社会体验而生变化"(《看书琐记》(一),《花边文学》页一一八),这就清楚地说明文艺的永久性乃是相对的,这和一口咬定文艺绝对有永久性的资产阶级看法既不同,和率尔否认文艺有永久性的庸俗的市侩主义的看法也不同了。

在反对典型论之自然主义倾向的同时,鲁迅也反对那种认为典型不必以现实为依据的另一错误看法。他说:"纵使写的是妖怪,孙悟空一个筋斗十万八千里,猪八戒高老庄招亲,在人类中也未必没有谁和他们精神上相像。"他并且说:"我们的古人,是早觉得做小说要用模特儿的。"这就一方面指出了文艺作品一定有现实的依据,一方面也指出了研究古典作品时当发掘其中典型形象的现实基础。

六　关于构成美的对象的范围问题

是否客观事物都可以构成美感对象呢？并不是。

自然景物和人,可以构成美感对象,但不是自然景物和人全部都如此。

鲁迅也很欣赏自然景物的美,他在《海上通讯》中说:

> 海上的月色是这样皎洁;波面映出一大片银鳞,闪烁摇动;此处是碧玉一般的海水,看去仿佛很温柔。(《华盖集续编》页二一六)

他在另一机会说:

> 今夜的月色还很好,在楼下徘徊了片时,因有风,遂回,已是十一点半了。(《两地书》页一三九)

这就说明自然景物中像月色之类就特别吸引着他。

可是并不是所有自然景物都可以构成美感对象,也就是并不是所有自然景物都可以用来作为艺术的素材,鲁迅曾举出这样的例:

> 譬如画家,他画蛇,画鲤鱼,画龟,画果子壳,画字纸篓,画垃圾堆,但没有谁画毛毛虫,画癞头疮,画鼻涕,画大便。(《半夏小集》,《且介亭杂文末编》页一三九)

动物是否给人美感,给人何等美感,也是不同的:

> 养肥了狮虎鹰隼,他们在天空、岩角、大漠、丛莽里是伟美的壮观,捕来放在动物园里,打死制成标本,也令人看了神旺,消去鄙吝的心。

> 但养肥一群癞皮狗,只会乱钻,乱叫,可多么讨厌!(同

上,页一三八)

不但自然景物,动物在可以作为美感对象上,在可以作为文艺素材上是有这样的差别,就是人物也是如此。所以鲁迅屡次说:

> 作为缺点较多的人物的模特儿,被写入一部小说里,这人总以为是晦气的。
>
> 殊不知这并非大晦气,因为世间实在还有写不进小说里去的人,倘写进去,而又逼真,这小说便被毁坏。(同上,页一三九)
>
> 至于《夜谈》却不佳,叙述是琐细事,而文笔也不漂亮(虽然偶有警句),材料也平常,吃蛆之类的无赖手段,在中国并不少有,不算奇异的。况且这种恶劣人物,很难写,正如鼻涕狗粪,不能刻成好木刻一样。(一九三六年九月二十九日给曹白的信,《鲁迅书简》页九三六)

这就是说作家对于题材还是有所选择的,并非到处都是生活,到处都是诗,如胡风之流所说的那样。鲁迅还说:"即使'熟悉'却未必便是'正确',取其有意义之点,指示出来,使那意义格外分明,扩大,那是正确的批评家的任务。"(《关于小说题材的通信》,《二心集》页一七〇)这就再度批判了自然主义对于题材的看法(认为一切客观事物都可以作为艺术题材),也批判了颓废主义对于题材的看法(专挑选丑恶的素材)。

至于在自然景物中,其所以唤起某些人的美感,而不能唤起另一些人的美感,那就还是和现实生活中的阶级思想情感有关,这也就是鲁迅所说:

> "月白风清,如此良夜何?"好的,风雅之至,举手赞成。但同是涉及风月的"月黑杀人夜,风高放火天"呢,这不明明是一联古诗么?(《准风月谈》前记)

而鲁迅自己对自然景物的爱好,也恰是和他的战斗有关,所以他向往战斗的美。在动物中,他顶讨厌猫,那理由是:

> 一,它的性情就和别的猛兽不同,凡捕食雀、鼠,总不肯一口咬死,定要尽情玩弄,放走,又捉住,捉住,又放走,直待自己玩厌了,这才吃下去,颇与人们的幸灾乐祸,慢慢地折磨弱者的坏脾气相同。二,它不是和狮子同族的么?可是有这么一副媚态!但也许是限于天分之故吧,假设它的身材比现在大十倍,那就真不知道它所取的是怎么一种态度。(《朝花夕拾》页一〇)

这正和他和封建军阀的走狗——所谓"正人君子"的战斗是结合着的。当然,生活是多方面的,鲁迅本人也是如此。这也无碍于是一个战士。还是鲁迅自己说得好:

> 我没有当过义勇军,说不确切。但自己问:战士如吃西瓜,是否大抵有一面吃,一面想的仪式的呢?我想,未必有的,他大概只觉得口渴,要吃,味道好,却并不想到此外任何好听的大道理。吃过西瓜,精神一振,战斗起来就和喉干舌敝时候不同,所以吃西瓜和抗敌的确有关系,但和应该怎样想的上海设定的战略,却是不相干。这样整天哭丧着脸去吃喝,不多久,胃口就倒了,还抗什么敌。
>
> 然而人往往喜欢说得稀奇古怪,连一个西瓜也不肯主张平平常常的吃下去。其实,战士的日常生活,是并不全部可歌可泣的,然而又无不和可歌可泣之部相关联,这才是实际上的战士。(《"这也是生活"……》,《且介亭杂文末编》页一四四至一四五)

鲁迅对生活之多方面的趣味,正可作如是观。而我们现在在创作中写到正面人物时总是写得冷冰冰的严肃,没有一点活气,不正是因为没理解到这一点么？

七　鲁迅关于一些文艺理论的启示

此外，鲁迅还论到了文艺起源于劳动的问题，他以通俗的形式，说明原始文学产生于集体劳动（《门外文谈》，《且介亭杂文》页九三至九四），并写入他的文学史著作中（《汉文学史纲要》页五）。

鲁迅也论到了民间文艺的"刚健、清新"，并往往使文学史上"起一个新的转变"（《门外文谈》），而经过士大夫夺取以后，却常常使"这东西也就跟着他们灭亡"（《略论梅兰芳及其他（上）》，《花边文学》页一六七）。

鲁迅在文艺和阶级的关系上，更是有着出色的说明并战绩的，他批判了资产阶级超阶级的文艺思想的伪装，这里包括梁实秋、朱光潜和第三种人。但同时他也批判了那些简单化的庸俗化倾向，他反对"速断的无产文学批评家"（《硬译与文学的阶级性》，《二心集》页三四），他反对那种过左的粗暴的"故作激烈的所谓唯物史观的批评"（《关于翻译（上）》，《准风月谈》页一一七），他也反对那些"用些蒲力汗诺夫曰等掩盖自己的臭脚"的教条主义者。

在民族形式问题上，鲁迅也提出了"删除"，"增益"，和"变革"的道路（《论旧形式的采取》，《且介亭杂文》页二六）。

在创作必须深入生活上，鲁迅也早有所指示。他说作品中之小资产阶级气氛的存在，是由于意识如此，而"消除此气氛，必先改变这意识，这须由经验，观察，思索而来，非空言所谓转变，如果硬装前进，其实比在抒他所固有的情绪还要坏"（一九三五年六月十六日给李桦的信，《鲁迅书简》页九〇六）。

在创造性的贫乏上鲁迅曾指出其中的原因之一是由于资产阶级思想作祟，他说：

> 商人是总非像别人不可的,试观中华书局必开在商务印书馆左近,即可见。(一九三四年七月九日给徐懋庸的信,《鲁迅书简》页六一三)

倘若把这话和下面所说的合起来看:

> 投稿家非投稿不可,而所见又不多,得一小题,便即大做,而且往往反复不已。(一九三四年六月二日给郑振铎的信,《鲁迅书简》页五五五)

就可见创作的批评的一般化的原因之一是由于某些作家受了资产阶级的市场竞争的作风影响,只赶浪头,而没做切实的工作的缘故。就是现在,我听见好几位编辑同志也还说,在刊物上不敢轻易发表某一问题的文章,因为一发表,就有大批的谈这同一问题的文章涌来,结果很为难。指出了病根所在,这现象也许就容易克服了。

在文学的种类上,因为鲁迅自己是善于用匕首式的杂文战斗的,所以他对于杂文这一文学样式提供了最好的理解,例如他指出杂文的作用"必须是匕首,是投枪,能和读者一同杀出一条生存的血路的东西;但自然,它也能给人愉快和休息,然而这并不是'小摆设',更不是抚慰和麻痹,它给人的愉快是休息和休养,是劳作和战斗之前的准备"(《小品文的危机》,《南腔北调集》页一六四),同时也就见出杂文的内容丰富,形式多样了;又指出杂文是中国"古已有之"(《且介亭杂文》序言),这就说明杂文在中国是有丰富遗产的,值得钻研;更指出写杂文"也要有一点常识,用一点苦工"(《商贾的批评》,《花边文学》页一五○),那就是说写杂文的方法是在对生活的熟悉和在文字上的锤炼。

所有这些见解,都是很有价值的,但是已为人们所习知,所以只作简述如上。

八　结束语

不可否认,如果说鲁迅的美学思想业已是十分完备的马克思主义的美学,显然是不对的。因为,他还没有触及美学问题的全部,例如悲剧性、喜剧性问题,他就没谈过;就是他触及的问题,有的也还不够完全,例如典型问题中的创作过程,普遍性是注意到了,而典型问题中的个性化,就没有谈到。因此,我们只可能谈鲁迅的美学思想,但还不能谈鲁迅的美学体系,如果体系是要求像一本教科书那样匀称的话。

也不可否认,鲁迅由于他那生活的时代是阶级斗争十分激烈,而反动的封建势力和帝国主义势力又是居于强大地位的时代,又由于他本人是身为冲锋陷阵的战士并主帅的原故,鲁迅还不可能对美学中的一切问题有从容地冷静地考虑的余裕,例如他论到属于壮美的现象就比较深入,论到属于优美的现象就比较少,也比较薄弱。因而,在他纵然可称为广阔的美感中,有时还不免单调、偏颇,例如对于梅兰芳的艺术就几乎不能欣赏。

还不可否认,基于同样原因,鲁迅在早期由于反封建的战斗任务而不能不对祖国文化遗产批判多于吸收的态度也一直保留在他晚年的思想中,例如他在一九三四年写的《谁在没落》中还表示了对中国画法和中国表演艺术的鄙夷(《花边文学》页七二)。

这些应该说是限制。然而也应该说是光荣的限制,因为为了伟大的战斗。

撇开限制,鲁迅却是明确提出期待"坚实的,明白的,真懂得社会科学及文艺理论的批评家"的人,期待"能操马克思主义批评的枪法"的人,而他自己正是在这方面在中国的伟大奠基人。

文学史家的鲁迅①

一 鲁迅和文学史著作

在鲁迅留下的丰富遗产中,文学史著作也是极可珍贵的一部分。他曾说:"也看文学史和批评,这是因为想知道作者的为人和思想,以便决定应否介绍给中国。"(《南腔北调集》:《我怎么做起小说来》)他在指示青年读书时,也劝人在看选本、专集之后,要"再从文学史上看看他(作家)在史上的位置"。(《而已集》:《读书杂谈》)他又说:"唯有明白旧的,看到新的,了解过去,推断将来,我们的文学的发展才有希望。"(《二心集》:《上海文艺之一瞥》)他在早年也常在介绍国外作品时翻译一些文学史片断,例如他在一九二一年就译过凯拉绥克的《斯拉夫文学史》的一部分以及凯尔沛来斯的《文学通史》的一部分。(《鲁迅全集补遗》)这都见出鲁迅对文学史的重视。鲁迅有志于文学史工作是很久的,他在一九三三年给曹聚仁的信上说,"我数年前,曾拟编中国字体变迁史及文学史稿各一部,先从长编入手"(《鲁迅书简》);他在同年给台静农的信上也说,"明年颇欲稍屏琐事不作,专事创作或研究文学史"(《鲁迅书简》);在许寿裳的回忆录中,说起鲁迅经常和他

---

① 该文发表于《人民文学》一九五六年十一月号。

谈到文学史的计划（《亡友鲁迅印象记》中《杂谈著作》一文），在许广平的回忆录中提到就是到了鲁迅逝世前不久也还在购买文学史的资料（《欣慰的纪念》页二）。可见文学史的工作在鲁迅是几乎认为和创作同等重要，而且几乎一生没有放下过这心愿的。

鲁迅的完整的中国文学史虽然在当时受迫害的生活条件下没有能够完成，然而他却已经留给我们一部简要而精彩的部分中国文学通史——《汉文学史纲要》，一部带有开山意义的中国文学专史——《中国小说史略》，还有一些文学史的准备工作——资料搜集，以及散见的文学史见解等。此中《汉文学史纲要》是正式的中国文学史著作的一部分，原名叫《中国文学史略》，他在起草时，是"想认真一点，编成一本较好的文学史"。他也经过"颇费事"的过程，他"不愿草率"，他并且有着自信，认为"可以说出别人没有见到的话来"（以上引文均见《两地书》）。他的第一篇就在一九二六年九月二十八日完成（《两地书》页一四四）了。所以这本书虽然小，可知是鲁迅曾费过精力的，因而特别不能轻轻放过。这些宝贵的遗产不但解决了一些个别的文学史问题，而且提供了不少有关文学史的方法论上的理论，就是在现在看，一些在文学史的方法论上争论的问题也有很多在这里已经获得解决或者有助于获得解决。

二　鲁迅文学史著作之历史地位

文学史一定要有一个基本观点。鲁迅在写《汉文学史纲要》的时候（一九二七至一九二九），虽然还只是接触马克思主义不久，然而他那时无疑已是从社会学的、心理学的观点来看文学的起源，同时并认识到了人民群众在文学史上的作用。

他在引证了《吕氏春秋》上"三人操牛尾，投足以歌八阕"之后,就说"虽荒古无文,并难征信,而证以今日之野人,揆之人间之心理,固当以吕氏所言,为较近于事理者矣"(《汉文学史纲要》第一篇),这就是社会学并心理学的观点。他在叙述到仓颉造字说时,便说:"要之文字成就,所当绵历岁时,且由众手,全群共喻,乃得流行,谁为作者,殊难确指,归功一圣,亦凭臆之说也"(《汉文学史纲要》第一篇),这就是指出了人民群众的创造性,而反对了个人创造历史的唯心主义谬说。

就这点论,鲁迅的《汉文学史纲要》虽然在阶级分析的观点上还未能深入,也未能贯彻,然而还是可以说这是企图用唯物史观编写的文学史中最早的著作之一。这和鲁迅的《中国小说史略》是中国文学专史的第一部同样有首创的意义,"山歌好唱开头难",这个意义是已经不能轻估了。而他以后的论文中,凡接触到文学史时,就更往往虽然零星片断,但更成熟,更富启发,也更符合马克思列宁主义的观点。因此,我们有理由说鲁迅乃是科学的中国文学史的奠基人。

三 鲁迅文学史著作中之中国特色

鲁迅的文学史著作特点之一是注意到中国的历史环境和语言文字的特点,同时也表现出这乃是有着中国学术传统的特色的著作,而不是生活在不同的历史条件下的其他国家所可产生的。换句话说,它是中国的文学史,而不是其他国家的文学史;它是中国人自己写的文学史,而不是别国人所写的中国文学史。在科学对象上表现中国的特色的是鲁迅每每注意中国历史的具体情况,例如:

> 中国神话之所以仅存零星者,说者谓有二故:……
> 然详案之,其故殆尤在神鬼之不别。(《中国小说史略》

页二八)

> 历来三教之争,都无解决,互相容受,乃曰"同源"。(《中国小说史略》页一五九)

这是指出过去中国人在思想习惯上总是偏于混同而不重差别的特点的(现在这种思想习惯也还未能完全打破),这对于了解中国过去的一些文化现象是有启发性的。

同时鲁迅以对于中国历史的熟悉,因而对于每一时代的精神面貌便也每每有概括而中肯的描述:

> 汉末士流,已重品目,声名成毁,决于片言,魏晋以来,乃弥以标格语言相尚,唯吐属则流于玄虚,举止则故为疏放,与汉之唯俊伟坚卓为重者,甚不侔矣。(《中国小说史略》页六五)

> 篇末垂诫,亦如唐人,而增其严冷,则宋人积习如是也。(《中国小说史略》页一〇七)

> 讳其本朝之过,始盛于宋。(《中国小说史略》页一一三)

> 文人虽素与小说无缘者,亦每为异人侠客童奴以至虎狗虫蚁作传,置之集中。盖传奇风韵,明末实弥漫天下,至易代不改也。(《中国小说史略》页二一八)

这就使我们对于每一个特定的历史阶段的特色有所把握。同时也明显地看出,这是中国的历史阶段中所特有之物。

中国历史特点之外,鲁迅也着重指出了中国文字特点:

> 今之文字,形声转多,而察其缔构,十九以形象为本柢。诵习一字,当识音形义三;口诵耳闻其音,目察其形,心通其义;三识并用,一字之功乃全。其在文章,则写山曰峻嶒嵯峨;状水曰汪洋澎湃;蔽芾葱茏,恍逢丰木;鳟鲂鳗鲤,如见多鱼。故其所函,遂具三美:意美以感心,一也;音美以感耳,二也;形

美以感目,三也。(《汉文学史纲要》页七)

在这些地方,也同样叫人清楚感到所叙是中国的,其他民族的文字是不能具备这种特色的。

鲁迅在评论作品时,也往往尊重前人已有的正确的论断,例如引刘勰关于楚词的影响的看法①,引任昉关于四言诗的源流的看法②就是。

至于在方法上表现中国学术传统处,就是目录学的方法和辑逸的方法。《中国小说史略》就特别表现了这一点。其中第一篇就是"史家对于小说之著录及论述",第三篇就是"《汉书·艺文志》所载小说",第五篇至第七篇是根据《隋书·经籍志》论述六朝志怪和世说,第八篇至第十一篇就是根据《太平广记》论述唐宋传奇,第十二篇至第十三篇是根据宋人所说"小说人"家数论述宋元话本;第十四篇以下,则分别论述章回小说中之讲史、神魔、人情、讽刺、狭邪、才学、公案、谴责各类,并插以志怪、传奇、话本的模仿作品,秩序井然,正完全是目录学为根底的。鲁迅在一九二七年还写有《关于小说目录两件》③,是内阁文库小说书目和也是园小说书目,前者并详录卷数、人名、版本;可见鲁迅对此道之重视。中国过去的目录学,不只是一种文献学,而实在有辨别学术流派的重大意义。章学诚关于这一点是有深刻认识的,他的《校雠通义》实在含有学术史的味道。鲁迅也说"目录亦史之支流"(《中国小说史略》),这是十分了解中国目录学的价值的话。鲁迅正是发挥了它的优长的。许多失传的书,鲁迅是用辑逸法把它钩稽出来,例如《伊尹书》原已不存,但从《史记·司马相如传》注中就找出一条

---

① 《汉文学史纲要》第三四页。
② 《汉文学史纲要》第四七页。
③ 《鲁迅全集补遗》第一一二至一二九页。

(《中国小说史略》),说明原书的风格。鲁迅的《古小说钩沉》则是规模更大的辑逸方法的应用,那成绩是更斐然可观了。这两种方法都是中国过去的学者所摸索出来的方法,其中有中国学者所独有的甘苦在,也有中国学者所特有的贡献在。

鲁迅原是有很深的清代朴学家的精神的。在《文学季刊》创刊时,他曾在给郑振铎的信上说:"我的意思,以为季刊比月刊较厚重,可以只登研究的文章,以及评论、随笔、书报介绍,而诗歌小说则从略,此即清朝考据所走之路也'(《鲁迅书简》)。蔡元培说鲁迅"完全用清儒家法",又说他"不为清儒所囿"①,就鲁迅文学史工作中的一部分方法论,这话是正确的。

正因为鲁迅善于吸取中国传统的治学方法,所以也就珍视这些方法,这就是他在文学史的著作中特别推重刘师培的《中古文学史》②的缘故。

所研究的对象的确是中国的,所使用的方法也的确是运用了中国所特有的优良传统的,这是鲁迅文学史著作的一个特色。

四 鲁迅文学史著作中所体现的文学发展规律性

文学史一定要讲文学现象的发展、变化和影响。只有这样,才配称为史。现在人侈谈文学发展规律,其实是连发展的事实、趋势也浮光掠影,还讲什么规律么?

鲁迅却确是着眼于史的发展的。例如他讲到屈原作品时,就从来源和发展上得出这样的结论:

---

① 蔡元培《鲁迅全集序》。
② 一九二八年鲁迅给台静农的信:"我看已刊的书,无一册好。只有刘申叔的《中古文学史》,倒要算好的,可惜错字多。"见《鲁迅书简》一○五页。

> 然则骚者,固亦受三百篇之泽,而特由其时游说之风而恢宏,因荆楚之俗而奇伟;赋与对问,又其长流之蔓于后代者也。(《汉文学史纲要》页三四)

鲁迅也很明确地注意到影响。例如他在谈《楚词》和《诗经》的比较时就说:

> 较之于诗,则其言甚长,其思甚幻,其文甚丽,其旨甚明,凭心而言,不遵矩度。故后儒之服膺诗教者,或訾而绌之,然其影响于后来之文章,乃甚或在三百篇以上。(《汉文学史纲要》页二六)

又如他叙述四言诗的源流和影响时,就说:

> (楚王)戊荒淫不遵道,(韦)孟乃作诗讽谏;后遂去位,徙家于邹,又作诗一篇,其叙事布词,自为一体,皆有风雅遗韵。魏晋以来,递相师法,用以叙先烈,述祖德,故任昉《文章缘起》以为"四言诗起于《前汉·楚王传》韦孟谏楚夷王戊"诗也。(《汉文学史纲要》页四七)

又如他在《中国小说史略》中讲到《世说》和《笑林》时,就也提到了唐宋元明以来的仿作;讲过唐人传奇后,就讲宋之传奇文;并有"清之拟晋唐小说及其支流"专篇,因为只有这样,才体现了史的作用。

史一定着眼在大处,这就是从前人所谓"史识"。鲁迅在叙述神话时说:

> 神话不特为宗教之萌芽,美术所由起,且实为文章之渊源。唯神话虽生文章,而诗人则为神话之仇敌,盖当歌颂记叙之际,每不免有所粉饰,失其本来,是以神话虽托诗歌以光大,以存留,然亦因之而改易,而销歇也。(《中国小说史略》页二

二至二三)

这说明了神话对后代的影响,并说明了神话保存的具体情况。

史一定要注意演变之迹。如鲁迅在《中国小说史略》中讲六朝志怪受印度影响处,就举出《旧杂譬喻经》、《观佛三昧海经》说明它的来源,并举出在晋人《灵鬼志》的同类故事中还只是说外国道人,到了吴均《续齐谐记》就变为中国书生了,这演变之迹是很清楚的。又如鲁迅讲到沈既济的《枕中记》,就指出是出于干宝《搜神记》焦湖庙故事,并说明汤显祖《邯郸记》又是出于《枕中记》。鲁迅对文学间的交互影响和前后关系的注意就是如此。

正因为有发展、演变的观点,所以对于《水浒》的繁简问题,有正确的论断;认为一百十五回《忠义水浒传》近于原本,因为,"文词蹇拙,体制纷纭,中间诗歌,亦多鄙俗,甚似草创初就,未加润色者",并说"倘是删存,无须改作"。认为四十一回本《西游记传》也是百回本《西游记》所从出,因为,孙悟空、杨二郎之战即较原本有十倍以上的篇幅①。这和仅从版本上考证孰先孰后的方法是两样的。

正因为有发展、演变的观点,对一种文学体裁有一完整的概念,并有完整的发展过程的叙述。像鲁迅对于唐代传奇就是一例。他既把《李卫公别传》、《李林甫外传》、《高力士外传》、《安禄山事迹》等和传奇区别开来,又指出隋唐间的《古镜记》"仅缀古镜诸灵异事,犹有六朝志怪流风",而李公佐、李朝威时代的传奇"仅在显扬笔妙,故尚不肯言事状之虚",发展到牛僧孺就"时时示人以出于造作,不求见信",再发展到宋初,就"既失六朝志怪之古质,复

---

① 《中国小说史略》第一六七至一六九页。但后来鲁迅因郑振铎的考证的正确,而把这个意见放弃了,见《中国小说史略日译本序》,《且介亭杂文二集》第一三〇页。

无唐人传奇之缠绵,当宋之初,志怪又欲以'可信'见长,而此道于是不复振也"(《中国小说史略》页一○三),这就把整个传奇发展过程勾画了出来。再像鲁迅叙清代笔记小说,就有:

> 《滦阳消夏录》方脱稿,即为书肆刊行,旋与《聊斋志异》峙立;《如是我闻》等继之,行益广。其影响所及,则使文人拟作,虽尚有《聊斋》遗风,而摹绘之笔顿减,终乃类于宋、明人谈异之书。……其笔致又纯为《聊斋》者流,一时传布颇广远,然所记载,则已狐鬼渐稀,而烟花粉黛之事盛矣。(《中国小说史略》页二二八至二二九)

谈讽刺小说的发展就有:

> 寓讥弹于稗史者,晋、唐已有,而明为盛,尤在人情小说中。然此类小说,大抵设一庸人,极形其陋劣之态,借以衬托俊士,显其才华,故往往大不近情,其用才比于"打诨"。若较胜之作,描写时亦刻深,讽刺之切,或逾锋刃,而《西游补》之外,每似集中于一人或一家,则又疑私怀怨毒,乃逞恶言,非于世事有不平,因抽毫而抨击矣。其近于呵斥全群者,则有《钟馗捉鬼传》十回,疑尚是明人作,取诸色人,比之群鬼,一一抉剔,发其隐情,然词意浅露,已同嫚骂,所谓"婉曲",实非所知。迨吴敬梓《儒林外史》出,乃秉持公心,指擿时弊,机锋所向,尤在士林;其文又戚而能谐,婉而多讽;于是说部中乃始有足称讽刺之书。(《中国小说史略》页二三○)

> 是后亦鲜有以公心讽世之书如《儒林外史》者。(《中国小说史略》页二三七)

> 光绪庚子(一九○○)后,谴责小说之出特盛。……虽命意在于匡世,似与讽刺小说同伦,而词气浮露,笔无藏锋,甚且过甚其词,以合时人嗜好,则其度量技术之相去亦远矣,故别

谓之谴责小说。(《中国小说史略》页二九八)

> 此外以抉摘社会弊恶自命,撰作此类小说者尚多,顾什九学步前数书,而甚不逮,徒作谯呵之文,转无感人之力,旋生旋灭,亦多不完。其下者乃至丑诋私敌,等于谤书,又或有嫚骂之志而无抒写之才,则遂堕落而为"黑幕小说"。(《中国小说史略》页三一二)

这也都叫人有一个完整的发展概念,虽然不标出规律性,但实际上已经体现了规律性了。

正因为如此,鲁迅的文学史著作也叫人深刻而具体地看出中国文学的继承性来。他既不是单从形式主义来谈继承性,也不是从一般的几条筋似的概念(如现实主义、人民性等)来谈继承性的。

有发展,有演变,有影响,有规律性,有继承性(在鲁迅以后的有关文学史论文中更注意到文学史中的斗争,那就更完备了),这才是史,这才是文学史!

五 鲁迅文学史著作中所解决的文学史方法论问题之一

——注重作家还是注重时代、注重体系还是注重历史顺序

编写文学史是以作家为主呢,还是以时代为主?是应该特别照顾体系呢,还是应该特别照顾历史顺序?这是现在在编写文学史的方法论上争论的问题之一。鲁迅的《汉文学史纲要》和《中国小说史略》对这个问题就曾在实践上给以解答。

《汉文学史纲要》一共有十篇,其目如下:

第一篇 自文字至文章

第二篇 书与诗

第三篇　老庄

第四篇　屈原及宋玉

第五篇　李斯

第六篇　汉宫之楚声

第七篇　贾谊与晁错

第八篇　藩国之文术

第九篇　武帝时文术之盛

第十篇　司马相如与司马迁

很显然,鲁迅的方法是:有代表作家时以作家为主,像老庄、屈原、宋玉、李斯、贾谊、晁错、司马相如、司马迁就是;无代表作家时就以时代全貌为主,像汉宫楚声、藩国文术就是;而在叙述主要作家时并不冷淡当时其他文学成就,像叙老庄时就仍叙儒、墨,叙屈原、宋玉时也兼及唐勒、景差,叙李斯时附有《吕氏春秋》、仙真人诗,就是;同时叙时代全貌时也仍有重点作家,如叙藩国文术时特重吴、梁、淮南三地,而特举严忌、邹阳、枚乘、刘安等,既叙武帝时文术之盛,但又把两司马突出,就是。

再总观这十篇目录,又显然看出第一篇和第二篇是叙上古到春秋,第三篇和第四篇是叙战国时代,第五篇是秦,第六篇以下是西汉,而其中第六篇是汉初,第七篇和第八篇是文景时代,第九篇和第十篇是武帝时代,而西汉中突出的作家是两司马。

在这里就见出鲁迅历史主义的实事求是的精神,见出鲁迅是辩证地处理作家与时代的关系的。他既不是教条主义地倡言作家为主或时代为主,也不是把作家与时代对立起来。这就是鲁迅对于以时代为主还是以作家为主的问题的解决。

在鲁迅的《中国小说史略》中则解决了重历史顺序还是重体系的问题。鲁迅的方法是在重大的文学现象上,是依历史顺序的,例如神话传说一定在前,接着是《汉书·艺文志》所载小说,次是六朝志怪和世说,再次是唐宋传奇,之言是宋元话本,最后是明清长篇小说,在明清小说中,又是依历史顺序,讲史在前,神魔次之,人情又次之,谴责属末,这个大的历史顺序是决不违背的;而对次要的文学现象却是依类相从,保持体系的完整性,如伪托汉人小说就叙在汉人小说之后,历来模仿《世说》者就附在《世说》之后,清代讲史也提前到元明部分讲,清代仿《聊斋》的作品也归到《聊斋》一篇中,而清代以小说见才学者,以及狭邪小说、公案小说等,都是各归一类的。

文学史不同于一般历史,完全照顾历史顺序是不可能的,也是不必要的。鲁迅的处理方法,我认为是恰好的。但是鲁迅这种方法,当时也曾受到批评,鲁迅曾说:"《中国小说史略》而非断代,即尝见贬于人"①,其实这批评的人实在未曾注意到文学史是一种科学工作,一定要有科学系统性,一定要见出每一种文学现象的发展变化,有时是不能不冲破历史顺序,而或提前叙述或移后叙述的。

现在也有人认为太注重系统就把时代打乱了,其实时代是否打乱是在曾否把古代当作后代来叙述,或者反之;而不在叙述上在前或在后。

历史顺序与体系兼顾,重大的文学现象一定依照历史顺序;次要的(或者于以见源流和发展的)文学现象则加以系统化,这就是鲁迅对于历史顺序和体系二者孰重的问题的解决。

---

① 鲁迅与台静农的信(一九三二年八月十五日,见《鲁迅书简》一一二页)。不过鲁迅也曾在《中国小说史略》一九三〇年版的题记中说:"中国尝有论者,谓当有以朝代为分之小说史,亦殆肤泛之论也",这见出鲁迅的虚心,尊重别人的看法,但鲁迅并非已放弃自己的做法,因为给台静农的信是在这"题记"之后的。

六　鲁迅文学史著作中所解决的
　　文学史方法论问题之二
——关于全面和重点相结合

我们看到有这样的文学史，太注重全面了，点点滴滴都谈到，但每一点都不能深入，也看不出文学现象的主次来；另有一种文学史，重点是很突出了，但仿佛是些孤立的现象，这就难以说明那些重要作家和重要作品是如何产生以及在什么气氛中产生的。

现在也有人提出全面和重点相结合的方法了，然而在实践上却仍然往往失之一偏。

鲁迅先生的文学史著作却在这方面又树立了一种范例：他把全面和重点结合得好。

像他讲"武帝时文术之盛"，重点很显然在词赋，可是附带也叙述了"小说家言"、"诗之新制"，这就是既全面又有重点的例子。这是专就这一篇论是如此，如果就西汉整个时代而论，既先有汉宫楚声、贾谊、晁错，又有藩国文术，复有武帝时代文术之盛，然后突出地写两司马，那么司马相如和司马迁的出现这一点也不寂寞了。他叙述屈原时亦然。原来鲁迅是有全豹在胸，而又善于点睛的。再如他的《中国小说史略》中，几部名著如《三国演义》、《水浒》、《西游记》、《红楼梦》、《儒林外史》都是专篇叙述，这是重点，但又都分别归到讲史、神魔、人情、讽刺小说中去讲，这就是全面。这方法好。

特别值得我们学习的是鲁迅叙述的全面性。这表现在叙一时代或叙一人上。例如他叙汉武帝时代：

> 武帝有雄才大略，而颇尚儒术。即位后，丞相卫绾即请奏罢郡国所举贤良治申商韩非苏秦张仪之言者。又以安车蒲轮

任申公枚乘等；议之明堂，置五经博士。元光间亲策贤良，则董仲舒公孙弘等出焉。又早慕词赋喜《楚词》，尝使淮南王安为《离骚》作传。其所自造，如《秋风词》、《悼李夫人赋》等，亦入文家堂奥。复立乐府，集赵代秦楚之讴。（《汉文学史纲要》第九篇）

这不但对于汉武帝在推动文学艺术事业上的客观情况全面叙出，而且对于汉武帝本人的面貌也概括出来了。其他像叙述贾谊，既叙他的吊屈原，赋鵩鸟，但也叙他的《治安策》；叙东方朔，既叙他的年少上书，又叙他的"诙达多端"，"直言切谏"，"以刑名家言求试用"，复叙他因终不见用而作《答客难》，最后还叙他临终诫子，是"黄老意"；叙司马相如就不止叙他的长赋，也叙他的短赋，并提到他的经学和小学。这都是在简而不陋中，让人看到一个作家的全面的。

鲁迅叙一种文学现象时也总是从全面着眼，像他叙汉宫楚声时，是从秦焚诗书，儒者伏匿民间，"高祖崩，儒者亦不见用"，结果"楚汉之际，诗教已熄"，而归到"民间多乐楚声"，因而才影响宫廷的；他叙乐府时，就一面提到天地诸祠的祭歌，一面也提到河间献王所献的雅乐，最后提到李延年等的"新声变曲"，实是"楚声之遗，又扩而变之者"；这就都体现了当时的历史真实，而避免了简单化、片面化。

就是在讲一部作品时，鲁迅也都是作全面介绍，而不以主观好恶定取舍的，例如他谈到大小"雅"，就一面举出《小雅》的《采薇》，说明有"怨诽而不乱，温柔敦厚"的一部分，但另一面也举出《大雅》的《瞻卬》，说明"亦有其激切"的一部分。但是传统学者就每每只注意前者，现代学者却又每每只注意后者了。

由于鲁迅全面考虑问题，所以对于文学发展中的关系不大或者只是一方面的关系的事件，鲁迅决不片面加以强调、夸张。例如鲁迅在叙述唐代传奇时,既没有把"温卷"当作传奇发展的契机(像陈寅恪、汪国垣那样)①,而是仅仅说"文人往往有作,投谒时或用之为行卷",也没有把古文运动和传奇发展的关系看得那么密切(像郑振铎)②,所以书中干脆不提出来。这种稳妥态度,是只有对问题作全盘考虑时才能做到的。他注重全面,所以最反对选本,摘句。他主张文集中也应该有"少作",并兼收别人的有关作品,他说"中国的史家是早已明白了这一点的,所以历史里大抵有循吏传,隐逸传,却也有酷吏传和佞幸传,有忠臣传,也有奸臣传。因为不如此,便无从知道全般"(《且介亭杂文二集》:《题未定草八》)。他还说:"中国古人,常欲得其'全',就是制妇女用的'乌鸡白凤丸',也将全鸡连毛血都收在药丸里,方法固然可笑,主意却是不错的,删夷枝叶的人,决定得不到花果"(《且介亭杂文末编》:《"这也是生活"……》)。鲁迅对于全面的重视就是如此。

顾到重点,而不废全面,全面和重点之间又斟酌至当,这又是鲁迅文学史著作的优点之一,也是鲁迅在实践上解决了文学史方法论问题之一。

七　鲁迅文学史著作中略古详近的原则之体现

略古详近,本是一般历史以及文学史的一个共同要求。因为,时代越近,历史上的经验教训就越对我们亲切有益。可是实行起来,就不一定能够符合这个要求了。过去大学里讲授的文学史倒往往是略近详古的,先秦讲得很充分,六朝就简略,明清只是蜻蜓

---

① 参阅陈寅恪《元白诗笺证稿》,汪国垣《唐人小说》序。
② 参阅郑振铎《插图本中国文学史》。

点水似的,甚而还讲不到明清,而鸦片战争之后简直不大过问了。

鲁迅的文学史著作却是确乎执行了略古详近的原则的。

就是在《汉文学史纲要》中,上古到春秋只占二篇,战国独占二篇,秦时间短,只一篇,西汉却是五篇。在《中国小说史略》中,汉代小说只占二篇,六朝、唐代、宋代各三篇,专讲明代的是六篇,而清代是七篇,这就是体现了"略古详近"的原则处。

关于鸦片战争后的文艺现象以及光绪庚子后的文艺现象,鲁迅更特别加以勾画,因为这是近代史的关键的缘故。鲁迅说:

> 时势屡更,人情日异于昔,久亦稍厌,渐生别流,虽固发源于前数书(指《三国》、《水浒》——长之注)而精神或至正反,大旨在揄扬勇侠,赞美粗豪,然又必不背于忠义。(《中国小说史略》页二八四)

> 凡侠义小说中之英雄,在民间每极粗豪,大有绿林结习,而终必为一大僚隶卒,供使令奔走以为宠荣,此盖非心悦诚服,乐为臣仆之时不办也。……

> 而其时欧人之力又侵入中国。(《中国小说史略》页二九七)

这正是说明中国人于半殖民地半封建社会时的文艺特点。鲁迅又接着说:

> 光绪庚子(一九〇〇年)后,谴责小说之出特盛。盖嘉庆以来,虽屡平内乱(白莲教、太平天国、捻、回),亦屡挫于外敌(英、法、日本),细民闇昧,尚啜茗听平逆武功,有识者则已翻然思改革,凭敌忾之心,呼维新与爱国,而于"富强"尤致意焉。戊戌变政既不成,越二年即庚子岁而有义和团之变,群乃知政府不足与图治,顿有掊击之意矣。其在小说,则揭发伏藏,显其弊恶,而于时政,严加纠弹,或更扩充,并及风俗。

(《中国小说史略》页二九八)

这正是帝国主义时代的中国社会情况和在文艺上的反映。在"略古详近"的原则下,鲁迅已经指出了近百年的文学史的主要轮廓了。

八　鲁迅文学史著作中之艺术分析

文学史是不是也要分析作品?这也是现在编写文学史时所遇到的争论问题之一。其实文学史和文学批评原是有机的联系着的,而文学史是建筑在文学批评上的,所以文学史当然要分析作品,尤其是重要作品。鲁迅的文学史著作便正是这样做的。

在他的作品分析中,我们看出是特别重在风格分析。换句话说,就是特重艺术上的独创性。在我们时常感觉关于古典作品艺术的分析上特别薄弱的今天,看看鲁迅的文学史著作就大有启发。他曾指出屈原作品不同于《诗经》处是在"其言甚长,其思甚幻,其文甚丽,其旨甚明,凭心而言,不遵矩度";也曾指出宋玉作品和《离骚》的不同是:"《九辨》本古词,玉取其名,创为新制,虽驰神逞想,不如《离骚》,而凄怨之情,实为独绝。"

在鲁迅的《中国小说史略》中,凡举一作品,几乎都有中肯而犀利的批评,特别在艺术性方面,见出鲁迅的美学敏感。例如论《汉书·艺文志》所载小说,"托人者似子而浅薄,记事者近史而悠缪";论《会真记》:"述其亲历之境,虽文章尚非上乘,而时有情致,固亦可观,唯篇末文过饰非,遂堕恶趣";论《隋唐演义》:"叙述多有来历,始不亚于《三国演义》,唯其文笔,乃纯如明季时风,浮艳在肤,沉着不足,罗氏轨范,殆已荡然,且好嘲戏,而精神反萧索矣";论《封神演义》:"较《水浒》固失之架空,方《西游》又逊其雄肆";论《金瓶梅》:"作者之于世情,盖诚极洞达,凡所形容,或条畅,或曲折,或刻露而尽相,或幽伏而含讥,或一时并写两面,使之相形,变幻之情,随在显见,同时说部,无以上之,故世以为非王世贞不能作。至谓此书之作,专以写市井间淫夫荡妇,由与本文殊不符,缘西门庆故称世家,为搢绅,不唯交通权贵,即士类亦与周旋,著此一家,即骂尽诸色,盖非独描摹下流言行,加以笔伐而已";论《聊斋志异》:"明末志怪群书,大抵简略,又多荒怪,诞而不情,《聊斋志异》独于详、尽之外示以平常,使花妖狐魅,多具人情,和易可亲,忘为异类,又偶见鹘突,知复非人"……这都是用语简括而能中肯地道出一书的艺术特点的。

鲁迅对于缺乏艺术性的作品便不能容忍。所以对于模仿《阅微草堂笔记》的小说就说:"貌如志怪者流,而盛陈祸福,专主劝惩,已不足以称小说";对于《刘公案》、《李公案》以及《施公案》续书、《彭公案》续书、《七侠五义》续书就说:"千篇一律,语多不通,甚至一人之性格,亦先后顿异,盖历经众手,共成恶书,漫不加察,遂多矛盾矣";对"黑幕小说"就说:"徒作谯呵之文,转无感人之力,……其下者乃至丑诋私敌,等于谤书,又或有谩骂之志而无抒写之才。"

鲁迅特别反对那些以说教为主而压倒了艺术性的书,用鲁迅的话说,就是那些不足称为"赏心""娱心"的作品,例如:

> 记人间事者已甚古,列御寇韩非皆有录载,唯其所以录载者,列在用以喻道,韩在储以论政。若为赏心而作,则实萌芽于魏而盛大于晋。

又如:

> 宋市人小说,虽亦间参训谕,然主义则在述市井内事,用以娱心;及明人拟作末流,乃告诫连篇,喧而夺主,且多艳称荣遇,回护士人,故形式仅存而精神与宋迥异矣。

反之,他对《儒林外史》的推崇理由之一即在"虽非巨幅,而时见珍异,因亦娱心,使人刮目矣"。他之特别珍视唐人传奇,也是在"意识之创造"。用我们现在的话说,就是作品而无艺术性,而不能给人以美学享受者,鲁迅是在贬抑的。在这里,鲁迅的"远实用而近娱乐"的说法,虽然好像有过重艺术的倾向,但他所谓"实用"是指狭隘的功利主义,他之反对它是因狭隘功利主义而牺牲艺术性,所以这看法也还是非常正确的。

在艺术性中,鲁迅特别重视现实主义精神,也就是鲁迅当时用的名词"写实"。所以他对《红楼梦》的批评是:"正因写实,转变新鲜","据本书自说,则仅乃如实抒写,绝无讥弹,独于自身,深所忏悔,此因常情所嘉,故《红楼梦》至今为人爱重,然亦常情所怪,故复有人不满,奋起而补订圆满之。此足见人之度量相去之远,亦曹雪芹之所以不可及也";他对模仿《海上花列传》的作品不满的是:"终未有《海上花列传》之平淡而近自然者";他对《二十年目睹之怪现状》惋惜的是:"惜描写失之张皇,时或伤于溢恶,言违真实,则感人之力顿微,终不过连篇'话柄',仅足供闲散者谈笑之资而已"。在这里,鲁迅虽然好像对现实主义的理解稍狭,好像对《红楼梦》中关于现实的批判还认识不足,然而他对现实主义精神的重视以及对现实主义之不能因夸张失实而损害艺术性上①,也仍是正确的。因此,我们就在鲁迅的文学史著作中见出他不但捍卫了艺术性,也还捍卫了现实。

鲁迅的风格分析,有时也还有助于作品鉴定和考证。例如他对于《游仙窟》的作者张文成,认为即张鷟,这是因为"文近骈丽而时杂鄙语,气度与所作《朝野佥载》、《龙筋凤髓判》正同";对于

---

① 在《作文秘诀》一文(《南腔北调集》二〇〇至二〇四页)中,鲁迅提出和古文的障眼法相反的是白描,他认为白描是:"有真意,去粉饰,少做作,勿卖弄而已",也是这个意思。

《后西游记》之非吴承恩作,是因为"行文造事并逊,以吴承恩诗文之清绮推之,当非所作矣"。风格分析如果熟练而准确,是的确有这种功用的。当然,鲁迅并不专靠风格分析来进行科学工作,他的文学史著作中的科学性却另有所在,如下文。

九 鲁迅文学史著作中之科学性

文学作品是艺术,但处理这些艺术品的文学史却是科学。

鲁迅的文学史著作正是科学著作。

这一则表现在他的文学史往往是牵涉一些学术问题的,例如在《汉文学史纲要》中关于诗书就有如此的介绍:

> 孔氏所传,既以值巫蛊不行,遂有张霸之徒,伪造《舜典》《汩作》等二十四篇,亦称古文书,而词义芜鄙,不足取信于世。若今本孔传《古文尚书》,则为晋豫章梅赜所奏上,独失《舜典》;至隋购募,乃得其篇,唐孔颖达疏之,遂大行于世。宋吴棫始以为疑;朱熹更比较其词,以为"今文多艰涩,而古文反平易","却似晋宋间文章",并书序亦恐非安国作也。明梅鷟作《尚书考异》,尤力发其复,谓"尚书唯今文传由伏生口诵者为真古文,出孔壁中者,尽后儒伪作,大抵依约诸经论孟中语,并窃其字句而缘饰之"云。

> 自商至周,诗乃圆备,存于今者三百五篇,称为《诗经》。其先虽遭秦火,而人所讽诵,不独在竹帛,故最完,司马迁始以为"古者诗三千余篇,及至孔子,去其重,取其可施于礼义,上采契后稷,中述殷周之盛,至幽厉之缺"。然唐孔颖达已疑其言;宋郑樵则谓诗皆商周人作,孔子得于鲁太师,编而录之。朱熹于诗,其意常与郑樵合,亦曰"人言夫子删诗,看来只得采许多诗,夫子不曾删去,只是刊定而已"。

这些虽然是常识性的东西,但是鲁迅叙入文学史中,实在是说明文学史既是科学,有关文学研究的学术性的问题就仍应该提到,不是只分析思想性、艺术性就算了事的。

二则表现在鲁迅文学史著作中是十分重视大量占有材料而又加以审慎的考证的。鲁迅主张文学史的著作"先从长编入手",他主张文集应该编年,他认为"编年有利于明白时势,倘要知人论世,是非看编年的文集不可的"(《且介亭杂文》序言),同时他自己也作一些资料整理工作,都是这个原故。可是资料只是编写文学史的过程,并不等于文学史,所以他批评郑振铎的文学史时说:

> 郑君所作《中国文学史》,顷已在上海豫约出版,我曾于《小说月报》上见其关于小说者数章,诚哉滔滔不已,然此乃文学史资料长编,非"史"也。但倘有具史识者,资以为史,亦可用耳。(鲁迅一九三二年八月十五日给台静农的信,见《鲁迅书简》页一一二)

所以鲁迅自己写出的文学史著作大抵是根据史实,加以裁别,真做到"简而不陋"的。专就资料而论,鲁迅也十分注意对资料的审查。考证在这里有它一定的重要性。例如《西京杂记》,有人以为刘歆作,有人以为吴均作,鲁迅在《中国小说史略》中即审查为葛洪作,他说:"隋志不著撰人,唐志则云葛洪撰,可知当时皆不信为真出于歆。段成式云,'庾信作诗,用《西京杂记》事,旋自追改曰,此吴均语,恐不足用',后人因为均作。然所谓吴均语者,恐指文句而言,非谓《西京杂记》也。梁武帝敕殷芸撰《小说》,皆抄撮故书,已引《西京杂记》甚多,则梁初已流行世间,固以葛洪所造为是"。这种考证对书的内容和风格都是有关系的。他的考证也不是材料堆集,而是加以分析,规定原书的可信程度。如《大唐三藏取经诗话》,卷末有"中瓦子张家印"字样,"张家为宋时临安书铺,也因以为宋刊',鲁迅就在《中国小说史略》里接着分析道:"然逮于元朝,张家或亦无恙,则此书或为元人撰,未可知矣。"关于这问题,他还在《关于〈三藏取经记〉等》(《华盖集续编》页二○○至二○五)和《关于〈唐三藏取经诗话〉的版本》(《二心集》)里分别对日人德富苏峰和郑振铎提出辩论。他不相信仅从缺笔定版本的时代,他说"因为故意或习惯,也可以沿至后一朝",他说这是史家对问题的看法和藏书家的不同。鲁迅在另一机会,也提到"珍本并不说是善本"(《杂谈小品文》,见《且介亭杂文二集》页一九八),"善本"在"能合于实用"(《四库全书珍本》,《准风月谈》页八六)。所以鲁迅的考证不是形式主义的,其周密细致,就是实事求是的科学精神。

三则表现在发现共同点,发现定型,例如论《品花宝鉴》:"自谓伶人有邪正,狎客亦有雅俗,并陈妍媸,固犹劝惩之意,其说与明人之几为'世情书'者略同";论《花月痕》:"其书虽不全写狎邪,顾与伎人特有关涉,隐现全书中,配以名士,亦如佳人才子小说定式";论《三侠五义》:"凡此流著作,虽意在叙勇侠之士,游行村市,安良除暴,为国立功,而必以一名臣大吏为中枢,以总领一切豪俊,其在《三侠五义》者曰包拯";论《彭公案》:"亦不外贤臣微行,豪杰盗宝之类":只有这样才能居高临下,提纲挈领。同时也只有因为注意到共同点,才能发掘作品的独创性。鲁迅论《金瓶梅》的话是:"就文辞与意象以观《金瓶梅》,则不外描写世情,尽其情伪,又缘衰世,万事不纲,爱发苦言,每极峻急,然亦时涉隐曲,猥黩者多,后或略其他文,专注此点,因予恶谥,谓之'淫书',而在当时,实亦时尚"。"时尚"正是共同点,所以不必深责,而用"峻急"的"苦言"反映"衰世"也就是反映中国封建社会末期的腐朽,"尽其情伪",却是伟大的现实主义所在,却是独创性所在。这就是公允的科学论断。

四则表现在鲁迅每用比较的方法,中外比较见出中国小说受印度的影响,古今比较见出《水浒》、《西游》的演进。以《汉记》上的"一尺布"歌谣同《汉书》上的比较,知道前者更近于本来面目(《且介亭杂文》:《门外文谈》);以影宋刊本和明活字本的洪迈《容斋随笔》和清刻本比较,就见出"清朝不唯自掩其凶残,还要替金人来掩饰他们的凶残"(《且介亭杂文》:《病后新谈之余》),所以鲁迅说"比较是最好的事情"(《且介亭杂文》:《关于新文字》),"比较是医治受骗的好法子"(《且介亭杂文》:《随便翻翻》),而这也正是科学方法之一。

此外像鲁迅文学史著作中所体现的文学发展规律性,对于体系与时代的兼顾,以及目录学的基础等,也都是科学性的表现。后来鲁迅在《文艺与政治的歧途》(《集外集》)的讲演里,提到"政治想维系现状使它统一,文艺催促社会进化使它渐渐分离",又说"人道主义者和政治就有冲突"。这是指人民文艺一定和反动统治有所斗争,在《漫兴》(《南腔北调集》)一文里指出"文学上,就分明的显出了麻醉和战斗的不同",是更鲜明的阶级观点的科学分析。鲁迅在一九三四年一度创办《文艺研究》季刊,例言上说这是"专载关于文学、艺术的研究的文字"的刊物,"供已治文艺的读者的阅览,所以文字力求其较为充实,寿命力求其较为久长,凡泛论空谈及启蒙之文,倘是陈言,俱不选入",又说它的倾向"在究明文艺与社会之关系"(《鲁迅全集补遗》),因此也刊载和文艺有关的社会科学上的论文。鲁迅在其中曾发表过蒲力汉诺夫所作的《车勒芮绥夫斯基的文学观》的译文(《鲁迅全集补遗》)。可惜这刊物只出了一期,否则倘若时间及其他条件许可,鲁迅是更会提倡以马克思列宁主义为基础的科学性的文学史研究道路了。

十　鲁迅文学史著作中之举例

文学史里是不是要引证作品呢？在目前的文学史著作中往往是举例不多的。可是如果不引证作品就不能给人感性的印象，如果感性的印象不充分，当然也就不能给人牢固的理性知识了。鲁迅在文学史的著作中却是有应有的举例的。

鲁迅先生在举例的时候，大抵是根据这样几个原则：

第一，举例一定要有代表性。像他在《中国小说史略》中关于《西游记》就举了三例，一是杨二郎和孙悟空之战，这是代表《西游记》对已往的西游传说的继承性的加工处；二是盗芭蕉扇，这是代表《西游记》想像力的丰富处；三是孙悟空因为丢了棒，见玉帝时前倨后恭，这是代表《西游记》的讽刺和滑稽。这三个例的确能够说明《西游记》的主要特征了。

第二是，在引文中一定注意形象性和故事性，也就是说，注意到文学作品的特性，而把一些非文学成分或文艺性不够鲜明的东西略去。这在中国文学史中是特别重要的，因为，在中国古典作品中，文学成分和非文学成分往往是相杂的。我们看鲁迅在《汉文学史纲要》中，在举《天问》为例的时候就选了"雄虺九首"和"蜂蚁微命力何固"的两段，在举《离骚》为例的时候就选了"驷玉虬以乘鹥兮"、"见有娀之佚女"一段，这都是屈原作品中最富有形象性和故事性的。又如《庄子》，鲁迅只选了"大泽焚而不能热"的至人，"泉涸相忘于江湖"、"南海之帝为倏"三节，《孟子》是只选了"齐人有一妻一妾"，而《论语》、《墨子》是并没举例的，可见鲁迅在去取之间有分寸在。

第三是，引证的多少是以原书的内容广狭为断的。所以鲁迅在《汉文学史纲要》中对《诗经》中的《颂》只选一篇，对大小《雅》

各选一篇,但对《风》就选了三篇,这是因为《国风》反映的方面的确较多的缘故。

十一　鲁迅文学史著作中所列的参考书

文学史应否列参考书?现在的文学史著作有的就没列。可是就读者着想,当然应该列。鲁迅的《汉文学史纲要》就是列的。

在列参考书的时候,鲁迅大抵是先列原始资料,例如《全汉诗》、《全秦文》、《乐府诗集》、《史记》、《汉书》之类,(他对于原始材料的重视,还可在开给许世瑛的书单①中见之。)次列近人有关的论述,例如谢无量《中国大文学史》,儿岛献吉郎《支那文学史纲》,铃木虎雄《支那文学之研究》之类。

在列近人的论述时,鲁迅也往往把质量并不太高的书列出,像谢无量的《楚词新论》就是。把纵然是在思想上的敌人的书也列出,例如胡适的《中国哲学史大纲》就是。在这里,我们体会到鲁迅的虚心,同时也是尊重别人劳动的美德,只要有一点可取便决不抹杀,但更重要的恐怕鲁迅还是从实际出发,在没有更好的参考书之前,还是把通行易得的开列给读者的。

我们试一对照,就见出鲁迅的高明。因为,有人在著作时,由于不满意别人的著作或怕出毛病,便索性不列参考书,其实就读者的利益说来,这是不现实的。更有一种人,明明窃取了别人的劳动,便往往讳言所自,所以在参考书中特别加以省略;等而下之,也有口骂胡适,而仍抄胡适的;——于是更见出鲁迅的心胸伟大,对问题能保持冷静的分析了。

---

①　见《鲁迅全集补遗续编》三二八页。

一二　鲁迅关于文学史的资料工作

由于鲁迅主张写文学史先要从长编入手，所以对于资料工作十分重视。也并且亲手整理了一部分材料。这也是鲁迅在文学史工作上花费了很大精力的所在，这同样值得我们珍视，并从中获得一些启发和方法。

先说范围。属于作品搜集的，有《古小说钩沉》，《唐宋传奇集》，《小说备校》（《鲁迅全集补遗续编》）；属于专集校订的，有《嵇康集》；属于参考资料的，有《小说旧闻钞》（鲁迅关于小说材料的收辑还不限于此书，例如《马上支日记》中关于《水浒》的两条即不见于此书）；不纯属于文学范围，但和文学有关的资料编校，有《谢承后汉书》（《鲁迅全集补遗续编》），《岭表录异》[①]，《会稽郡故事杂集》等。

再看方法。第一，鲁迅最重视原始材料。所以他对唐人传奇，根据的便是《太平广记》，而反对那些"换头削足"的《说海》，《唐人说荟》等，他认为"虽短书俚说，一遭篡乱，固贻害于谈文，亦飞灾于考史"（《唐宋传奇集》序例），他在一九二二年写有《破〈唐人说荟〉》一文（《鲁迅全集补遗续编》），指出这书的七种毛病：删节，硬派，乱分，乱改句子，乱题撰人，妄造书名，时代错误。最后说，"为避免《说荟》之祸起见，我想出一部书来，就是《太平广记》"。原始材料的价值就是如此，鲁迅在这方面的重视就是如此。经过他整理后的唐宋传奇，就正如他自己所说"较之通行本子，稍足凭信"了。他的《古小说钩沉》，也是通过艰辛的辑逸而恢复了原来的面目的，《唐宋传奇集》正接《古小说钩沉》，从六朝到

---

① 有原稿，未印。

唐宋的志怪、传奇，于是鲁迅给我们打下了一个研究工作上的坚实基础。

第二是，他在编校中往往厘清一些问题。例如他一生费力最勤的《嵇康集》，就把"重作六言诗十首代秋胡歌诗七首"确定为两件事，"六言诗十首"只是有目无诗，"代秋胡歌诗七首"才是下文的标题，而以前人对这是很混乱的；又"黄门郎的子期难养生论"，经过鲁迅校正，才知道原应作"芩门子期难养生论"，而原文中间插入的"芩难养生论"却是不应有的，这就让我们看到嵇康的原文全豹而不至割裂或误会了。

第三是，他很注重材料来源。他的《小说旧闻钞》都详列原书卷数，作者姓名，所以决不像蒋瑞藻那本《小说考证》那么马虎，让人难以凭信。

第四是，他对于材料决不是以收罗为限，而是有一些学术性的加工，或加说明的，所以这资料工作本身就也是一种科学工作。例如《小说旧闻钞》中对胡应麟谓施耐庵事见《西湖游览志余》，而实则原书只言罗贯中，《随园诗话》误曹寅为雪芹之父等，便都有订正，对王渔洋欲买蒲松龄稿及蒲松龄强执路人便说异闻事，也斥为无稽；而《唐宋传奇集》附有《稗边小缀》，那是兼有史的说明和美学上的论断的，《会稽郡故事杂集》则每书前都有提要式的说明；这便都是学术工作，有收集者的辛勤劳动在。

第五是，以资料与写成的文学史关系论，资料并非只是史的附庸，而是互为补充的，例如《古小说钩沉》就有十三种是《中国小说史略》中所没叙及的，《唐宋传奇集》也有七种是《中国小说史略》中所没叙及的。因此，当我们读《中国小说史略》的时候，一定要和这些资料对看，才不致埋没作者苦心。

第六是，鲁迅就是在资料工作中也没忘了现实斗争，偶尔一二句出现，也还是一个思想战士的面貌。如《会稽郡故事杂集》中

《会稽典录》朱朗条,对朱朗报仇报到子孙上去了,鲁迅即在注中提出异议,这是鲁迅的人道主义精神;《唐宋传奇集序例》中说"此亦岂所以善吾生,然而不得已也",这就说明鲁迅对现实的斗争还是更关切的;而《稗边小缀》中对胡应麟鄙夷李娃,就加以批判,对《迷楼记》改口语俗字,就讽刺了一下"复古",这都见出鲁迅的战斗精神还是贯注在这资料工作中。

这些资料工作的意义远不止作为资料而止。《古小说钩沉》是为了叫人见出"洪笔晚起,此其权舆"(《鲁迅全集补遗》:《古小说钩沉序》),那就是叫人看到发展的意义,同时这些资料也叫人见出中世纪的迷信气氛以及《世说新语》的出现原有一些同类书作先河;《唐宋传奇集》不啻是用另一种形式所呈现的唐宋传奇史;《会稽郡故事杂集》则是在表彰一些独立独行之余,还唤起人一种爱乡土的情感;《小说旧闻钞》可说是对前人研究小说的成绩的检阅,也可以看出后人对小说的看法的逐渐进步;总之,大都是具有单纯资料之外的丰富的意义的。

十三 散见的鲁迅关于文学史的见解

就时间范围上说,鲁迅的《汉文学史纲要》是只到西汉为止的断代史;就内容范围上说,《中国小说史略》只是小说方面的专史;所以鲁迅计划中的规模宏大的从长编入手的中国文学史终于没有机会完成。然而就是这遗留下来的一部分文学史著作已经很可珍贵了。它的精义所在,已略如上述。现在再看看鲁迅其他著作中所流露的文学史见解,除了上文已经涉及的以外,再作一补充。

由于鲁迅常常想到他编写中国文学史的志愿,由于鲁迅对中国文学史的知识之丰富和熟悉,他在一般文章中也常常说出一些有关文学史的见解。这些文章有绝大部分是产生在晚年,也就是产生在他已经接触了更多的马克思列宁主义的科学世界观和科学方法以后,因而有的便显出更成熟的光芒;同时由于这些文字多半结合着现实斗争,因而也就更显出了学术工作和现实斗争关系的密切;但也因为和现实斗争相联系之故,其中有些论点是必须和当时的具体历史环境一同考察才能全面理解的。

如果依照中国文学史的结构,这些见解是可以如此整理的:

在关于整个中国文学史上,鲁迅有《帮忙文学与帮闲文学》(《集外集拾遗》),有《从帮忙到扯淡》(《且介亭杂文二集》),《漫兴》,《文床秋梦》(《准风月谈》),在这里指出了为统治阶级服务的文学虽有帮闲帮忙之分,而帮闲也就是帮忙,到了末世,却连帮闲之才也没有了,便只剩下扯淡,然而文学上终有"麻醉的和战斗的不同",并且看"文学史,文坛是会有完整而干净的时候的"。这就不但说明了文学史上反映两种文化的斗争,而且也预言了胜利谁属,体现了无产阶级的信心和乐观精神。

在某些场合,鲁迅也曾指出了中国文学遗产中的若干缺点,并且态度是十分激烈的,例如说"我看中国书时,总觉得就沉静下去,与实人生离开;……中国书虽有劝人入世的话,也多是僵尸的乐观;……我以为要少——或者竟不——看中国书"(《华盖集》:《青年必读书》);又说"我们的老调子,也就是一把软刀子"(《集外集拾遗》:《老调子已经唱完》);他并且认为自己"从旧垒中来,情形看得较为分明,反戈一击,易制强敌的死命"(《坟》:《写在坟后面》),是他的责任,然而这是他在反帝反封建的斗争中,为了中国人民的生存、发展,而不得不如此的。所以他说:"我们此后实在只有两条路,一是抱着古文而死掉,一是舍掉古文而生存"(《三闲集》:《无声的中国》)。他后来说:"颂诗早已拍马,春秋已经隐瞒,战国时谈士蜂起,不是以危言耸听,就是以美词动听,于是夸大,装腔,撒谎,层出不穷"(《伪自由书》:《文学上的折扣》),这也确是中国的坏传统,然而他这是为了攻击当时的一种无聊小报(实际上是反动派的机关报),既造谣又标榜不攻讦个人或团体的鬼话而发的,这决不能和鲁迅对中国文学传统——特别是好的传统的态度混同起来。

反之,鲁迅是这样肯定中国人民的历史的:

> 我们从古以来,就有埋头苦干的人,有拼命硬干的人,有为民请命的人,有舍身求法的人,……虽是等于为帝王将相作家谱的"正史",也往往掩不住他们的光耀,这就是中国的脊梁。(《且介亭杂文》页一一三)

不用说,鲁迅也就当然肯定反映这种"光耀"和"脊梁"的文艺了。事实上鲁迅是特别爱中国文化遗产的,他甚而爱到这样的地步,说:"我亦非中庸者,时而为极端国粹派,以为印古色古香书,必须用古纸,以机器制造者斥之,犹之泡中国绿茶之不可用咖啡杯也"①;他和郑振铎印《北平笺谱》时,曾说:"这种书籍,真非印行不可",并说"可喜亦可哀"②,他还曾为了对古书的标点错误而愤慨过,说"今人标点古书而古书亡"(《病后杂谈之余》,《且介亭杂文》页一八二),这都可以看出他热爱遗产的心情。他在《野草》中有一篇叫《死后》的文字里写到他想像中的死,他说旧书铺的伙计还拿了一部明版《公羊传》来,"嘉靖黑口本"呢。他不是说过么,毁坏礼教的嵇康、阮籍,"他们的本心,恐怕倒是相信礼教,当作宝贝,比曹操、司马懿要迂执得多",鲁迅在某一个时期的攻击古书,实际上还是为了在不同的条件下来保卫优秀遗产的。鲁迅在答复那时的施蛰存质问自己的矛盾时,就已经明确说出"这是施先生忽略了时候和环境"(《准风月谈》:《答兼示》)了。

---

① 一九三五年一月十七日给曹聚仁的信,《鲁迅书简》四六七页。
② 一九三三年十一月十一日给郑振铎的信,《鲁迅书简》五三四至五三五页。

在关于文学的起源上,鲁迅在《门外文谈》有对于文艺起源于劳动的生动说明,有对于民间文学之"刚健清新"的估价,并指出"旧文学衰颓时,因为摄取民间文学或外国文学而起一个新的转变,这例子是常见于文学史上的"(《且介亭杂文》)这一规律。同时也指出士大夫夺取民间东西之后,"这东西也就跟着他们灭亡"的另一规律(《花边文学》:《略论梅兰芳及其他》,上)。

在古代文学上,鲁迅很早就喜爱屈原,评价特高。认为"放言无惮,为前人所不敢言",但同时也指出他的缺点,说"而反抗挑战,则终其篇未见,感动后世,为力非强"(《坟》:《摩罗诗力说》)。但鲁迅终于是一生爱好屈原的,许寿裳已经指出过了。①

在关于汉代文学上,鲁迅特别为司马相如说了几句话。他说司马相如不肯去帮闲,"汉武帝时候,只有司马相如不高兴这样,常常装病不出去"(《集外集拾遗》:《帮忙文学与帮闲文学》),"司马相如在文学史上也还是很重要的作家。为什么呢?就因为他究竟有文采"(《且介亭杂文二集》:《从帮忙到扯淡》)。

在关于魏晋文学上,鲁迅有一篇《魏晋风度及文章与药及酒之关系》(《而已集》),是全面而深入的一篇文学史论文,指出了当时风格的演变,指出了孔融、阮籍、嵇康、陶渊明这些卓异的作家之真相,指出了他们在中世纪的压迫下的生活痛苦和反抗性,提供了文学史应该把作者和"环境、经历、著作"作有机联系的考察的典范。根据许寿裳的记载,鲁迅原有的一个"中国文学史"的计划中,第五篇即"酒、药、女、佛"②,而这正是那部文学史的一部分。所以这一论文一方面可以看做是《汉文学史纲要》的续篇,也可以看做是在《汉文学史纲要》写成后企图采取更提高一步的著作形

---

① 见许寿裳《亡友鲁迅印象记》:《屈原和鲁迅》。
② 见许寿裳《亡友鲁迅印象记》:《杂谈著作》。

式的尝试。此外,他在《题未定草》中,指出蔡邕"也是一个有血性的人",指出陶渊明"并非整天整夜的飘飘然"(《且介亭杂文二集》)。又在《隐士》一文(《且介亭杂文二集》)中指出陶渊明"也还略有些生财之道",这都是可以补充这一文献的。而在《选本》一文(《集外集》页一四二)里,指出魏晋的四言诗实在是省去一字的五言诗,这也是关于这一时期的文学形式的创见。

在关于唐代文学上,鲁迅在《小品文的危机》(《南腔北调集》页一六三)里,曾特别提出罗隐、皮日休和陆龟蒙的小品文中之抗争精神。

在关于《中国小说史略》的补充上,鲁迅有《六朝小说和唐代传奇文有怎样的区别》一文,指出了六朝人小说的特点"所写的几乎全是人事",唐代传奇都是把"神仙人鬼妖物,都可以随便驱使","以见他(传奇作者)想像的才能"(《且介亭杂文二集》),这比《小说史略》说得更通俗而明确;又有《宋民间之所谓小说及其后来》一文(《坟》),似乎是《小说史略》的一篇通俗稿,也许他原先也有把《史略》改写成白话的意思的;在《论睁了眼看》一文里,对于明末反映婚姻问题缺陷的小说之走入"才子及第,奉旨成婚",认为是取消了问题,以"才子能否中状元"代替了"婚姻制度的自由否"(《坟》页二一七),这就指出这类小说的一般妥协性。此外,他有《关于〈三藏取经记〉等》(《华盖集续编》)和《关于〈唐三藏取经诗话〉版本》(《二心集》)二文,是坚持倘认这书是宋本仍是可疑的。

至于散论各小说的文章,则在《游仙窟序言》(《集外集拾遗》页一九六至一九七)中提到这书的价值在见出当时风俗,当时语言,并且是开始用骈文作传奇"前于陈球之《燕山外史》者千载,亦为治文学史者所不能废矣";在《买〈小学大全〉记》(《且介亭杂文》页五四)中,说到《阅微草堂笔记》之攻击道学,是为了迎合乾隆,这比《中国小说史略》中所发掘的又深一层;在《上海所感》(《集外集拾遗》)一文中,指出了《西游记》所叙虽有邪正之分,"但总而言之,两面都是妖怪,所以在我们人类,大可以不必怎样关心",这就对《西游记》的缺点一方面提供了重要的参考;在《流氓的变迁》(《三闲集》)一文中,提到"一部《水浒》,说得很分明,因为不反对天子,所以大军一到,便受招安,替国家打别的强盗——不'替天行道'的强盗去了,终于是奴才",这对于评论《水浒传》的限制性时也是有用的启发;在《叶紫作〈丰收〉序》(《且介亭杂文二集》)一文中,说"《儒林外史》作者的手段何尝在罗贯中下,然而留学生漫天塞地以来,这部书就好像不永久,也不伟大了。伟大也要有人懂",他为在《中国小说史略》中所叙最详也最好的《儒林外史》再度表示了高度的估价;在《论讽刺》(《且介亭杂文二集》)一文中,提到《金瓶梅》和《儒林外史》,指出了"直写事实"就成为讽刺,这说明了现实主义和讽刺的联系;在《绛花洞主小引》(《鲁迅全集补遗续编》页二七六)中,提到《红楼梦》中的贾宝玉因多所爱而苦恼,并说续作未必与原作出入太大,因为当时的思想"大约止能如此",但是对宝玉出家后又拜父一点,"却令人觉得诧异",这是指出了《红楼梦》的内容和限制的;在《〈出关〉的"关"》(《且介亭杂文末编》)一文中,说"例如《红楼梦》里贾宝玉的模特儿是作者自己曹霑,《儒林外史》里马二先生的模特儿是冯执中,现在我们觉得的却只是贾宝玉和马二先生,只有特种学者如胡适之先生之流,这才把曹霑和冯执中念念不忘的记在心儿里,这就是所谓人生有限,而艺术却较为永久的话罢",这就比《中国小说史略》中的看法更深入了一步,并且对典型问题上提供了正确的理解,也对艺术创造的特点——艺术典型之广阔的意义有了具体的说明。

对明代的作家,他对袁中郎作了全面评价,说他还有更重要的一方面,是"关心世道"的人,而"赞《金瓶梅》,作小品文并不是他的全部"(《且介亭杂文二集》:《招贴即扯》);论到张岱,就指出他也有"词严义正"的言论(《"题未定"草九》,《且介亭杂文二集》页二六一);论到金圣叹,说他的哭庙被杀,并非真正反抗,说他的提倡小说,不过是拾袁宏道的唾余,"而且经他一批,原作的诚实之处,往往化为笑谈",并对他的"杀头至痛也,而圣叹以无意得之,大奇",认为这只是"一来,声明了圣叹并非反抗的叛徒,二来将屠户的凶残,使大家化为一笑,收场大吉",就加以批判,这见之于《谈金圣叹》和《"论语一年"》二文(《南腔北调集》);而对于明末小品文也有一般的分析,说"明末的小品虽然比较的颓放,却并非全是吟风弄月,其中有不平,有讽刺,有攻击,有破坏",但他认为终不如"《明季稗史》之类和明末遗民的作品",这分别见于《南腔北调集》中的《小品文的危机》和《花边文学》中的《读书忌》二文。

关于清代文学,鲁迅在《无声的中国》(《三闲集》)一文中说"这不能说话的毛病,在明朝是还没有这样厉害的;……所谓读书人,便只好躲起来读经,校刊古书,做些古时的文章,和当时毫无关系的文章。有些新意,也还是不行的,不是学韩,便是学苏",这段话可以发掘清代古文运动之社会意义的一面,以前人是未曾注意的;在《买〈小学大全〉记》一文中说,如果把《东华录》、《御批通鉴辑览》、《上谕八旗》、《雍正朱批谕旨》等书"加以收集,一一钩稽,将其中的关于驾驭汉人、批评文化、利用文艺之处,分别排比,辑成一书,我想,我们不但可以看见那策略的博大和恶辣,并且还能够明白我们怎样受异族主子的驯扰,以及遗留至今的奴性的由来的罢",这就提供了研究清代文学中之现实斗争的一个重要课题。

关于晚清文学,他曾在《在现代中国的孔夫子》(《且介亭杂文二集》)里指出当时吸收科学和拒绝科学的两种社会情况;在《上海文艺之一瞥》(《南腔北调集》)里指出当时才子和流氓的洋场文学;这对于了解晚清文学的一部分背景时是大有帮助的。

在新文学运动史中,因为鲁迅是参加实际斗争并有着领导地位的关系,他在这方面尤其给我们留下了宝贵的文献。像他的《"硬译"与"文学的阶级性"》(《二心集》)对资产阶级"新月派"的论战,《论第三种人》、《又论第三种人》(《南腔北调集》)拆穿了为艺术而艺术的谎言,但也指出他们的分化,说"在这混杂的一群中,有的能和革命前进,共鸣;有的也能乘机将革命中伤、软化、曲解。左翼理论家是有着加以分析的任务的";《"民族主义文学"的任务和运命》里(《二心集》),指出了帝国主义及走狗的反动文艺之无耻;而在《上海文艺之一瞥》里则指出了"激烈得快的,也平和得快,甚至于也颓废得快"的"翻着筋斗的小资产阶级"文学脆弱,在《对于左翼作家联盟的意见》(《二心集》)里,则指出了需要坚定、持久、切实的斗争,并要求扩大战线,培养新的战士;在《中国无产级革命文学和前驱的血》(《二心集》)中纪念着"中国无产阶级革命文学第一页";在《为了忘却的记念》(《南腔北调集》)中,则以抒情的笔墨悼念了那几个无产阶级青年作家的被害。这些文件无疑都具有历史意义,而且是在编写新文学史时的基石,现在有些新文学史著作就已经这样做了。

从这些文字中,我们看出的是,第一,鲁迅是接触到全部中国文学史的,我们在他的著作中有丰富的东西可以吸取,而且这些散见的文学史见解有时比他的专书更显得成熟,更体现了马克思列宁主义的文学原则;第二,鲁迅尊重过去,便更重视将来,所以他说:"在现在,有人以平民——工人农民——为材料,做小说做诗,我们也称之为平民文学,其实这不是平民文学,因为平民还没有开口。……如果工人农民不解放,工人农民的思想,仍然是读书人的思想,必待工人农民得到真正的解放,然后才有真正的平民文学"(《而已集》:《革命时代的文学》页十六至十七);第三,鲁迅深知文化的继承性并确信无产阶级对文化遗产的真正重视和发扬,所以他说:"新文化仍然有所承传,于旧文化也仍然有所择取"(《集外集拾遗》:《浮士德与城后记》);并说:"我已经确切的相信:将来的光明必将证明我们不但是文艺上的遗产的保存者,而且也是开拓者和建设者"(《集外集拾遗》:《〈引玉集〉后记》),这是科学性的预言,现在这预言已由中国人民的革命胜利而证实了。

一四　鲁迅文学史著作中所表现之鲁迅精神面貌与独特性

鲁迅的文学史著作终有鲁迅的精神面貌和独特性,令人感觉出有鲁迅的生命在,其中不独体现了鲁迅的战斗,而且就是学术性的问题,也见出鲁迅本人的专长,并和鲁迅治学的经历有关,而决不是其他人所能措手的。

第一,鲁迅是曾经跟着章太炎研究过学问的,鲁迅虽然说章太炎的业迹"留在革命史上的,实在比学术史上还要大"(《关于太炎先生二三事》,见《且介亭杂文末编》页八七),但是根据许寿裳的记载(《亡友鲁迅印象记》中有《从章先生学》一篇)和林辰的考证(《鲁迅事迹考》中有《鲁迅与章太炎及其同门诸子》一篇),在学术上鲁迅还是很受了他的影响。章太炎擅长文字学并爱好魏晋文章,鲁迅在这方面便也特别表现出了学术上的渊源。鲁迅在《汉文学史纲要》中,开首即"自文字至文章"一篇,中间从六书讲起,而论及中国文字之美,"李斯"一篇,就提到"斯于文字,则有殊勋","司马相如与司马迁"一篇,也提到司马相如在小学上的贡献,而《门外文谈》更是以巩固的文字学知识为基础的通俗论文,这都见出鲁迅在文字学上的根底。他并且有志于写一部"中国字体变迁史"(《两地书》页三二三),这也见出他对文字学的兴趣,而且也是专门的。关于魏晋,鲁迅是特别有研究的,这不只表现在他那篇《魏晋风度及文章与药及酒之关系》,对魏晋文学有全面的并深入的分析,而且表现在他对陶渊明有深刻的理解,更重要的是,他有一种对魏晋优秀文学传统的亲切感情,并吸取了魏晋文学中的卓越见解,流露在他的书中。他在讲到李斯的金石文字时就说:"质而能壮,实汉晋碑铭所从出",这就见出鲁迅时时有他不忘的汉晋在。魏晋六朝在文学批评上有一种很好的见解,那就是文笔的区别,用现在的话讲,就是对文学与非文学是划出了一定的界限的,鲁迅一方面既在文学史中重视这一种见解,作了历史的叙述,同时也把这种精神贯彻到他书中材料的取舍上。例如他在"老庄"一篇中,对《论语》《墨子》就认为"儒者崇实,墨家尚质,故《论语》《墨子》,其文词皆略无华饰,取足达意而已",于是只有简单交代,而对庄子则盛加称道,以为"其文则汪洋辟阖,仪态万方,晚周诸子之作,莫能先也",并且在以老庄文字为例时,也是特选其文学味最浓者;在"李斯"一篇中便说:"法家大抵少文采,唯李斯奏议,尚有华词",于是对一般法家便略而不述,对李斯则特详;在"司马相如与司马迁"一篇中,即不着重司马相如在散文上的贡献,而详细介绍他的词赋;再看他在《读书杂谈》一篇演讲中,就说当时的青年"往往分不清文学和文章"(《而已集》),这都见出有文笔之辨在。在魏晋文人中,他特别喜爱嵇康,他不但曾多次校证嵇康的专集,他不但在怀念死去的战友柔石等时就想起了向秀所写的悼念嵇康的《怀旧赋》(《为了忘却的记念》),并且也把嵇康的见解应用到文学史里,例如他对把郑风当作淫逸的诗的人就说:"自心不净,则外物随之,嵇康曰:'若夫郑声,是音声之至妙,妙音感人,犹美色惑志,耽槃荒酒,易以丧业,自非至人,孰能御之。'世之欲指窈窕之声,盖由于此,其理亦并通于文章",既说"其理亦并通于文章",可见鲁迅是把嵇康的学说当作通则来看了。这都见出鲁迅在学术上对魏晋的研究有功力,并有心得处。甚而就是鲁迅本人写的文言文,清峻雍容,疏宕齐整,也是很有魏晋析理文字风度的。

第二,鲁迅是有敏锐的眼光的,像他在杂文中所表现的对事物每有揭露底蕴、比常人深入一层的看法,在文学史上也是这样。像他对于晁错,鲁迅就能抉发晁错和贾谊的共同点,并指出在某些方面晁错还高出贾谊:

> 晁贾性行,其初盖颇同,一从伏生传《尚书》,一从张苍受《左氏》。错请削诸侯地,且更定法令;谊亦欲改正朔,易服色;又同为功臣贵幸所潜毁。为文皆疏直激切,尽所欲言;司马迁亦云:"贾生晁错明申商。"唯谊尤有文采,而沈实则稍逊,如其《治安策》、《过秦论》,与晁错之《贤良对策》、《言兵事疏》、《守边劝农疏》,皆为西汉鸿文,沾溉后人,其泽甚远;然以二人之论匈奴者相较,则可见贾生之言,乃颇疏阔,不能与晁错之深识为论比矣。
>
> 唯其后之所以绝异者,盖以文帝守静,故贾生所议,皆不见用,为梁王傅,抑郁而终。错则迁遭景帝,稍能改革,于是大获宠幸,悉行其言,卒召变乱,斩于东市;又夙以刑名著称,遂复来"为人陿直刻深"之谤。使易地而处,所遇之主不同,则其晚节末路,盖未可知也。但贾谊能文章,平生又坎壈,司马迁哀其不遇,以与屈原同传,遂尤为后世所知闻。(《汉文学史纲要》第七篇)

这就是能透过表面现象,分析当时情势,而探求到一位作者真相的。此外,如论董仲舒:"经为粹然儒者之言,而牢愁狷狭之意尽矣";如论司马迁:"太史职守,原出道家,其父谈亦崇尚黄老,则《史记》虽缪于儒术,固亦能远绍其旧业者矣。况发愤著书,意旨自激,……恨为弄臣,寄心楮墨,感身世之戮辱,传畸人于千秋;虽背《春秋》之义,固不失为史家之绝唱,无韵之离骚矣。唯不拘于史法,不囿于文句,发于情,肆于情而为文,故能如茅坤所言也……";以及像《中国小说史略》中所提出的中国神鬼不别,为中国神话仅存零星之故,指出《山海经》为"古之巫书";还有像鲁迅在杂文中指出的蔡邕真相,陶渊明整体,袁中郎的另一面等,都是创造性的见解,言人所未言的。陈源之流说他的小说史是抄日本人的,他曾说确曾参考过盐谷温氏的书,但他"都有独立的准备,证据和他的所说还时常相反",并说"其余分量、取舍、考证的不同,尤难枚举"(《华盖集续编》:《不是信》),后来增田涉把《中国小说史略》译为日文了,也就更揭穿了陈源的诬蔑(《且介亭杂文二集》后记)。这证明了鲁迅这部精心的著作不但是开山之作,也还是富有创造性的文学史著作中的丰碑。

同时值得注意的是,鲁迅常常着眼在大处;像他说,"高手如太史公司马迁,倘将他的文章推敲起来,无论从文字、文法,修改的任何一种立场去看,都可以发见'不通'的处所"(《不通两种》,《伪自由书》页二四),这正是针对那些目光如豆的人而发,这也是他们的思想特色之一。

第三,鲁迅在文学史著作中仍然是一个思想战士,这包括三方面:一是他从斗争性看作家,这就是他所谓"历来的伟大的作者,是没有一个浑身是静穆的"(《且介亭杂文二集》:《题未定草七》页二一一),因而他喜爱嵇康,并发现了陶渊明的斗争的一面;二是他在文学史著作里也体现斗争,像《汉文学史纲要》中说"武帝时文人,赋莫若司马相如,文莫若司马迁,而一则寥寂,一则被刑。盖雄于文者,常桀骜不欲迎雄主之意,故遇合常不及凡文人",这就指出了统治阶级对文人的迫害和杰出文人的不妥协精神;《中国小说史略》中说的"历来三教之争,都无解决,互相容受,乃曰同源",又如说"凡侠义小说中之英雄,在民间每极粗豪,大有绿林结习,而终必为一大僚隶卒,供使令奔走以为宠荣,此盖非心悦诚服,乐为臣仆之时不办也",这就是对中国缺乏科学分析精神、中国思想界的妥协性的批判,并为中国人民需要从封建压迫中解放出来作呼吁了,甚而鲁迅在文学史资料工作中,也还表现为人道主义争,为白话文争,那也同样表现作为战士的鲁迅是并不曾放弃任何阵地的。三是鲁迅也非常注意文学史上的斗争,例如选本,就是一种斗争,把不纯厚的也选成纯厚了(《花边文学》:《古人并不纯厚》),因而他认为"评选的本子,是研究中国文学史的人们也该留意的"(《集外集》:《选本》)。

第四,作为治学方法的特点看,发展观点和比较方法在鲁迅是应用得最多,也最有成绩的。而这种方法正是在鲁迅其他文字中也表现着的。

第五,在鲁迅文学史著作中有在他的其他著作中所见不到的一面,那就是鲁迅治学的谦虚、谨慎的态度。在他的《汉文学史纲要》中,我们看他列的参考书时已经见出他的虚怀若谷。而《中国小说史略》成书后,对盐谷温的发现《全相平话》残本及《三言》即备加推崇(见《题记》),对郑振铎的成绩也加以推荐(《且介亭杂文二集》:《〈中国小说史略〉日译本序》),并且把不同于自己主张的断代说也认为"殆非肤泛之论"(见《题记》),这都是多么虚心。他的谨慎表现在不轻易采取异说,如《商颂·玄鸟》就仍列入商代,而不说是宋国人之作,如《老子》即仍列在庄子之前,而不采战国晚期之说;至于引文更一字不苟,加以校勘,采取前人论断,也总有分寸,就更不用说了。

作为战士并作为科学工作者的鲁迅,在文学史著作中表现出的精神面貌就是如此。

十五　鲁迅文学史著作中的缺点

由于时代的限制和工作条件的限制,鲁迅的文学史著作也还有未能尽美尽善的地方。

第一是,在《汉文学史纲要》中还缺少综合性的结论。从古代到西汉,中国文学的发展本来是可告一段落的,可是我们读了那十篇正文以后,总是觉得松散了些,似乎应该有一般总结或小结的文字。

第二是,在时代顺序上还有时为体系所拘,处理不见妥当。例如"今所见汉人小说"一篇,既已断定"现有之所谓汉人小说,盖无一真出于汉人者",那么为什么不还它本来的时代,而叙述于六朝志怪之前呢？至于《飞燕外传》,既"恐是唐宋人所为";《杂事秘辛》既采沈德符之说,是明代杨慎的伪托;这就都应该还它本来的时代。

鲁迅能把题为唐曹邺撰而其实是宋代南渡前后之作的《梅妃传》归之于宋人传奇,这就是还它本来时代的很好的例子,可惜的在《中国小说史略》中未能贯彻这个作法。另方面,也有应该提前叙述,而仅见于后文的,像先秦诸子中的故事,仅在叙《世说》时提到"记人间事者已甚古,列御寇韩非皆有录载",而前文却缺此,就是。

第三是,对作品的社会意义有时估计不足。例如对《世说新语》仅提到"记言则玄远冷隽,记行则高简瑰奇,下至谬惑,亦资一笑",这就未能概括其中深刻暴露现实的方面;对《三国演义》,仅仅提到它的"据旧史即难于抒写,杂虚词复易滋混淆","至于写人,亦颇有失,以致欲显刘备之长厚而似伪,状诸葛之多智而近妖,唯于关羽,特多好语,义勇之概,时时如见矣",这就不能抉发《三国演义》的积极意义;对神魔小说仅仅提到"妖妄之说","三教之争",而对《西游记》仅仅提到"虽述变幻恍忽之事,亦每杂解颐之言,使神魔皆有人情,精魅亦通世故,而玩世不恭之意寓焉",这也不能深入《西游记》的重要思想性所在及所反映的社会现实意义所在;对《红楼梦》只指出"正因写实,转成新鲜",注重作者自白,并相信自传说,这也就不能挖掘《红楼梦》的深刻思想意义和广阔社会意义;其他如对《儿女英雄传》及《三侠五义》的出现只认为"其所以然者,即一缘文人或有憾于《红楼》,其代表为《儿女英雄传》;一缘民心已不通于《水浒》,其代表为《三侠五义》"。对《官场现形记》的流行只认为是"特缘时势要求,得此为快,故《官场现形记》乃骤享大名",这也在不同程度上未能充分说明这些文学现象所以产生的社会根源。

第四是,有太略处,如讲唐代传奇而对《李娃传》、《柳毅传》、《霍小玉传》只寥寥数笔,还不如《秦梦记》、《三梦记》之详;讲明代话本,对《三言》既简略,对《今古奇观》亦少介绍和分析,这都是欠妥处。

第五是,书中还有些小的疏忽或值得商榷的地方。例如对无支祁的传说,认为是"仅出于李公佐假设之作",这恐怕对于民间传说的性质是有些估计不足的;对所谓"高如李嵩辈传写",理解为"宋末已有传写之书",恐怕原来的"传写"是图画,而不是"书";对《儒林外史》认为"全书无主干",并认为"虽云长篇,颇同短制",但我认为《儒林外史》还是有完整结构的,祭太伯祠就是故事的顶点;对《荡寇志》,仅认为"在纠缠旧作之同类小说中,盖差为佼佼者",而没加以批判,这是不够的;至于在材料上的限制,像"全相平话"五种只见其一,关于《三言》虽因盐谷温的发现有所提及而未作考索,这也是让读者不满足的;又有的问题是提出了,但还可以深入下去,贯彻下去,像神鬼不分之说,不但可说明古代神话保存不全的现象,也还可说明如《平妖传》之采取"相传旧话",只是改用了姓名,所以这实在是中国民间传说的通则的,然而鲁迅却没把这通则多探索下去。

我们指出这些缺点,决不是为了贬低鲁迅文学史著作的价值,而只是想说明除了这些缺点(有的还不能算缺点,或者只是由于条件限制所造成的损失,或者仍是一个问题,也仍可继续探求)之外,优长反而是说不尽的而已。

十六　结束语

文化巨人的鲁迅不只是勇猛坚毅的战士,也是一个热爱文学遗产的文艺科学家。

尽管鲁迅的文学史著作还没有全部完成,尽管鲁迅的文学史著作还没有达到完全运用马克思列宁主义的科学方法和美学原则的地步,然而就他所遗留的一部分文学史著作论,已经解决了文学史方法论上的许多根本问题,已经体现了中国文学发展的若干轮廓,已经树立了编写中国文学史的范例,已经开辟了科学地处理中国文学史的道路。

鲁迅的文学史著作的特点是继承了中国优秀学术传统,鲜明地体现了民族固有特点,点点滴滴都建筑在巩固的辛勤的科学劳动之上,并表现着鲁迅本人特有的透辟、敏锐的见解,谦虚、谨慎、认真的学者风度,以及对现实关切、对民族命运关切的作为一个伟大思想战士的精神面貌。

鲁迅文学史著作在探求作品或作家的社会意义时虽有不够深入的地方,然而在艺术的分析上是充实而突出的,在这里不但体现了鲁迅的美学敏感,高尚趣味,而且表现了鲁迅对现实主义传统的捍卫,而在今天尤其是可以救庸俗社会学的肤浅和偏颇的。

作为文学史工作上的学徒的我,在重新探寻鲁迅的文艺科学道路时,深感到自己写作上的草率孤陋和肤浅,有"点"而无"线",更谈不到"面",就是"点"也缺乏巩固的基础和深入的钻研。缅怀大师,惭悚无地!

认真地发扬鲁迅文学史著作中的精神实质,虚心地吸取鲁迅文学史著作中的创造性的经验,这对于开展科学的中国文学史工作是有重大意义的。

本文的发掘并不够,因为鲁迅文学史著作中给人应有的启发和值得学习的地方是远超过笔者现在的水平的。

一九五六年八月二十八日至

九月十九日写讫,于北京

鲁迅和嵇康[①]

一、一九四〇年,郭沫若先生写过一篇《庄子与鲁迅》;一九四七年,许寿裳先生写过一篇《屈原和鲁迅》;——这对于发掘鲁迅和古典文学遗产的继承关系上都是饶有意义的。很久以来,我却想写一篇《鲁迅和嵇康》,这是因为,在我看来,鲁迅对嵇康那么爱好,嵇康和鲁迅在思想上以及在风格上又有那么些相似之处,发掘发掘是尤其值得的吧。

现在是一九五六年,鲁迅先生逝世已经二十年了,他那心爱的《嵇康集》——费过长久岁月所手抄手校的《嵇康集》影印出版了,这是鲁迅先生的安慰,也是爱好鲁迅先生的人的安慰,书又印得那么漂亮——白绵纸,蓝绸面,白丝线订的,又用青绿绸包了角,一行一行是鲁迅一笔也不苟的娟秀遒劲而又疏疏朗朗的书法,校笔俱在眉端,还用了套色(校定的数目字和改动处都是朱笔),鲁迅先生严肃精致的工作精神,跃然纸上。真太可爱了,太可爱了!于是我久已打算要写的文字,也就高兴得迫不及待了。

二、根据《鲁迅日记》,他在一九一三年十月一日,从图书馆中借到《嵇康集》一册,即明吴匏庵丛书堂写本。十五日就记道:

夜以丛书堂本《嵇康集》校"全三国文",摘出佳字,将于

[①] 该文写于一九五六年十一月十七日,生前未能发表,后发表于《北京师范大学学报》一九八一年第六期。

暇日写之。

十九日夜又在续校，二十日夜校完了，并写了短跋。这也就正是现在印出的《癸丑十月二十日灯下记》的跋文，癸丑正是一九一三年（民国二年）。他在跋文中说：

> 细审此本，似与黄省曾所刻同出一祖，唯黄刻帅意妄改，此本遂得稍稍胜之。然经朱墨校后，则又渐近黄刻。所幸校不甚密，故留遗佳字，尚复不少。中散遗文，世间已无更善于此者矣。

这就是现在这部《嵇康集》的基本面貌的由来。

可是鲁迅的工作还在继续下去。在同年十二月十九日日记有"续写《嵇中散集》"的话，到了三十日就记有"夜写嵇康集毕，计十卷，约四万字左右"，可见抄写工作是到这时才完成了的。那时鲁迅在教育部工作，白天案牍劳形，也还开会讲演，就是空闲时候，也客人来来往往，只有夜里才是他自己的时间，但他就在仅有的条件下完成了这个严肃认真的工作。

此后，鲁迅留心《嵇康集》的校订却还在继续着。在一九一五年六月五日的日记上，记有"见了蒋抑卮书并抄文澜阁本《嵇中散集》一部二册"，而在次月十六日寄还了。

过了六年，鲁迅仍在校这部书。一九二〇年二月十二日，是星期六，这天鲁迅休假，便又"校《嵇康集》一过"。这次没记载用什么本子。到了三月二日，却记着"从明刻六卷本《嵇中散集》校文澜阁本"，八日记道："校《嵇中散集》毕"。过了十几天，二十日是星期，这又是休息的日子，可是鲁迅还是"夜校《嵇康集》"，用的是赵味沧校本。这时鲁迅由于欠薪，收入很少，常常靠借贷过日子，但他没忘下《嵇康集》。

中间似乎停顿了二三年。可是在一九二四年五月三十一日便又买了一部《嵇中散集》。买书的地方——商务印书馆和书账的记录——这本书是四角钱——看来,这是四部丛刊中的影明黄省曾本。他又校起来了,六月一日是星期,他在校《嵇康集》;六日是旧历端午,休假,他还是终日校《嵇康集》;到八日校完了。十日,写了"校正《嵇康集》序",这就是现在印出的《嵇康集》的序(印的书上的日子是十一日,比日记迟一日)。到这时为止,鲁迅关于《嵇康集》的校正工作真正告了段落。我们现在印出的《嵇康集》也就主要是经过了一九一三年和一九二四年这两次校订的。前后是十一年的光阴了。

然而鲁迅对嵇康的兴趣并没有衰歇。在一九三一年十一月十三日,日记上又记有"校《嵇康集》以涵芬楼影印宋本(日记误作"文"字)六臣注文选",他还在校呢!一九三三年三月二十八日,记有"得许荌寄还之《嵇中散集》校本";一九三五年九月十七日,记有"得伯简信并校本《嵇中散集》一本"。可见就在鲁迅逝世前一年,他还把他心爱的《嵇康集》校本给朋友们看。

单单看日记,当然还不能完全看出鲁迅对《嵇康集》所下的功夫,因为鲁迅是不一定把工作都记在日记里的。然而是在根据不完全的记录,已经可以肯定鲁迅是终生在和《嵇康集》打交道了。除了《嵇康集》以外,鲁迅对古人的专集没有投下这样大的劳动的;除了嵇康以外,鲁迅对古典作家也没有像这样任何时候也放不下的。难道这是偶然的么?不。

三、原来嵇康有很多值得鲁迅如此敬爱的地方。嵇康是一个杰出的诗人。在他的诗里,表现了独特的个性。"抗心希古,任其所尚"(《幽愤诗》),他是如此地渴望自由;然而他虽然"性不伤物",可是"频致怨憎"了,而且终于被囚,被杀了。和魏宗室的婚姻,为司马氏所不容,固然是被杀的原因之一,得罪了钟会一般小人,固然是促成被害的条件,然而认真地说,实在由于他那不妥协的个性(从他和山涛绝交,和吕长悌绝交,就可看出),便不能逃掉统治者的魔掌。李白不也是闹到"世人(其实是统治集团)皆欲杀"的地步么?嵇康死时,有三千多太学生为他请愿,既为群众所爱,也就正是统治者必须加以戕害的了。

嵇康对于污浊的社会是厌憎的,他高唱着"长于俗人别,谁能睹其踪"(《游仙诗》),他也知道尔虞我诈的人间之可怕,他曾说:"吉凶虽在己,世路多崄峨"(《古意》);这就是他要假托学仙,抛弃人世的道理。他想与人无争,躲开,可是统治者对他并不放过。原因呢,因为他不满。不满就是死罪了。

他的哥哥劝他"达人与物化,无佗不可安"(《秀才答》),他的朋友劝他"愿子荡忧虑,无以情自伤"(《阮德如答》),可是他还是有很大的苦闷,他说"何为人世间,自令心不夷"(《述志诗》),他说"坎壈趣世教,常恐缨网罗,羲农邈以远,拊膺独咨嗟"(《答二郭》)。

他的苦闷并不在自己的问题,而是因为社会不合他的理想。他的理想是如他的六言诗中所说:"唯上古尧舜,二人功德齐均,不以天下私亲,高尚简朴慈顺,宁济四海烝民",他为的是四海烝民呵!他赞美贫士原宪,他赞美能吃苦而保持人格的老莱子的妻子,他为贫贱的人吐了气。他揭露"富贵尊荣,忧患谅独多","贫贱易居,贵盛难为工"(《代秋胡歌》),这就指出了阶级社会中上层阶级倾轧丑态。

他之不妥协,就不妥协在那时并不是"不以天下私亲",就不妥协在那时并不能做到"宁济四海烝民",而有的只是"网罗"——惨酷镇压人民的陷阱。难道这样的诗人还不值得敬爱吗?

在诗的艺术上,他还善于运用多样化的形式(四言、五言、六言、骚体、民歌体),表现了"目送归鸿 手挥五弦"的高度技巧。他的诗留传者并不多,但我们在他的诗里清清楚楚地见出一个刚强的不妥协的伟大人物的面影。他的诗有点像米开郎哲罗的雕刻,不是细线条,但却遒劲,动人。这就无怪晋代的大画家顾恺之要为他的诗作画了。

嵇康同时还是一个思想细密的哲学家。他的政治思想表现在《太师箴》里。这里和"六言诗"表现的完全一致,一方面表现了他的民主理想——"君道自然,必托贤明","唯贤是援,何必亲戚",另方面掊击了当时社会,而且说的更具体了:"若乃骄盈肆志,阻兵擅权,矜威纵虐,祸崇丘山。刑本禁暴,今以胁贤,昔为天下,今为一身!"在"刑本禁暴,今以胁贤"里,说得是多么尖锐,也多么沉痛!

嵇康对于传统的封建文化,是一个大胆的勇猛的战士。他敢"非汤武而薄周孔"(《与山巨源绝交书》),他敢说出"以讽诵为鬼语,以六经为芜秽","向之不学,未必如长夜,六经未必为太阳"(《难〈自然好学论〉》)。这是何等的气魄!

他对社会上不合理的现象之斗争,更是"刚肠疾恶,轻肆直言,遇事便发"(《与山巨源绝交书》)的。他在《释私论》里指出了伪君子口称大公,其实是私心,而表面上的私心却有时是大公。他每每透过事情的表面而看到本质,这就是他所谓"实是以暂非而后显,实非以暂是而后明"。在他的《管蔡论》里,说管蔡并不能称为"顽凶",却是"愚诚愤发,所以缴祸",这不只是为管蔡翻案,而是为历史上一切受诬的人物呼冤呵!

由于嵇康本人是一个出色的音乐家(他临死时不是还为袁孝尼奏《广陵散》一曲么?这曲谱已经在最近为音乐家探求到,原来是很繁复的一个长曲,中央人民广播电台在今年曾播送过),他在音乐理论上,也是在美学理论上最有贡献的一篇论文是《声无哀乐论》。这里牵涉到音乐的客观规律问题,音乐主题问题,音乐的效果问题,音乐的演奏问题,音乐和乐器的关系问题,等。他的主要意思是说音乐本身是有客观规律的,和主观上的哀乐无关。他所谓客观规律是指谐和。表面看,这也许有形式主义的倾向,但是他不只提出了一系列的带有美学上根本性质的问题,而且打破了从前'郑声淫'的传统见解,攻击了音乐只能为封建统治阶级所谓的"治乱"服务的谬说,这和他其他反对传统封建文化的文字一样,是有着更其重大的意义的,他的《琴赋》也表现了同样思想。

在他的《养生论》、《答难养生论》里表现了素朴的唯物论,认为药石可以延年。

在他的《难宅无吉凶摄生论》、《答释难宅无吉凶摄生论》里,还表现了素朴的辩证法,他指出"良田虽美而稼不独茂,卜宅虽吉而功不独成,相须之理诚然"。这就是考虑到联系条件的辩证思想了。

在他的论文里,都表现了逻辑性非常之强,而答辩文字里更表现了善于揭发对方矛盾的尖锐性。他说"吾怯于专断",这正是作为一个好学深思的思想家的嵇康的可贵处。

嵇康就是这样一个富有战斗性、富有民主思想,并善于用逻辑推理的卓越思想家。他的《声无哀乐论》不但是对美学上最有贡献的文章,而且还是晋代清谈之大题目之一(另外两个题目是养生论,也是嵇康发端;还有一个题目是言尽意论)。这说明嵇康在中国中古思想史上是占有如此比重的。难道这样的思想家还不值得我们敬爱么?

嵇康为了讨厌污浊社会,而托言学仙,想借养生来逃避迫害,然而何曾得到长寿,四十二岁就被杀了! 嵇康为了那个惨酷的社会不容易应付,在《家诫》中说了许多小心的办法,例如装醉,装糊涂,不听人家闲谈,不在人家留宿,等等,然而魔手还是没有放松他。他生于公元二二三年,死于公元二六二年,实在年龄才四十一岁呀!

这就是嵇康,这就是三千多太学生为他被刑而请愿的嵇康。为什么鲁迅不敬爱这样的人呢？为什么我们不敬爱这样的人呢？

四、鲁迅受了嵇康很深的影响,也深深地在爱着他。

鲁迅在《汉文学史纲要》中,正是看出了嵇康《声无哀乐论》的斗争意义,才根据嵇康驳斥了那些把《诗经·郑风》当做淫诗的冬烘先生:

> 自心不净,则外物随之。嵇康曰:"若夫郑声,是音声之至妙,妙音感人,犹美色惑志,耽槃荒酒,易以丧业,自非至人,孰能御之。"世之欲指窈窕之声,盖由于此。其理并通于文章。

鲁迅在《为了忘却的记念》里,最后的结束是想到了向秀悼嵇康的《思旧赋》:

> 年轻时读向子期《思旧赋》,很怪他为什么只有寥寥的几行,刚开头却又煞了尾。然而,现在我懂得了。

如果不是深刻地理解嵇康的为人,如果不是深刻地理解嵇康所受的迫害,如果不是对嵇康有深厚的热爱和无限的同情,如何能在那最沉痛地悼念一个无产阶级战士——柔石——的时候却想起了嵇康的下场呢？鲁迅对嵇康深切的了解,表现在他那著名的讲演《魏晋风度及文章与药及酒之关系》中。这是大家所习知的。

鲁迅和嵇康有许多共同点:对旧社会不妥协,"刚肠疾恶,轻肆直言,遇事便发",这是一;热爱自由,有独特个性,这是二;对事有透辟见解,往往穿过表面,直见底蕴,这是三;攻击传统礼教,这是四;遭受迫害,为反动统治势力所不容,这是五;民主倾向,这是六;爱好艺术,这是七;为群众所爱,这是八。

自然,作为一个无产阶级的思想家和战士的鲁迅,比嵇康伟大的多,贡献也多得多。然而在战斗性上,在勇敢和热情性上,在具备一方面是一个战士同时又是一个有清晰周密的头脑的思想家上,我们在嵇康那里见到鲁迅的影子。这就是精心校订的《嵇康集》出自鲁迅先生之手的真正缘故。

我们热爱鲁迅,也热爱嵇康,所以也热爱这部《嵇康集》!

一九五六年十一月十七日写

关于李长之的《鲁迅批判》

于天池 李 书

李长之的《鲁迅批判》是一部不足十万字的小册子,但在鲁迅研究史上却是赫赫有名的传世之作。

它是鲁迅研究史上第一部体系的专著,是唯一经过鲁迅披阅的批评鲁迅的专著,也是迄今在研究鲁迅的学术领域中引文率最高的专著。

与作者坎坷的人生经历一样,它也经过了艰辛屈辱。《鲁迅批判》在国民党统治大陆的岁月,被视为左派读物予以排斥;在日伪统治时期,它被列为禁书查封;新中国成立伊始,它被人深文周纳地暗示为"某一时间,某一地区,某一部分人"的观点。五七年之后,随着作者被划为右派,它更是成为黑书被封存于图书馆。文化大革命中,一工宣队队员指着李长之的鼻子说:"是你写的《鲁迅批判》么?鲁迅是可以批判的么?就冲着'批判',你就罪该万死!"随着改革开放和文艺界春天的到来,《鲁迅批判》渐次抹去尘封,恢复了它在学术界应有的地位,而作者李长之却早已在1978年作古。

老实说,《鲁迅批判》并不是李长之的成熟作品,甚至不是很成功的作品,就李长之的批评著作而言,它不如《司马迁之人格与风格》沉潜成熟,体大思精;就对于鲁迅的认识评论而言,它也不如作者后来写的《文学史家的鲁迅》等作品凝练深刻,学识渊深。对于《鲁迅批判》,李长之自己也不甚满意,早在《鲁迅批判》1943年发行第三版时,他就表示要"另写一部鲁迅再批判"(《鲁迅批判》"三版题记",1943年,东方书社)。1950年李长之在《鲁迅批判的自我批判》一文中,又一次表示"对于本书,愿意重写"的愿望。站在21世纪的今天,回首观照《鲁迅批判》,它不如人意的地方的确不少,它毕竟是李长之25岁尚未从清华大学毕业时的作品,资料的采集,理论和学识的积累,观点的推敲,文意的表述,都有可以进一步完善的余地,而且,根据《鲁迅批判》的后记,称它为急就章似乎也不甚为过(《鲁迅批判》"后记",1943年,东方书社)。

但为什么在作者不甚满意,在大半个世纪的鲁迅研究史上历尽坎坷的情况下,《鲁迅批判》依然一直拥有广大的读者呢?

这不能不归之于《鲁迅批判》一书特有的魅力和特有的价值。具体说来,它有不可替代,不可抹杀,卓然独立的三个方面。

所谓不可替代,是《鲁迅批判》表达的是亲历五四运动的文学青年对于鲁迅的感受。

李长之生于1910年,比鲁迅小19岁,五四运动爆发时他刚刚9岁。按照常理,在小学读书的他本不应该有什么深切的感受,可是他是一个早熟的文学少年。加上他的班主任王世栋热心提倡新文化运动,此时期他对于胡适、陈独秀、鲁迅已不陌生。他也很早就开始阅读鲁迅的作品,他读《呐喊》是在1923年,13岁,刚上中学。"当时青年受鲁迅的影响实在深",李长之回忆说:"我记得,有位姓郭的朋友,因为读鲁迅的文章,而感到社会的不满太多了,曾主张过要提倡'怒的文学',终至于在一个期间作了精神病患者。还有位姓沈的朋友,性子是和平些的,但对社会也仿佛感慨甚深,一遇见事情,每每有他锐利的冷然的观察,这结果就使各处对他也不满起来了,他赚下的,乃是'苦闷'和'牢骚'。根源呢,是因为他常读鲁迅的杂感。这都是中学卒业前后的事,大家不过是十六七岁的孩子。"李长之当然"也是其中的一个"。他说:"我受影响顶大的,古人是孟轲,我爱他浓烈的情感,高亢爽朗的精神;欧洲人是歌德,我羡慕他丰盛的生命力;现代人便是鲁迅了,我敬的,是他的对人对事之不妥协。不知不觉,就把他们的意见,变作了自己的意见了。""不但思想,就是文字,有时也有意无意间有着鲁迅的影子"(《鲁迅批判》"后记",1935年北新书局出版)。李长之是在新文化运动导引下踏上文学道路的,私淑的导师之一就是鲁迅。他对于新文化运动,对于新文化运动的巨匠鲁迅之认识自是具有特殊的感受。

在《鲁迅批判》中,固然李长之是站在批评家的立场上评论鲁迅的,但更确切地说,他是站在"养育于五四以来新文化教育中的青年"批评家的立场上对于鲁迅进行评论的。他有其独特的视角,倾注的重心,激扬的文采,他把鲁迅纳入新文化运动中去审视,尤重鲁迅之于青年的期望和青年对于鲁迅的崇敬,他一则说"生存这观念,使他的精神永远反抗着,使他对于青年永远同情着,又过分的原宥着,这也就是他换得青年的爱戴的根由。在生活上,我们有时麻木,或者妥协,拯救了我们的,就是鲁迅的那支笔"。"科学的精神,却永远没离开他过,而且那辐射着的光芒,也无时不从他的小说,尤其是他的杂感里,而到达读他的作品的为他所鼓舞着的青年人的心。"再则说"因为鲁迅在情感上的病态,使青年人以为社会、文化、国家过于坏,这当然是坏的,然而使青年锐敏,从而对社会、世事、人情,格外关切起来,这是他的贡献。因为鲁迅在理智上的健康,使青年人能够反抗,能够前进,能够不妥协,这是好的。同时,一偏的,不深于思索的习惯之养成,却不能不说是坏的。""他在战士方面,是成了一个国民性的监督人,青年人的益友,新文化运动的保护者了,这是我们每一思念及我们的时代,所不能忘却的!"他对于鲁迅,对于新文化运动爱得深,故也看得真切、透辟,并有着青年人判断特有的冲击力。他评价鲁迅创作的意义是,"从此,新文化运动便有了最猛勇的战士,最妥实的保护人,中国国民也有了最严厉的监督,青年则有了不妥协、不退缩的榜样,而新文艺上开了初期的最光彩的花。这重要不止在鲁迅,而且在中国!"那是他真切的感受,并道出了鲁迅价值的真谛。

我们常评文学批评是有时代性的,"文变染乎世情,兴废系乎世序";同时我们说批评也是有阶层意识的,就是说不同教养、年龄、文化背景下的人对于同一事物的批评会有千差万别。李长之的《鲁迅批判》所提供的不仅是同时代人对鲁迅的批评,更重要的是提供了"养育于五四以来新文化教育中的青年"的批评,它新鲜、锐敏、富于朝气。

鲁迅是中国文化史上的伟人,是永恒的;但他又是属于五四新文化运动中的巨匠,具有鲜明的时代特色,在不同的文化历史背景下,读者的解读和观照会因时空的推移而有所进展或迁移。从这个意义上,在鲁迅批评史的长河中,代表着鲁迅同时代的,"养育于五四以来新文化教育中的青年"的批评所具有的真实和切近,就具有不可替代性。

所谓不可抹杀,是指《鲁迅批判》受德国文艺理论影响,采用精神分析方法辨析鲁迅之思想性格,并由精神人格进而解读其作品的评论体系。

相对于当时大多数人采用的社会学批评方法而言——这也是整个20世纪以来鲁迅学研究的主流方法——李长之在《鲁迅批判》中采用的精神分析方法,无疑具有新颖性、叛逆性。研究方法与文化观念是相联系的。如果说,在中国传统文化背景下,可以容忍精神医生的诊断无避忌的话,那么对于评论家之于人的精神人格无顾忌地解剖,容忍度就有限得多。因为中国社会太习惯于用忠奸善恶这类社会学字眼去进行评判,太习惯于笼统模糊,太习惯于绝对,太习惯于舆论一律,尤其是当对象是社会名流的时候就更是如此,更难以容忍用病理生理式的剖析去对待。

在精神分析的导引下,李长之认为鲁迅在情感上是病态的,在灵魂的深处"粗疏、枯燥、荒凉、黑暗、脆弱、多疑、善怒",尽管这"无碍于他是一个永久的诗人和一个时代的战士"(《鲁迅批判》五"总结:诗人和战士的鲁迅:鲁迅之本质及其批评")。

他在解释鲁迅善于写农村题材而不善于写城市题材的原因说:"他那性格上的坚韧,固执,多疑,文笔的凝练,老辣,简峭都似乎不宜于写都市。农村,恰恰发挥了他那常觉得受奚落的哀感,寂寞和荒凉,不特会感染了他自己,也感染了所有的读者。同时,他自己的倔强,高傲,在愚蠢、卑怯的农民性之对照中,也无疑给人们以兴奋与鼓舞。都市生活却不同了,它是动乱的,脆弱的,方面极多,局面极大,然而松,匆促,不相连属,像使一个乡下人之眼花缭乱似的,使一个惯于写农民的灵魂的作家,也几乎不能措手"(《鲁迅批判》四"鲁迅之杂感文")。为什么鲁迅不能写长篇小说呢?他认为原因之一是"写小说得客观些,得各样的社会打进去,又非取一个冷然的观照的态度不行。长于写小说的人,往往在社会上是十分活动,十分适应,十分圆通的人,虽然他内心里须仍有一种倔强的哀感在。鲁迅不然,用我们用过的说法,他对于人生,是太迫切,太贴近了,他没有那么从容,他一不耐,就愤然而去了,或者躲起来,这都不便利于一个人写小说。宴会就加以拒绝,群集里就坐不久,这尤其不是小说家的风度"(《鲁迅批判》五"总结:诗人和战士的鲁迅:鲁迅之本质及其批评")。而鲁迅杂感之多,他认为则有精神方面的原因:"在当代的文人中,恐怕再没有鲁迅那样留心各种报纸的了吧,这是从他的杂感中可以看出的,倘若我们想到这是不能在实生活里体验,因而不得不采取的一种的补偿时,就可见是多么自然的事"(《鲁迅批判》五"总结:诗人和战士的鲁迅:鲁迅之本质及其批评")。

他尤其善于把鲁迅的精神人格和作品中的人物进行比较,深入开掘,使鲁迅的人格精神和作品中的人物互相辉映阐发。他评《阿Q正传》时说"鲁迅那种冷冷的,漠不关心的,从容的笔,却是传达了他那最热烈,最愤慨,最激昂,而同情心到了极点的感情。阿Q已不是鲁迅所诅咒的人物了,阿Q反而是鲁迅最关切,最不放心,最为焦灼,总之,爱着的人物。别人给阿Q以荒凉,别人给阿Q以精神上的刺痛和创伤,可是鲁迅是抚爱着他的,虽然远远的。别人可以给阿Q以弃逐。可是鲁迅是要阿Q逃在自己的怀里的;阿Q自己也莫名其妙,荒凉而且悲哀,可鲁迅是为他找着了安慰,找着了归宿;阿Q的聪明、才智、意志、情感、人格、……是被压迫得一无所有了,有为之过问、关怀、而可怜见的么,没有的,除了鲁迅。阿Q还不安分,也有他生活上糊涂的幻想,有人了解,而且垂听,又加以斟酌的么,也没有的,除了鲁迅"(《鲁迅批判》三"鲁迅作品之艺术的考察")。他评《伤逝》则说:"无疑的,这篇托名为涓生的手记,就是作者的自己,因为,那个性,是明确的鲁迅的个性故。他一种多疑、孤傲、倔强和深文周纳的本色,表现于字里行间。在书中,涓生和子君刚刚同居,子君是'和她的叔子,早经闹开,至于使他气愤到不再认她做侄女'了,而涓生,却也记道:'我也陆续和几个自以为忠告,其实是替我胆怯,或者竟是嫉妒的朋友绝了交'(《彷徨》页一八五),看这么清楚,而至于刻画了的地步的吧,这是鲁迅!一种常感到奚落、讽嘲的压迫,也是鲁迅所特有的,在文中记叙常到通俗图书馆的情形道:'好在我到那里去也并非为看书,另外时常还有几个人,多则十余人,都是单薄衣裳,正如我,各人看各人的书,作为取暖的口实。这于我尤为合适。道路上容易遇见熟人,得到轻蔑的一瞥,但此地却绝无那样的横祸,因为他们是永远围在别的铁炉旁,或者靠在自家的白炉边的'(页一九七)。特别不能忘怀于别人的轻蔑,这是鲁迅!后来涓生愿意和子君别去,因为子君在生活上并不奋斗了,只给涓生以失望和痛苦,这时涓生又记到:'我和她闲谈,故意地引起我们的往事,提到文艺,于是涉及外国的文人,文人的作品,《诺拉》、《海的女人》。称扬诺拉的果决……。也还是去年在会馆的破屋里讲过的那些话,但现在已经变成空虚,从我的嘴传入自己的耳中,时时疑心有一个隐形的坏孩子,在背后恶意地刻毒地学舌'(页二〇一),在失望的忧虑中,有一种倔强之态,这是鲁迅!多么真切的一篇记录"(《鲁迅批判》三"鲁迅作品之艺术的考察")。

这些分析,在长于或习惯于用社会学批评鲁迅的研究学界不啻有些旁门左道,特别是那些有碍于鲁迅伟人形象的字眼更是刺人眼目。

不能说李长之的精神分析方法是评论鲁迅最为高明的方法,也不能说他运用的就一无瑕疵,像他认为鲁迅初期的小说"抒情的成分很大,似乎是当时由于他的寂寞之感作用他吧"(《鲁迅批判》"鲁迅之生活及其精神进展上的几个阶段")就显然失之于简率。然而,你不能不承认这种研究方法打破了传统研究方法的板结,是有益的尝试,而且,那意义不仅仅是对于鲁迅的研究。

所谓卓然独立,是指《鲁迅批判》不因鲁迅是新文化运动的巨匠而虚美,也不因热爱鲁迅而饰非,本着求真的目的,是其所是,非其所非,保有着批评家可贵的风骨。

李长之在文艺批评上非常讲究批评精神,他说:"文艺批评最要紧的是批评精神"。"批评是反奴性的。凡是屈服于权威,屈服于时代,屈服于欲望(例如虚荣和金钱),屈服于舆论,屈服于传说,屈服于多数,屈服于偏见成见(不论是得自他人,或自己创造),这都是奴性,这都是反批评的。千篇一律的文章,应景的文章,其中决不能有批评精神。批评是从理性来的,理性高于一切,所以真正批评家,大都无所顾忌,无所屈服,理性之是者是之,理性之非者非之。""批评需要分析,不但好坏分明,就是好之中的坏,坏之中的好,也要分明。……严羽说'吾论诗若哪吒太子,析骨还父,析肉还母'这是批评家的真精神"(《批评精神》南方印书馆1942年出版)。

李长之在《鲁迅批判》中也是这么做的:"尽力之所能,写出我一点自信的负责的观察,像科学上的研究似的,报告一个求真的结果而已"。"因为求真,我在任何时都没有顾忌,说好是真说好,说坏是真说坏"(《鲁迅批判》"三版题记",东方书社,1943年)。

他评论鲁迅的作品,特别单列了一章指出"鲁迅在文艺创作上的失败之作"。明确指出哪些是好的,为什么好;哪些是不成功的,为什么不成功。既不是全盘肯定,也不是全盘否定。

他认为在《呐喊》和《彷徨》中,《孔乙己》、《风波》、《故乡》、《阿Q正传》、《社戏》、《祝福》、《伤逝》和《离婚》"有永久的价值",即使"在任何国外的大作家群里,也可以毫无愧色",因为它们"都是完整的艺术"。而《头发的故事》、《一件小事》、《端午节》、《在酒楼上》、《肥皂》、《兄弟》"写得特别坏",原因则或是"故事太简单"或"独白而落于单调",而根本原因是鲁迅"不宜于写都市"(《鲁迅批判》三"鲁迅作品之艺术的考察")。

对于鲁迅的杂文,他分析说:"他的杂感文的长处,是在常有所激动,思想常快而有趣,比喻每随手即来,话往往比常人深一层,又多是因小见大,随路攻击,加之以清晰的记忆,寂寞的哀感,浓烈的热情,所以文章就越发可爱了。有时他的杂感文却也失败,其原故之一,就是因为他执笔于情感太盛之际,遂一无含蓄"。"太生气了,便破坏了文字的美"(《鲁迅批判》四"鲁迅之杂感文")。

从哲学思辩的标准出发,他认为"鲁迅不是思想家,因为他是没有深邃的哲学头脑,他所盘桓于心目中的,并没有幽远的问题。他似乎没有那样的趣味,以及那样的能力。""倘若以专门的学究气的思想论,他根底上,是一个虚无主义者,他常说不能确知道对不对,对于正路如何走,他也有些渺茫。""他的思想是一偏的,他往往只并发他当前所要攻击的一方面,所以没有建设。即如对于国故的见解,便可算是一个例。""他缺少一种组织的能力,这是他不能写长篇小说的第二个原故。因为长篇小说得有结构,同时也是他在思想上没有建立的原故,因为大的思想得有体系。系统的论文,是他所难能的,方便的是杂感"(《鲁迅批判》五"总结:诗人和战士的鲁迅:鲁迅之本质及其批评")。

抛撇这些观点的是非正误不谈,李长之在这里显露的正是他一贯倡导并实践着的可贵的批评精神:不虚美,不隐恶,不因批评对象的权威或利害而扭曲批评的风骨。

本来,对于作品文学价值的判断,对于作家气质能力的判断,见仁见智,在文学批评史上是司空见惯浑常事的。但在功利的、非学术的批评方法甚嚣尘上的氛围中,李长之的观点不再被当作学术上的问题平心讨论,而是由视为惊世骇俗,衍变为离经叛道,直至作出大逆不道的宣判。长期以来对于李长之的批判,对于《鲁迅批判》的封杀,已经不是简单的针对某些观点的拨乱纠谬,而是变成对于批评家独立人格的剥夺,对于独立批评精神的践踏。《鲁迅批判》的不幸在此,然其可珍视之处也在此。

《鲁迅批判》的价值和魅力当然不仅只是这三个方面,但有此三个方面,也就极其难能可贵了。

《鲁迅批判》虽是一个小册子,但由于影响大,似乎很有些文坛晴雨表的模样。李长之是在1978年年底去世的,斯时"四人帮"已经被粉碎,一个新的时代的曙光已经在地平线上显露。某出版社曾找到李长之接洽再版事宜,条件是将书名"批判"改为"评论"或"分析"之类云云,李长之坚持不改,他不无苍凉地说:"批判其实就是分析评论的意思。我为《鲁迅批判》遭了一辈子罪,不改,不已,也罢!"书虽然没有出成,但用得着雪莱的话:"冬天来了,春天还会远吗"。李长之重写的意愿,由于斯人已逝,无法实现,给今人留下了无尽的遗憾,可他期待别人"系统的批评鲁迅的书"的出现,在今天,大概可以跂予望之吧!